中国建筑战略研究院 ◎ 编著

# 建筑企业"双碳"之路

中国建筑工业出版社

图书在版编目（CIP）数据

建筑企业"双碳"之路／中国建筑战略研究院编著
. —北京：中国建筑工业出版社，2023.3（2023.12重印）
ISBN 978-7-112-28327-9

Ⅰ.①建… Ⅱ.①中… Ⅲ.①建筑企业—低碳经济—
经济发展—研究—中国 Ⅳ.①F426.9

中国国家版本馆CIP数据核字（2023）第017623号

本书深刻阐释了碳达峰碳中和对建筑业的深远影响和重要意义，对国内外"双碳"领域的政策、标准和技术作比较分析，剖析我国碳达峰碳中和面临的挑战。全书共7章，包括建筑业碳达峰碳中和重大战略意义、国外建筑业绿色低碳发展经验、我国建筑业碳排放现状及趋势、建筑企业减碳宏观分析、建筑企业碳达峰碳中和总体策略、建筑企业碳达峰碳中和实施路径、绿色低碳新赛道。本书梳理了全球大型建筑企业减碳之路，通过央企的对标分析，为建筑企业碳减排提供更多思路。

本书内容全面，具有较强的启发性和指导性，可供建设行业从业人员参考使用。

责任编辑：王砾瑶　张　磊　范业庶
版式设计：锋尚设计
责任校对：赵　菲

**建筑企业"双碳"之路**
中国建筑战略研究院　编著

\*

中国建筑工业出版社出版、发行（北京海淀三里河路9号）
各地新华书店、建筑书店经销
北京锋尚制版有限公司制版
北京市密东印刷有限公司印刷

\*

开本：787毫米×1092毫米　1/16　印张：12¼　字数：260千字
2023年6月第一版　　2023年12月第三次印刷
定价：78.00元
ISBN 978-7-112-28327-9
（40762）

# 编委会

主　　编：毛志兵

副 主 编：陈华元　李丛笑　姜绍杰　黄晨光　王　辉

　　　　　薛　峰　孙金桥

编 写 组：黄　凯　张爱民　何　军　李　剑　陈　凯　季永新

　　　　　陈　波　黄　宁　范丽佳　崔　琦　郐军校　关　军

　　　　　马　超　王　亮　孙克平　王茂智　董　艺　薛艳青

　　　　　石敬斌　张瑞华　孙清臣　张　欢　张常杰　司　琪

　　　　　马广运　汤丁丁　田慧峰　齐　贺　丛　顺　马素贞

　　　　　袁　媛　王　鑫　张林昊　卢术越　凌苏扬

主编单位：中国建筑战略研究院

参编单位：中建科技集团有限公司

　　　　　中国海外集团有限公司

　　　　　中国建筑第三工程局有限公司

　　　　　中国建筑第四工程局有限公司

　　　　　中建工程产业技术研究院有限公司

　　　　　中国中建设计研究院有限公司

# 前言

　　碳达峰碳中和对建筑业而言，意味着什么？

　　碳达峰碳中和是一场广泛而深刻的经济社会系统性全面变革，促进经济产业结构调整，引导资本、技术、人才等生产要素绿色低碳产业聚集，推进重点行业和重要领域绿色低碳化改造，培育节能环保、清洁能源等重点产业，加快我国产业从低附加值转向高附加值、从粗放转向集约，推动我国经济发展焕发新活力。

　　这一趋势必定会颠覆建筑业的发展逻辑和生产方式。一直以来，建筑业的变革从未停歇，向绿色化、智慧化、工业化发展的趋势正在加深，碳中和会加速这一过程。建筑业正在快速提高绿色化水平，通过生产方式的优化减少建筑垃圾，通过设计引领节约建筑能耗，通过绿色建材提升建筑性能，建筑业的从业人员一直孜孜不倦地探寻建筑低碳节能的方向。

　　于建筑业而言，碳中和的本质是人与建筑的和谐发展，不仅是建造方式的变革，从高耗能、高排放的粗放型模式向新型建造方式转型；建筑理念也在向绿色低碳转型，绿色建筑、人文建筑理念贯穿设计建造全过程。实现建筑业碳中和，建筑企业是当之无愧的主力！我国不同类型建筑企业20万家，包括投资开发、工程建设、勘察设计、施工建造、投资运营等企业主体，是建筑业减碳的关键主体。

　　碳中和不仅是技术的变革，更是组织的变革，需要依靠组织系统推动，实现整体减排效果，建筑企业在这一方面具有得天独厚的优势。我国建筑企业产业分布广，涉及勘察设计、工程咨询等服务业，房地产开发、工程施工、建筑装饰装修等建筑业以及围绕建筑业上下游产业链的建筑材料、水泥石灰、钢铁构件等工业领域，涉及的产业链十分庞杂，且不同产业之间交叉，建筑企业科学谋划碳中和实施路径对建筑业减碳意义重大。

　　中建集团很早就开始研究探索企业绿色低碳发展之路，在党和国家"3060"目标提出以后，组织企业内部专家深入研究集团碳达峰碳中和路径，积极探索谜底，寻找答案。本书是中国建筑战略研究院组织的课题"中建集团碳达峰碳中和策略研究"的主要成果。课题由中国建筑股份有限公司原总工程师毛志兵担任组长，中国建筑第三工程局有限公司原董事长、党委书记陈华元为副组长，以相关子企业为依托组建课题团队，经历了开题报告、综合调研、专项调研、专家访谈，形成课题报告20万字。在此基础上由中建科技集团有限公司李丛笑、中国建筑战略研究院研究员黄凯等协助整理成书。

本书共分为7章，第1章分析了我们面临的形势任务，总结了国家及建筑行业实现碳达峰碳中和的必要性。第2章深入分析了国外建筑企业绿色低碳举措，详细披露了国外优秀建筑企业碳达峰路径。第3章分析我国碳达峰碳中和特点以及碳排放现状，理性研判建筑业未来发展趋势。第4章站在宏观角度，科学提出建筑企业减碳潜力与措施。第5章系统谋划建筑企业碳达峰碳中和工作思路，从目标规划、战略构建、技术支撑、计划实施、组织模式以及工作机制6个方面构建建筑企业减碳路径。第6章从不同类型的建筑企业角度，提出具体实施路径，基于我们对建筑企业的熟悉程度，提出有针对性的措施。第7章着眼于未来发展，从新能源、智慧城市、生态环保、绿色金融与碳交易4个方面提出未来业务发展新方向。

课题研究过程中，课题组先后赴中国宏观经济研究院、中国建筑节能协会、住房和城乡建设部科技与产业化发展中心、中国建筑材料科学研究总院有限公司等单位调研交流，他们提供了大量丰富案例及数据支持，为本书的出版提供很多有益建议。

本书由中国建筑战略研究院组织编写，过程中也得到中建集团所属相关子企业大力支持，中建科技集团有限公司、中国海外集团有限公司、中国建筑第三工程局有限公司、中国建筑第四工程局有限公司、中建工程产业技术研究院有限公司、中国中建设计研究院有限公司为本书的出版做了大量富有成效的工作。

随着碳达峰碳中和实践的深入，相关理论亦会不断完善。本书着眼于建筑行业绿色低碳发展目标，深入分析了国内外建筑业减碳实践，基于我国建筑企业组织体系，提出建筑企业碳达峰碳中和策略路径，希望能为广大建筑从业人员提供有价值的参考，共同推动实现建筑业碳达峰碳中和目标！

本书编委会

2022年12月

# 目　录

# 第 1 章

# 建筑业碳达峰碳中和
# 重大战略意义

气候变化是人类面临的重大全球性挑战，我国是全球最大二氧化碳排放国，建筑业是我国二氧化碳排放大户。2020年9月22日，国家主席习近平在第七十五届联合国大会一般性辩论上宣布："中国将提高国家自主贡献力度，采取更加有力的政策和措施，二氧化碳排放力争于2030年前达到峰值，努力争取2060年前实现碳中和"。"双碳"目标是党中央经过深思熟虑作出的重大战略决策，是一场广泛而深刻的经济社会系统性变革，事关中华民族永续发展和构建人类命运共同体。

# 1.1 我国高质量发展内在要求

高质量发展就是体现新发展理念的发展，必须坚持创新、协调、绿色、开放、共享发展相统一。实现碳达峰、碳中和，是我国建设人与自然和谐共生现代化的必然选择，是全面贯彻新发展理念、推动高质量发展的必然要求，将有力推动实现更高质量、更有效率、更加公平、更可持续、更为安全的发展，走出一条生产发展、生活富裕、生态良好的文明发展道路，也必将为全球生态文明建设、共同构建人与自然生命共同体注入强大动力。

"十四五"时期，我国生态文明建设进入以降碳为重点战略方向，推动减污降碳协同增效，促进经济社会发展全面绿色转型。碳达峰碳中和与我国"2035年基本实现社会主义现代化"和"到本世纪中叶建成富强民主文明和谐美丽的社会主义现代化强国"的战略目标相适应，体现了我国走生态优先、绿色低碳高质量发展道路的必然要求。

为推动实现碳达峰碳中和，2021年9月22日中共中央、国务院发布《关于完整准确全面贯彻新发展理念做好碳达峰碳中和工作的意见》，2021年10月24日国务院发布《2030年前碳达峰行动方案》，此外还制定出台能源、工业、建筑、交通等重点领域和电力、钢铁、水泥、石化、化工等重点行业的实施方案，以及科技、财税、金融等保障措施，共同形成我国碳达峰碳中和的"1+N"政策体系和时间表、路线图、施工图，彰显了以习近平同志为核心的党中央立足新发展阶段、贯彻新发展理念、构建新发展格局、推动高质量发展的坚定决心。

力争于2030年前实现二氧化碳排放达到峰值、2060年前实现碳中和，意味着我国作为世界上最大的发展中国家，将完成全球最高碳排放强度降幅，用全球历史上最短的时间实现从碳达峰到碳中和。相比发达国家，我国目前工业化、城镇化等进程远未结束，将近一半以上的城市第二产业占比超过50%，且主要以高耗能高碳排放的建材、钢铁、石化、化工、有色金属冶炼等产业为主。在此条件下，我国提出"双碳"目标，承诺实现从碳达峰到碳中和的时间仅有30年左右，远远短于发达国家所用时间，充分体现了大国担当的雄心和力度。

# 1.2 中国式现代化重要特征与体现

党的二十大报告指出，促进人与自然和谐共生是中国式现代化的本质要求之一。要积极稳妥推进碳达峰碳中和，立足我国能源资源禀赋，坚持先立后破，有计划分步骤实施碳达峰行动，深入推进能源革命，加强煤炭清洁高效利用，加快规划建设新型能源体系，积极参与应对气候变化全球治理。

从国内看，突出碳达峰碳中和的目标引领，将有力促进经济结构、能源结构、产业结构优化升级，培育形成绿色发展新动能，显著提升经济社会发展质量效益，实现生态环境质量改善由量到质的转变。碳达峰碳中和能够促进经济产业结构调整，引导资本、技术、人才等生产要素投向绿色低碳产业，推进重点行业和重要领域绿色低碳化改造，化解钢铁、煤炭等传统行业过剩产能，培育壮大节能环保、清洁能源等重点产业，打造新一代信息技术、新能源汽车、绿色低碳等战略性新兴产业集群，加快产业从低附加值转向高附加值、从粗放转向集约，推动我国经济发展焕发新活力。

"十四五"是全面建设社会主义现代化国家新征程的起点，立足新发展阶段，贯彻新发展理念，构建新发展格局，坚定不移推动高质量发展成为中国经济中长期发展的主线。中国明确碳达峰碳中和目标愿景，这为中国经济社会发展全面绿色转型指明了方向，为全球应对气候变化共同行动贡献了关键力量。"双碳"是培育高质量发展新动能的重要源泉，如期实现碳达峰碳中和目标，必须大力推进能源领域科技创新，推进节能降碳产业创新发展，加快传统产业绿色转型升级。这一过程中不断形成发展的新动能，也将为实现碳达峰碳中和提供坚实的产业和技术支撑。

全球气候环境日益严峻，气候变暖引起大气环流异常，极端天气的频繁出现使得人类生存危机逐步显现，国际社会频繁合作，碳减排进程进一步提速。我国碳排放量仍居世界首位，作为全球第二大经济体的中国推行碳中和以缓解环境危机，向其他国家发出了明确的信号，为全球应对气候变化和绿色复苏注入了新的活力。

全球碳中和正加快催生以低碳为特征的新一轮能源和产业革命。我国加快绿色低碳转型步伐，牢牢掌握国际竞争主动权，将为我国社会主义现代化建设赢得有利外部条件。我国要通过碳达峰碳中和进一步提升绿色技术含量，更深度融入全球供应链，并提升自身的价值链地位，从而减少贸易壁垒冲击并降低未来出口贸易的损失。

# 1.3 建筑业高质量发展的必然要求

建设业作为我国重要支柱行业，体量庞大，对我国碳达峰碳中和意义重大。据统计，建筑业年度总产值29.3万亿元，建筑业增加值占国内生产总值的比例始终保持在6.85%以上，2021年达到7.01%，占国民经济比重较大；建筑业企业12.9万个，每年从业人数达5200万。此外，建筑业产业分布广，涉及勘察设计、工程咨询等服务业，房地产开发、工程施工、建筑装饰装修等建筑业以及围绕建筑业下游产业链的建筑材料、水泥石灰、钢铁生产等工业领域，涉及的产业链十分庞杂，且不同产业之间交叉，碳达峰碳中和将重塑建筑行业生态。

实现碳达峰碳中和，建筑行业节能减碳面临重大挑战。根据《中国建筑能耗研究报告（2020）》，建筑行业全生命周期碳排放占全国碳排放总量的50%以上，是碳排放大户。随着城镇化进程，我国建筑领域的碳排放量在未来10年内仍会有所攀升。我国新增的建筑工程每年产生的碳排放约占总排放量的18%，主要集中在钢铁、水泥、玻璃等建筑材料的生产、运输及现场施工过程，建筑全产业链低碳化发展任重道远。此外，建筑存量较大，运营过程碳排放占比最高，我国是世界上既有建筑和每年新建建筑量最大的国家。数据显示，我国现有城镇总建筑存量约650亿m²，2020年我国房屋新开工面积224433万m²。不少既有建筑存在高耗能、高排放的现状，"双碳"目标框架下，建筑领域实现超低排放甚至零排放是大势所趋。

与一些发达国家相比，我国建筑业工业化程度较低、建造技术尚有提升空间，建筑业传统生产方式仍占据主导地位。建筑业必须要从根本上摆脱粗放发展的老路，在建筑全生命周期内最大限度节约资源和保护环境，大力推动绿色建造，助力我国实现"双碳"目标。碳达峰碳中和将会促推建造方式的优化升级，提高绿色建筑标准、优化技术体系、政策法规体系，在引导绿色施工、推动绿色应用上发挥重要作用。在"双碳"目标下，涉及建筑设计、施工及运营全过程的产业链将被颠覆，绿色的生产方式和建设模式成为未来发展趋势，设计从建筑的全生命周期角度考虑节约资源、保护环境，政策将更加鼓励近零能耗建筑、零碳建筑建设。

城乡建设绿色发展，基础和前提是碳达峰碳中和。《关于推动城乡建设绿色发展的意见》提出到2035年，城乡建设全面实现绿色发展，碳减排水平快速提升，城市和乡村品质全面提升，人居环境更加美好，城乡建设领域治理体系和治理能力基本实现现代化，美丽中国建设目标基本实现。建筑业必须走绿色发展之路，深入解决资源能源利用效率低、废弃物排放量大、扬尘和噪声环境污染严重等问题。坚持系统观念，统筹城乡建设，实施城市生态修复工程和功能完善工程，增强城市整体性、系统性、扎实推进碳减排，大力发展绿色建筑、装配式建筑、绿色建材、绿色建造，提升建设全过程的绿色水平，打造人民宜居的社区和城镇。

# 1.4　建筑企业可持续发展战略举措

我国建筑企业20万家，包括投资开发、工程建设、勘察设计、施工建造、城市运营等企业主体，是建筑领域减碳最为关键的主体。谋划好"双碳"工作对建筑行业整体实现"双碳"目标意义重大。

中共中央、国务院印发《关于完整准确全面贯彻新发展理念做好碳达峰碳中和工作的意见》，对碳达峰碳中和进行系统谋划和总体部署。住房和城乡建设部，国家发展改革委联合印发《城乡建设领域碳达峰实施方案》，对建筑领域如何减碳作了详细部署安排，建筑企业必须把"双碳"工作摆在突出重要的位置，要提前研究，统筹考虑，一体推进"双碳"工作，以实际行动落实好国家关于"双碳"的整体规划。

"双碳"的影响不局限于节能和减排两个方面，更对未来的城乡规划建设、产业经济结构、交通出行方式等方面产生变革。于工程建设行业而言，未来在节能建筑、装配式建筑、光伏建筑、建筑垃圾循环利用等方面市场空间巨大。于建筑企业而言，须围绕"双碳"开辟孵化新产业、新赛道，在新型能源基础设施、电厂建设及改造、建筑光伏与储能设施、碳资产管理及运营等方面加快探索。

近年来，西方发达国家通过碳关税、碳标签、碳减排证明设置"碳壁垒"，对进口商品征收碳关税，我国许多产业首当其冲遭受攻击，建筑企业参与全球竞争，应早做准备，在碳排放、碳标签上尽快建成体系。

# 1.5　建造方式转型升级的重要保障

在"双碳"理念的要求下，促使传统建造方式向节能、绿色、低碳、环保等现代化建造方式转变，是新时代面临的新任务，更是我国建筑业推动供给侧结构性改革的重要举措。

新型建造方式以"绿色化"为目标，以"智慧化"为技术手段，以"工业化"为生产方式，以工程总承包和工程全过程咨询为实施载体，以绿色建材为物质基础，实现建造过程"节能环保、提高效率、提升品质、保障安全"。新型建造方式（Q-SEE）是在建造过程中，以"绿色、智慧、工业化"为特征，更好地实现建筑生命周期"品质提升（Q），安全保障（S），节能环保（E），效率提升（E）"的新型工程建设方式，其落脚点体现在绿色建造、智慧建造和建筑工业化。

### 1.5.1　科学把握生产方式向新型建造发展是必然趋势

我们需要站在历史观、未来观和全局观的视角，紧紧抓住实现"双碳"目标的关键领域和短板，通过改革和创新来推动行业转型升级、提质增效。

**"三造"融合创新是实现"双碳"目标的重要途径。**中国制造、中国创造、中国建造共同发力，改变着中国的面貌。对中国建筑业而言，如何借助中国制造、中国创造、中国建造"三造"融合来推动技术创新与行业变革，将是建筑业实现"双碳"目标的最根本路径。

**准确把握"四化"协同是实现"双碳"目标的必然要求。**绿色化、工业化、智慧化、国际化"四化"协同发展代表了行业生产方式转型的根本方向。从生产方式看，新型建造方式落脚点主要体现在绿色建造、智慧建造和工业化建造，将推动全过程、全要素、全参与方的"三全升级"，促进新设计、新建造、新运维的"三新驱动"。实现"双碳"目标，于建筑企业而言，必须以"四化"协同完成绿色发展目标。

绿色化是新理念的重要要求。坚持绿色发展，形成人与自然和谐发展现代化建设新格局，这是新发展理念的重要要求。建筑业必须从根本上摆脱粗放发展的老路，深入推动绿色建造。建筑行业将迎来巨大挑战与发展机遇，绿色建筑、低碳建筑、生态建筑等将成为未来工程产品的发展要求，为了在2060年实现碳中和，从现在开始就要为未来40年节能减排的总体策略和技术经济路径作出安排。

智慧化是"双碳"的关键引擎。当今时代是数字经济、智慧社会的时代，实现"双碳"目标需要工程建设项目的高度数字化，以大数据思维统筹建造过程。建筑业要想跟上新时代步伐，就必须要大力推动智慧建造的发展与应用，解决我国建筑业生产过程粗放、生产力低下的矛盾，智慧化也是中国建筑产业未来能占据全球行业制高点的关键所在。

工业化是"双碳"的坚实基础。真正实现生产方式转型，摆脱劳动密集，降低资源消耗，提高品质和效率，其出路就在于新型建筑工业化。发展新型建筑工业化是促进建设领域节能减排的有力抓手；是带动技术进步、提高生产效率的有效途径；是提升建筑业国际竞争力的有效路径。基于工厂和基于现场推动建筑工业化的两条基本路径都得到了较快的探索和发展，体现着新时代工程建造方式发生的根本性变化，建筑业正逐步变革劳动密集的生产方式，迈向"工业3.0""工业4.0"的新时代。

国际化是"双碳"的促进力量。推动行业国际化发展，有助于促进中国建筑业在海外竞争中建立节能减排的体制机制，更好地与世界接轨，发挥建筑业产业链长的优势，带动中国制造、中国创造更好走出去。建筑业国际化发展主要在于工程建设模式与国际接轨，特别是要推动工程总承包、全过程工程咨询和建筑师负责制的发展，进一步推动工程管理的集成化、集约化。

## 1.5.2　牢牢把握"三全"特征，依托"三体"落实"双碳"责任

目标需要行动来落实，建筑业的"双碳"目标要牢牢抓住全生命期、全过程、全参与方的特征。"全生命期"即建筑业碳排放贯穿于规划设计、施工建造、运营全过程，与建筑全产业链紧密相关，要从全生命期角度制定建筑碳排放计算标准，既要弄清楚直接碳排放，也要挖掘隐含碳排放，通过建立碳标签足迹，让碳的"量"贯穿全生命期，统计测算清楚。"全过程"即碳减排要全过程参与，设计阶段统筹考虑建筑工程绿色低碳、环保生态等要素；建造阶段着力于推动施工过程减碳，建材领域着力于推动绿色建材的研发与推广。"全参与方"即参与方众多，建筑业碳减排涉及政府、企业、居民等多方利益主体，要全社会行动起来协同减碳，国家的"双碳"目标需要全社会的参与和行动。

落实"三体"责任，要抓住"三体"，即城市、社区、项目三大载体，通过大力推进绿色建造来"做优存量、做精增量"，履行好"双碳"目标责任。城市作为一个复杂多维的生态系统，要科学制定碳达峰碳中和实施方案，明确减碳目标，合理规划减碳路径，限制高能耗高污染生产活动，提出资源节约环境保护的城市号召，统筹推动城市里的厂房、园区、交通、能源共同减碳。社区作为一个有机整体，承担着人们的生活以及工作等功能需求，社区作为城市组成单元，要以贯彻落实减碳举措为己任，大力倡导绿色低碳生产方式、生活方式以及出行方式。于项目而言，要大力倡导"四节一环保"，倡导绿色生产方式，减少建筑垃圾，节约建筑能耗，提高建筑品质，实现可持续发展。

第 2 章

国外建筑业绿色
低碳发展经验

生态文明建设作为中国特色社会主义事业"五位一体"总体布局之一，绿色化成为国家重要发展战略。为了贯彻落实国家有关绿色化发展的方针政策，改变建筑领域传统的高消耗重污染生产方式，推进我国建筑业的转型升级，实施绿色建造是行之有效的方式，也是大势所趋。欧美发达国家非常注重建造过程的绿色环保，政府起到了主导的作用，形成了健全的绿色建造法律法规体系，为建筑领域的绿色低碳发展提供了可靠的实施依据。同时，很多国际一流的建筑企业在践行绿色低碳发展方面起到了积极带动作用，有许多值得借鉴和学习的地方。因此，应该积极学习国外发达国家相关政策、建筑行业以及优秀建筑企业绿色低碳发展的成功经验，才能更好地指导我们走好有中国特色的建筑业绿色低碳发展之路。

# 2.1 国外碳达峰碳中和概述

随着工业革命和技术创新的发展，经济社会发展水平不断提升。种种迹象表明，人类在改造自然创造财富的同时，也在不断破坏着我们赖以生存的环境。能源的不合理利用、废物和有害物排放造成的环境问题不断出现在我们面前。总体来看，美国、欧盟、日本等发达国家和地区工业化起步较早，率先实现碳达峰。根据世界资源研究所统计，目前全球已有54个国家实现碳达峰，占全球主权国家的27.7%。1990年、2000年、2010年、2020年碳达峰国家数量分别为19个、33个、49个、54个，包括几乎所有发达国家、大部分东欧及前苏联国家，如表2-1所示。

**全球已实现碳达峰国家一览表**　　　　　　　　　　　　　　　　表 2-1

| 时间 | 国家 |
|---|---|
| 1990年以前已实现（19个） | 阿塞拜疆、白俄罗斯、保加利亚、克罗地亚、捷克、爱沙尼亚、格鲁吉亚、德国、匈牙利、哈萨克斯坦、拉脱维亚、摩尔多瓦、挪威、罗马尼亚、俄罗斯、塞尔维亚、斯洛伐克、塔吉克斯坦、乌克兰 |
| 1990～2000年已实现（14个） | 法国、立陶宛、卢森堡、黑山、英国、波兰、瑞典、芬兰、比利时、丹麦、荷兰、哥斯达黎加、摩纳哥、瑞士 |
| 2000～2010年已实现（16个） | 爱尔兰、克罗地亚、奥地利、巴西、葡萄牙、澳大利亚、加拿大、希腊、意大利、西班牙、美国、圣马力诺、塞浦路斯、冰岛、列支敦士登、哥斯达黎加 |
| 2010～2020年已实现（5个） | 以色列、乌拉圭、日本、马耳他、新西兰 |

根据英国能源与气候智能小组统计，目前126个国家分别以立法、法律提案、政策文件等形式提出碳中和目标。大多数国家碳中和目标以2050年为时限，少数国家把目标提前至2035～2045年，我国提出2060年前实现碳中和，如表2-2所示。

**全球部分国家 2050 年碳中和目标一览表**　　　　表 2-2

| 序号 | 状态 | 国家和地区 |
|---|---|---|
| 1 | 完成立法 | 瑞典（2045）、英国、法国、丹麦、新西兰、匈牙利 |
| 2 | 法律提案 | 欧盟、加拿大、韩国、西班牙、智利、斐济 |
| 3 | 政策文件 | 芬兰（2035）、奥地利（2040）、冰岛（2040）、日本、德国、瑞士、挪威、爱尔兰、南非、葡萄牙、哥斯达黎加、斯洛文尼亚、马绍尔群岛、中国（2060）等 |
| 4 | 政策讨论 | 墨西哥、意大利、阿根廷、秘鲁、美国等数十个国家 |

注：括号内为实现碳中和年份，未标注为2050年。

目前，发展低碳经济、实现节能减排已成为国际社会持续发展的大趋势。美国、欧盟、日本等响应国际号召，均已提出一系列关于"双碳"的政策措施，旨在促进节能减排，实现绿色发展。

## 2.1.1　美国

美国碳排放碳中和走在世界的前列，其二氧化碳排放于2007年达到峰值（58.84亿t），自此之后，其二氧化碳排放量总体呈下降趋势，在全球排放量中的占比也逐渐降低。

实际上，美国碳中和的历程始于1963年的《清洁空气法案》，用于控制多地工厂中温室气体的排放，该法案一直沿用至今。1973年石油危机之后，美国国会和联邦政府相继出台了一系列促进清洁能源发展的法律法规，主要有1978年《公用事业管制政策法》、1978年《能源税法》、1980年《能源安全法案》、1990年《大气洁净法》、1992年《能源政策法案》、1992年《能源安全法案》《全球气候变迁国家行动方案》《气候变化行动方案》、2005年《能源政策法案》、2007年《能源独立和安全法案》、2009年《清洁能源与安全法》等。

1978年《公用事业管制政策法》的目的在于增加美国国内能源供应，解决能源安全问题，以成功应对石油危机。1980年《能源安全法案》突出了发展新能源的要求，引入了贷款担保等资金融通机制，向年产量低于100万加仑的小乙醇生产厂提供贷款担保。1990年《大气洁净法案》是1977年《大气清洁法案》的修正案，主要目的是减少大气污染，强行控制二氧化硫和氮氧化物的排放，从环保的角度促进了可再生能源的开发和利用。1992年《能源政策法》的主要目的是重建美国能源市场。1992年《能源安全法案》旨在为清洁可再生能源提供激励，增进建筑节能，以减少对进口能源的依赖，是美国第一部大型能源政策法案。1993年10月美国宣布《气候变化行动方案》，确定了2000年把美国温室气体排放量减少到1990年水准的目标。之后发布的2005年《能源政策法案》是对1992年能源政策法案和其他相关法案的部分修订，指明了能源独立、国家安全、消费者权益和相关税收的新方向，

11

强调了可再生能源的重要性，成为美国能源政策的一个重大转折点。2007年《能源独立和安全法案》中节能开始成为主旋律，大力发展清洁安全的、可再生和可代替能源，提高能源效率，增加美国国内能源生产，降低对石油进口依赖程度，旨在推动美国减少能源依赖性和实现供应安全，标志着美国能源战略的转型。2009年《清洁能源与安全法》是奥巴马政府促进美国经济复苏和创造就业的重要举措，美国将减少对中东、俄罗斯等国的石油依赖，发达国家对能源新技术的出口将会大大增加，国际社会在应对气候变化的问题上有可能取得新的进展和突破。

2001年3月美国政府宣布单方面退出《京都议定书》，确立到2025年美国将遏制温室气体排放继续增长的态势。2008年确定了以总量减排方式为美国设定了温室气体减排的具体目标和时间表，计划到2020年把美国的温室气体排放减少到1990年的水平，随后还提出2030年使所有新建筑物的碳排放保持不变或零排放。2017年6月美国宣布正式退出《巴黎协定》。在美国计划退出《京都议定书》和《巴黎协定》期间，《能源政策法》《低碳经济法》《美国清洁能源与安全法案》《总统气候行动计划》陆续出台，规定了一系列有关低碳经济发展的法律与激励措施，对提高能源效率进行规划并明确了具体方案。《低碳经济法》明确了低碳经济将成为美国未来重要的战略选择。《美国清洁能源与安全法案》以立法的形式提出了建立"碳排放总量管制与交易制度"。《总统气候行动计划》是美国联邦政府首次制定的较为长期而全面的应对气候变化的计划，有利于美国整个原有分散的气候减缓和适应行动的努力，保护本国免受日益严重的不利气候的影响。

拜登就任美国总统后，提出《清洁能源革命与环境正义计划》《建设现代化的、可持续的基础设施与公平清洁能源未来计划》和《关于应对国内外气候危机的行政命令》，在经济上加大投入力度，新政府计划投入2万亿美元在交通、建筑和清洁能源等领域，在政治上把气候变化纳入美国外交政策和国家安全战略并加强国际合作，在技术上加速清洁能源技术创新，继续推动美国"3550"碳中和进程。《清洁能源革命与环境正义计划》目标在于确保美国在2050年之前实现100%的清洁能源经济和净零排放。同时在基础设施、电力行业、建筑、交通、清洁能源等领域提出了具体的计划措施，并且重视清洁能源、电池等新兴技术领域的创新，旨在让美国未来成为这些领域的引领者。

《建设现代化的、可持续的基础设施与公平清洁能源未来计划》对原始气候计划进行了更新，提出到2035年实现电力行业零碳排放，并投资计划增加至2万亿美元。《关于应对国内外气候危机的行政命令》将应对气候变化上升为国策，明确提出"将气候危机置于美国外交政策与国家安全的中心"。拜登新气候计划旨在发动一项全国性的努力，来建设现代化的、可持续的基础设施，并实现公平的清洁能源未来，同时创造更多的就业机会。

2021年美国政府宣布重返巴黎协定，制定一系列行业措施应对气候变化并推动碳中和进程，承诺到2050年实现"碳中和"。国际上基本都比较欢迎美国公布的这些计划，认为这将有助于在全球变暖的国际谈判中产生积极动力，是推动国际社会气候努力的积极举动。

为了推动碳中和、控制碳排放、保护美国环境，美国各个地方政府及环保组织对碳中和行动十分积极，各个地区间会通过签署协议、交易排放权等方式积极应对温室气体减排。其中，较为有代表性和影响力的计划包括区域温室气体倡议（RGGI）、西部气候组织（WCI），以及芝加哥气候交易所（CXX）等。

综合美国政府及地方行政部门和环保组织的多项举措，可以看出，美国应对碳中和、碳排放的政策将会对全球气体排放产生深远影响，不仅仅是美国自身降低其温室气体排放，同时美国的榜样力量将推动世界各国或组织加强管控温室气体排放量，严格环境保护措施。

此外，作为全球技术创新最具有代表性的区域，美国降低温室气体排放的努力将会推动科技进步，未来将大幅度降低化石类能源的使用和消耗，取而代之的是更多利用可再生能源、清洁能源甚至其他产生动力的资源，其技术创新将带动全球能源技术的长足发展，凝聚国际合作力量，推动国际碳中和进程、显著降低温室气体排放量。

## 2.1.2　欧盟

欧盟对温室气体减排一直较为积极，减排效果比较可观。欧盟在1979年二氧化碳排放量达到峰值，为46.56亿t，此后二氧化碳排放处于缓慢下降趋势。1997年，欧盟承诺在2008~2012年期间将温室气体排放量减少8%。计划在2050年前实现碳中和，并积极采取多种方式，包括在各领域推行相应措施，立法确定碳中和目标，通过碳排放交易系统有效减少温室气体排放量等。其中，欧盟碳排放交易系统（EUETS）是欧盟应对气候变化政策的有效减少碳排放的关键工具。该体系建立于2005年初，是目前全球最大的碳排放交易市场，包含27个欧盟成员国，以及冰岛、列支敦士登和挪威，覆盖欧盟约40%的温室气体排放（包括二氧化碳、氧化亚氮以及全氟化碳），在该交易体系涵盖的设施的排放量下降了约35%。

2008年1月，为实现2020年气候和能源目标，欧盟委员会通过《气候和能源一揽子计划》，内容包括欧盟排放权交易机制修正案、欧盟成员国配套措施任务分配的决定、碳捕获和储存的法律框架、可再生能源指令、汽车二氧化碳排放法规和燃料质量指令，由此形成了欧盟的低碳经济政策框架。该法案将有助于提高欧盟的能源保障能力，降低对进口能源的依赖、创造就业，推动绿色增长并提高欧洲的竞争力。

在此之后，欧盟又推出《2030年气候与能源政策框架》《2050年长期战略》《欧洲绿色协议》《欧盟氢能战略》等政策措施。《2030年气候与能源政策框架》旨在促进欧盟低碳经济发展，提高能源系统的竞争力，增强能源供应安全性，减少能源进口依赖以及创造新的就业机会。《欧洲绿色协议》将助力欧洲经济稳定可持续发展、改善民众健康和生活质量。《欧盟氢能战略》旨在为氢能源的大量生产提供投资，满足欧盟国家对清洁氢能的需求。虽然欧盟近期推出了"公平过渡机制"，旨在协助相关国家顺利完成经济转型，但具体效果仍有待观察。

《欧洲气候法》作为欧盟委员会新任主席乌尔苏拉·冯·德莱恩2019年12月提出的《欧洲绿色协议》的核心部分，将2050年达成"气候中和"规定为具有法律约束力的目标。分别对气候中和目标、行动路径、适应气候变化、对欧盟进展措施以及成员国措施的评估、公众参与、授权立法的制定以及对《2018/1999条例》的修改做了规定。《欧洲气候法》出台明确了欧盟通过达成气候中和成为全球气候行动领导者的雄心，这也是欧盟自《京都议定书》通过后一直以来的自我定位，发挥全球气候行动模范作用。应对气候变化是全球性议题，在独木难支的根本认识之下，《欧洲气候法》与《欧洲绿色协议》都释放出一个明确的信号：欧盟将在对外气候策略上采取更加强硬的措施以推动全球集体行动，加深全球气候行动格局分化。

目前，各成员国可根据欧盟委员会颁布的规则，为本国设置排放量上限，再将许可权分配给纳入排放交易体系的产业和企业。企业可将剩余的排放权在市场上出售，若实际排放量大于排放权，则必须在市场上购买，否则会处以罚款并扣除下一年的减排配额。这样的交易制度可确保以低成本有效完成排放指标。表2-3介绍了欧盟排放权交易系统不同阶段的特征。

**欧盟排放权交易系统分阶段特征表** 表2-3

| 第一阶段（2005～2007年） | |
|---|---|
| 覆盖范围 | 仅涵盖发电机、高能耗行业。减排气体：二氧化碳。参与国：欧盟27国 |
| 排放配额 | 合计配额20.58亿t二氧化碳，绝大多数配额为免费配额 |
| 特征 | 发放配额总量超过实际排放量，使碳排放权价格持续走低 |
| **第二阶段（2008～2012年）** | |
| 覆盖范围 | 一氧化二氮（$N_2O$）列入减排范围。冰岛、列支敦士登及挪威加入体系。航空部门于2012年加入 |
| 排放配额 | 合计配额18.50亿t二氧化碳，免费配额的比例降至90%左右 |
| 特征 | 减排范围不断扩大，在新领域不断探索，如引入碳储存概念等 |
| **第三阶段（2013～2020年）** | |
| 覆盖范围 | 覆盖更多领域（如建筑、交通等），全氟化碳（PFC）也列入减排范围。克罗地亚自2014年起加入体系 |
| 排放配额 | 以拍卖作为默认分配配额的方法（约占拍卖配额总量的57%），统一分配规则适用于免费配额（剩余部分）。排放配额的总数以每年1.74%的速度（每年约3800万t二氧化碳）降低 |
| 特征 | 分配模式转变：由国家分配改为欧盟统一制定排放配额，原有的免费分配方式向拍卖形式逐步过渡。信用抵消机制更加严格 |

总体而言，欧盟在做出减排承诺方面较为积极，减排方式多样。包括在各个领域积极改善，推进立法，通过强有力的欧盟排放体系经济有效地减少了温室气体排放量。

## 2.1.3　日本

《联合国气候变化框架公约》是世界上第一个为全面控制二氧化碳等温室气体排放，应对全球气候变暖给人类经济和社会带来不利影响的国际公约，也是国际社会在应对全球气候变化问题上进行国际合作的一个基本框架。如今，已有197个国家成为该公约的缔约国。《京都议定书》是根据《联合国气候变化框架公约》第一次缔约方大会的授权（柏林授权），缔约国经过3年谈判，于1997年12月11日在日本东京签署的条约。该议定书确定《联合国气候变化框架公约》发达国家在2008~2012年的减排指标，工业化国家在1990年排放量的基础上减排5%，同时确立了三个实现减排的灵活机制。《京都议定书》生效后，三个灵活机制将正式启动。清洁发展机制下的造林和更新造林项目也将正式运行，林业碳汇市场将不断发展，林业碳汇国际贸易也将不断增加。

日本由于工业化进程较西方发达国家晚，所以在推进气候立法、实施碳中和目标方面也晚于欧美。为减少使用化学能源产生的温室气体排放，1997年日本政府颁布实施了《关于促进新能源利用措施法》，2002年实施了《新能源利用的措施法实施令》等法规政策，为日本实施碳中和行动提供了法律依据。《关于促进新能源利用措施法》明确了日本新能源的发展目标和各方责任。有关各方依据相关政策法规，采取多种有力措施，积极开发太阳能等清洁能源，取得了显著效果。《新能源利用的措施法实施令》的实施减少了由于化石能源利用产生的温室气体，促进了太阳能、核能等清洁能源和可再生能源的利用。此外，日本政府也发布了针对碳排放和绿色经济的政策文件，如2008年5月《面向低碳社会的十二大行动》及2009年《绿色经济与社会变革》政策草案。《面向低碳社会的十二大行动》是必要方法、技术选择、社会改革、达到目标的政策与措施的概括。《绿色经济与社会变革》的目的是通过实行削减温室气体排放等措施，强化日本"绿色经济"。这份政策草案除要求采取环境、能源措施刺激经济外，还提出了实现低碳社会、实现与自然和谐共生的社会等中长期方针，其主要内容涉及社会资本、消费、投资、技术革新等方面。此外，政策草案还提议实施温室气体排放权交易制和征收环境税等。该份政策草案如果能获得通过并实施，将使日本环境领域的市场规模从2006年的70万亿日元增加到2020年的120万亿日元，相关就业岗位也将大大增加。

日本在2008年碳排放达峰，全年约13亿t，占全球总排放量4.3%。为应对气候变化，日本政府于2020年10月25日公布"绿色增长战略"，提出"2050年实现碳中和目标"，除确认碳中和目标外，该战略还提出了对日本海上风能、电动汽车、氢燃料等14个重点领域的具体计划目标和年限设定，提出财政预算、税收、金融、法规和标准化、国际合作5个方面的政策措施，通过技术创新和绿色投资的方式确保社会平稳实现脱碳转型。

在税收制度方面，推出税制优惠，支持私营企业脱碳投资，预计在10年内创造约1.7万亿日元的私人投资。如表2-4所示。

日本碳中和税收制度表                                                    表 2-4

| 项目 | 内容 |
| --- | --- |
| 建立碳中和投资促进税收制度 | 根据《工业竞争力增强法》新建立的计划认证体系，依据引入生产设备的脱碳效果，最多可享受 10%的税收抵免或 50%的特殊折旧 |
| 设立亏损结转特别扣除限额 | 基于《产业竞争力增强法》的计划认证体系，对于因碳中和投资或商业转型而产生亏损的企业，将亏损的结转扣除上限从50%提高到最高100%（最大扣除上限增加期为5年） |
| 扩大研发税收减免 | 将研发税收减免额度从企业税额的25%提高到30% |

在法律法规和标准化方面，通过对脱碳技术构建完善的法规制度以及引入碳定价机制，确保社会有序、高效完成低碳转型。如表2-5所示。

日本碳中和重要举措及示例                                              表 2-5

| 措施 | 主体 | 示例 |
| --- | --- | --- |
| 在"示范阶段"之后，对于未来具有发展潜力的关键创新技术，用公私合营投资以吸引私人投资，具体措施：（1）加强政策支撑以创造对新技术的需求，预期外新技术的政策法规的合理化；（2）通过鼓励大规模生产投资来推广技术，扩大需求并降低价格，推动新技术的国际标准化 | 氢能源 | 将氢能源评估为无碳能源，建立可通过利用氢获得奖励的电力市场 |
| | 海洋风电 | 在全国范围内建立可再生能源并网系统，提高可再生能源利用优先级 |
| | | 根据《防止海洋污染法》等，明确允许拆除风力涡轮机的标准 |
| | | 放置大型风力涡轮机的"浮体"安全评估方法的国际标准化 |
| | 电动汽车/蓄电池 | 利用燃油效率法规促进电气化 |
| | | 民用蓄电池寿命的性能标签的开发和标准化 |
| | | 蓄电池二氧化碳排放量可视化 |
| 引入碳定价机制 | 碳信用交易 | 在碳排放上限确定的基础上，通过市场手段解决排放权的有效配置 |
| | 碳税 | 2012年10月日本开始实行碳税 |
| | 国际协调 | 通过国际合作，以确保与不愿采取措施应对全球变暖的国家的国际贸易公平，防止碳泄漏 |

此外，《全球气候变暖对策推进法》于2022年4月施行，这是日本首次将温室气体减排目标写进法律，为2050年实现碳中和目标奠定了基础。

欧美等国家率先实现碳达峰，既与本国经济、产业结构有关，更得益于本国政府有效举措，对我国有以下三点启示：

**加强路线规划**。以欧盟、英国、日本为代表的发达国家和地区提出详细碳中和战略，对中长期零碳发展作出部署。当前我国提出了碳达峰碳中和目标，未来需要加强研究碳减排实现路径，制定详细碳达峰与碳中和路线图。加强统筹协调，带动地方政府、头部企业、普通市民低碳行动，打造低碳城市、低碳社区，倡导低碳生活。

**推进能源和产业革命**。日本等国家使用大量资金，研发成熟低碳技术。对我国而言，重工业领域，需要利用电气化、氢能、碳捕集与封存技术，逐步实现钢铁、水泥等重工业领域完全脱碳。能源供应领域，深入研究推动天然气，包括大水电在内的可再生能源和核能发展与应用，满足新增能源需求，逐步取代煤炭。构建低碳产业主导的产业体系，建设低碳城市、低碳园区，摆脱对化石能源依赖，实现经济发展与碳排放脱钩。

**健全碳交易市场**。2005年1月欧盟启动碳交易市场建设，目前碳交易市场覆盖欧盟一半二氧化碳排放量，涵盖11000个发电站、30个国家工业部门，是全球最大、最活跃碳交易市场。我国碳交易市场处于起步阶段，目前全国碳交易场所8个，2020年碳交易额16亿元。平台搭建方面，对比欧盟做法，我国需加快建设全国性碳排放交易市场，完善碳定价制度，建立完善总量设定与配额分配方法体系，兼顾区域差异和行业差异。配套管理方面，进一步完善碳交易注册登记制度、碳交易平台建设、碳交易标准制度等。碳排放标准方面，围绕能源、交通、工业、建筑等重点行业，建立统一碳排放标准，明确碳排放种类，完善碳排放量测量体系。

# 2.2 国外建筑业绿色低碳举措

为深入了解国外建筑业碳达峰政策措施实施情况，选取美国、英国、法国、德国、日本、新加坡为例开展调研。其中英国、德国、法国于1991年末前实现碳达峰，美国和日本分别于2007年和2013年实现碳达峰，新加坡承诺于2030年实现碳达峰。在碳中和承诺方面，英国、法国、美国、日本均承诺在2050年实现碳中和，德国计划在2045年实现碳中和，比原计划（2050年实现碳中和）提前五年，新加坡则承诺将在21世纪下半叶尽快实现净零排放。

在此背景下，各国建筑业主要"双碳"行动实施情况见表2-6。

国外建筑业碳达峰情况

表 2-6

| 国家 | 达峰情况 | "双碳"目标 | 建筑业措施 |
|------|---------|-----------|-----------|
| 美国 | 2007年碳达峰 | 2021年美国重新加入《巴黎气候协定》，并承诺2050年实现碳中和 | 通过制定并实施电器和设备能效标准标识、实施建筑节能规范、推进联邦政府建筑节能及制定相关税收优惠政策四项措施实现建筑部门碳减排 |
| 英国 | 1991年碳达峰 | 承诺计划在2050年实现净零排放 | 通过每5年制定一个碳预算来管理全国的碳减排目标。建筑部门主要集中在新型建材、新型建筑能耗标准及建筑供热体系改革等方面 |
| 法国 | 1990年碳达峰 | 设定2050年实现"碳中和"的目标 | 2020年颁布法令通过"国家低碳战略"。建筑行业则重点通过实施环境法规，基于生命周期分析考虑对环境的影响，在2050年将全部的建筑改造成高效率的标准，以及加快能源消耗管理等方式展开 |
| 德国 | 1990年碳达峰 | 德国计划在2045年实现碳中和，比原计划提前五年 | 2019年通过了2030年气候保护一揽子计划。在建筑行业减碳方面采取了包括出台能源证书、设立市场激励计划、制定节能条例以及提供便捷线上－线下建筑升级咨询服务等方式促进全行业降低碳排放 |
| 日本 | 2013年碳达峰 | 承诺到2050年日本实现碳中和 | 2020年发布《2050年碳中和和绿色增长战略》，针对建筑业设计了绿色增长战略技术路线图 |
| 新加坡 | 未达峰 | 力争到2050年排放量从峰值减少一半 | 推出绿色建筑标志认证作为所有新建建筑以及部分既有建筑的强制认证。通过推出绿色建筑总蓝图为发展绿色建筑奠定基础 |

## 2.2.1 美国

美国在2007年实现碳达峰，经济发展与"碳"脱钩。此后，美国通过不断强化应对气候变化的政策举措，加大清洁和可再生能源利用，美国温室气体排放量递减趋势，与GDP增长呈反比，如图2-1所示。

近年来，美国建筑部门温室气体排放处于波动上升趋势。如图2-2所示，温室气体排放总量从2001年的781百万$tCO_2$升高到2019年的835百万$tCO_2$，上升了6.9%，其中2012年是近二十年碳排放量最低年份，为706百万$tCO_2$[①]。建筑部门温室气体排放占全国所有经济部门比重整体处于缓慢上升态势，从2001年10.9%上升至2019年的12.8%，上升了1.9个百分点。美国主要通过以下四项措施实现建筑部门碳减排。

一是制定并实施电器和设备能效标准标识，在全国范围内实施具有法律效力的强制性标准。能效标准标识已覆盖25类消费者产品、26类商用和工业设备、15类照明产品和五类用水器具，直接影响90%以上居民建筑能耗和60%以上商业建筑能耗。

---

① 数据来源自国际能源署官网。

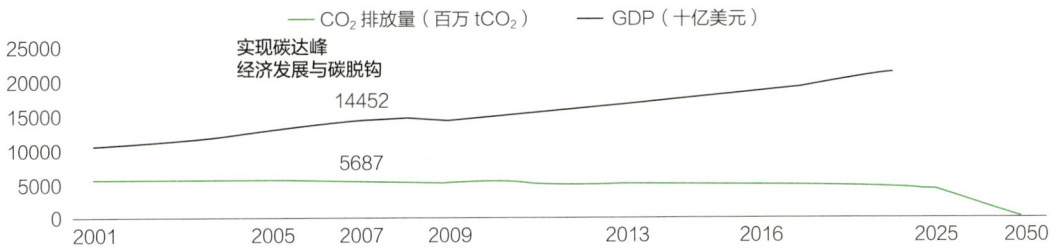

图2-1　美国近年来$CO_2$排放量及国内GDP增长情况

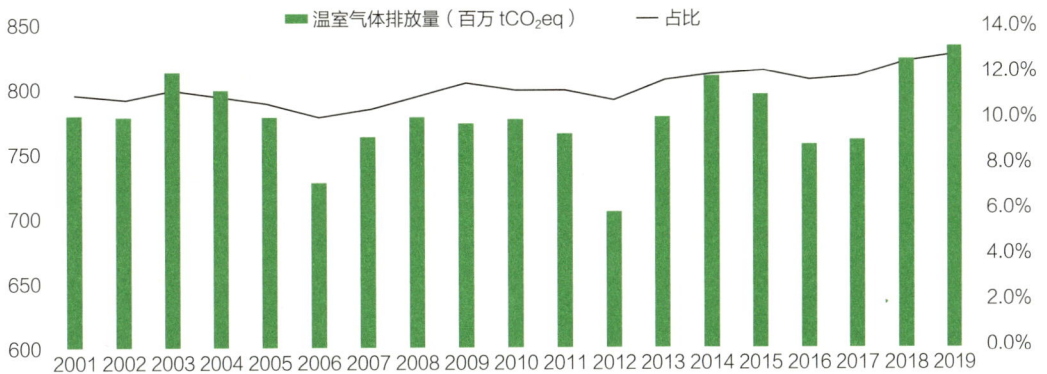

图2-2　美国近年来建筑部门温室气体排放量及占比变化趋势

二是实施建筑节能规范。美国联邦层面提供每三年更新一次的自愿性模板型建筑节能规范供各州参考采用，主要包括ASHRAE 90.1标准和IECC标准；美国能源部负责评估这些规范采用情况；除此之外，美国还推行自愿性认证项目，包括ASHRAE 189.1、LEED认证、美国能源部的零能耗房屋认证等。

三是推进联邦政府建筑节能，美国能源部下设联邦能源管理项目办公室负责该工作，通过发布立法和行政指南、促进技术整合、协调资金、提供技术协助、跟踪联邦机构审计、开发认证培训项目等方式推动联邦机构达到节能目标。

四是制定相关税收优惠政策，为居民住房节能升级或安装节能设备提供30%税收优惠，为非商业型物业进行节能改造（升级外围结构、安装高效加热和空调系统）提供10%的税收优惠，给予节能电器生产商税收优惠。例如，对于节能型房屋建造者和新建节能商业建筑/老商业建筑节能改造承包商而言，可分别享受2000美元和1.8美元/平方英尺的税收优惠。

## 2.2.2 英国

英国主要采取碳预算进行全国碳减排目标管理。英国在1991年实现碳达峰,并从2012年开始通过每5年制定一个碳预算来管理全国的碳减排目标。截至2012年已完成第一个碳预算,较1990年实现碳减排25%;2017年完成第二个碳预算,较1990年实现碳减排31%;当前正处于第三个碳预算进程中,并计划在2022年实现较1990年减排37%;同时英国目前已制定第四、五、六个碳预算目标,计划分别在2027年、2032年、2037年实现较1990年减排51%、57%、78%;英国政府并承诺计划在2050年实现净零排放[①]。

为实现以上碳减排目标,英国政府公布了截至2030年各经济部门碳减排的相关措施及目标。其中建筑部门主要集中在新型建材、新型建筑能耗标准及建筑供热体系改革等方面,具体包括要求使用空腔墙、实心墙等环保隔热建材;制定更加严格的能源效率和低碳供热的建筑标准;到2030年实现家用热泵数量达到250万台;到2030年实现低碳供热网络的供热达到40太千瓦时(TWh);使用清洁能源进行替代,到2030年向天然气管网输送约20TWh的生物甲烷。

英国建筑行业产生的二氧化碳整体呈现下降趋势。二氧化碳排放结构方面,住宅领域二氧化碳排放占比远高于非住宅领域,2017年住宅和非住宅二氧化碳排放占比分别占全国总碳排放的20%、10%。二氧化碳排放近年来持续下降,住宅产生的二氧化碳从1990年78百万吨(Mt)下降到2016年66Mt,下降15.4%;非住宅产生的二氧化碳从1990年的25Mt下降至2016年的21Mt,下降16%,如图2-3所示。

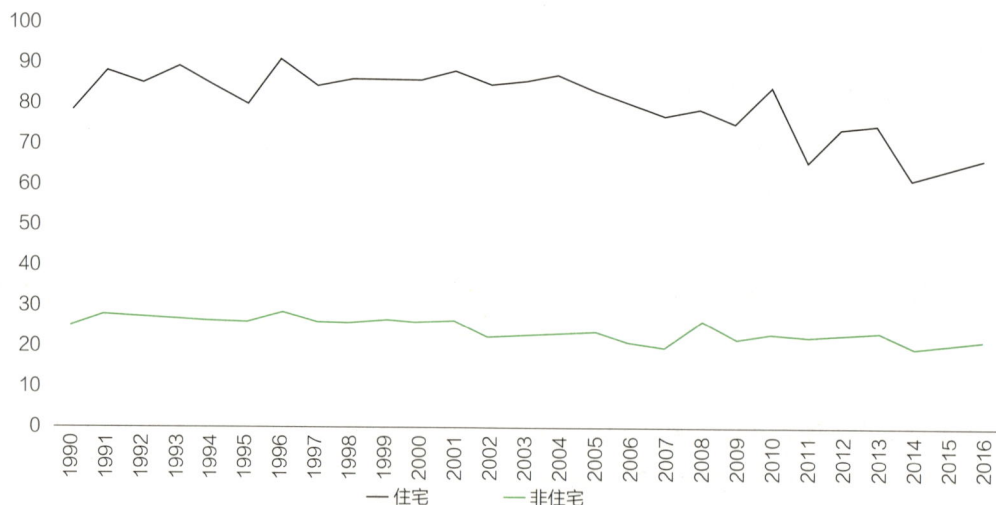

图2-3  英国近年来住宅和非住宅领域直接二氧化碳排放(Mt)

---

① 内容来自英国气候变化委员会官网。

住宅房屋家用电器电气化和供暖系统改革在诸多减排措施中成本较高。英国气候变化委员会针对建筑各维度减排方案进行了评估，结果显示减排成本最高的三项减排措施分别是：住宅房屋内部家用电器的电气化，达到240英镑/t二氧化碳当量；使用氢能源替代住宅天然气峰值需求，达到215英镑/t二氧化碳当量；使用高效低碳供暖网络为住宅供暖，达到204英镑/t二氧化碳当量[①]。

### 2.2.3　法国

法国于1990年实现碳达峰后，主要从适应气候变化和缓解气候变化两个维度开展相关减排计划。2020年4月，法国颁布法令通过"国家低碳战略"，设定2050年实现"碳中和"的目标（图2-4）。

1990～2018年，法国在GDP持续上涨的情况下实现总减碳13.06%，但是年均减碳量不足0.5%，在商业不变情景（BAU，Business As Usual）下基本无法实现在2030年较1990年减排40%。2020年法国发布复苏计划对碳减排进行调整。

在促进全行业碳减排方面，法国针对不同行业制定相应的减碳目标，并采取针对性减排举措。其中，对于能源、建筑、工业行业减碳目标强度较大，较2013年减排要求均超过70%。如图2-5所示。

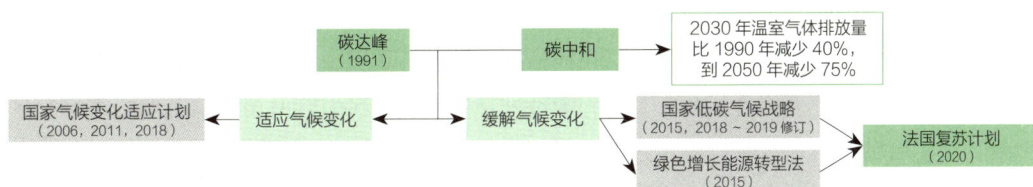

图2-4　法国碳减排行动路线

图2-5　法国各行业温室气体减排目标

---

① 内容来自英国气候变化委员会《净零排放技术报告》。

1990～2019年，法国全行业碳减排4700万t二氧化碳，能源、工业、建筑行业碳减排贡献值为4900万t二氧化碳。建筑和交通运输行业所产生的碳排放仍占法国碳排放总量的63%，如图2-6所示。其中，能源行业主要采取的减排举措包括减少能源结构中的碳足迹，加速提高能源效率；开发可再生能源；提高能源体系的灵活性，增加可再生能源的份额。工业行业主要为控制每个产品对能源和材料的需

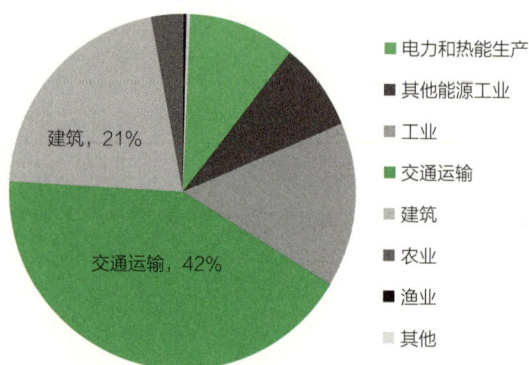

图2-6　2019年国各行业碳排放占比情况

求，促进循环经济，减少温室气体强度高的能源份额。而建筑行业则重点通过实施环境法规，基于生命周期分析考虑对环境的影响，在2050年将全部的建筑改造成高效率的标准，以及加快能源消耗管理等方式展开。

2020年后，法国的发布复苏计划，主要从绿色建筑和绿色交通等方面对建筑和交通行业碳排放进行调节。在绿色建筑方面，法国采取了如下关键举措：

1）推广绿建认证：以HQE、LEED和BREEAM为主；

2）开展全生命周期环境影响评估（Life Cycle Assessment，生命周期评估，简称"LCA"）：法国环境法规（RE2020）能源规范规定2021以后新建项目全部需要做LCA；

3）产品环评报告要求：碳排放计算的主要压力给到建筑行业里面的厂家，建材或设备流入市场必须出具环评报告FDES，FDES的编写规则参考EN 15804；该欧标定义了标准的产品环境影响声明EPD，通过FDES文件标明了建材从出生到回收/丢弃的碳排放量；

4）更严格法规：要求在2022年之前实施新的环境法规，降低能源消耗、增加保温隔热、能源系统去碳化、更多地利用可再生能源等；禁止分期安装或更换燃油锅炉；实施强制性节能标准，鼓励建筑翻新。

而在绿色交通方面，法国采取的举措包括给予法国国营铁路公司现代化网络支持，增加铁路运输的频率；投资农村地区，以加强其与城市地区的联系；以及利用合适的物流基础设施和经济条件良好的港口，使铁路网络更适应商品和商业用途。

## 2.2.4　德国

德国于1990年实现碳达峰后，于2019年通过了2030年气候保护一揽子计划，并首次以法律形式确定德国到2050年实现碳中和。详见图2-7。

在气候保护一揽子计划中，建筑行业相关内容包括碳定价和《建筑物能源法》。德国将

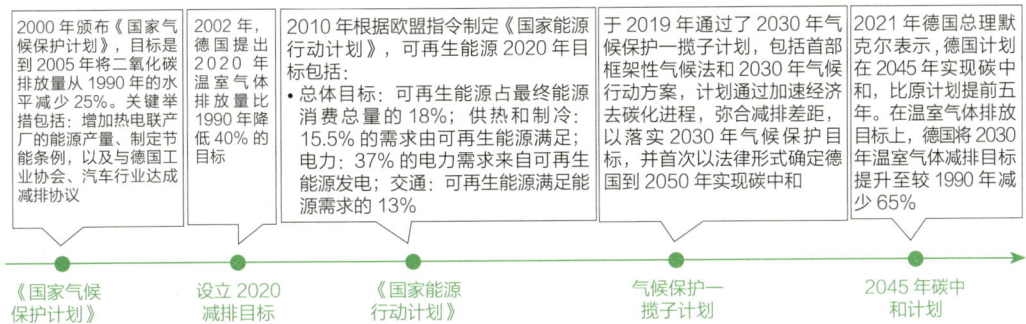

| 2000 年颁布《国家气候保护计划》，目标是到 2005 年将二氧化碳排放量从 1990 年的水平减少 25%。关键举措包括：增加热电联产厂的能源产量、制定节能条例，以及与德国工业协会、汽车行业达成减排协议 | 2002 年，德国提出 2020 年温室气体排放量比 1990 降低 40% 的目标 | 2010 年根据欧盟指令制定《国家能源行动计划》，可再生能源 2020 年目标包括：• 总体目标：可再生能源占最终能源消费总量的 18%；供热和制冷：15.5% 的需求由可再生能源满足；电力：37% 的电力需求来自可再生能源发电；交通：可再生能源满足能源需求的 13% | 于 2019 年通过了 2030 年气候保护一揽子计划，包括首部框架性气候法和 2030 年气候行动方案，计划通过加速经济去碳化进程，弥合减排差距，以落实 2030 年气候保护目标，并首次以法律形式确定德国到 2050 年实现碳中和 | 2021 年德国总理默克尔表示，德国计划在 2045 年实现碳中和，比原计划提前五年。在温室气体排放目标上，德国将 2030 温室气体减排目标提升至较 1990 年减少 65% |

《国家气候保护计划》 　设立 2020 减排目标 　《国家能源行动计划》 　气候保护一揽子计划 　2045 年碳中和计划

图2-7　德国减碳战略

全面启动国家碳排放交易系统，并逐年对碳定价进行提升（每吨$CO_2$的初始价格定为25欧元。此后将逐年提高碳定价，到2025年逐渐上升到55欧元，预期到2026年时碳定价将在最低不少于55欧元和最高65欧元价格区间）。在《建筑物能源法》方面，德国将用可再生能源新供暖系统代替老旧一次性能源供暖，并出台一系列税收减免措施，如德国的一些政策性银行和联邦政府通过设立联邦节能建筑基金，为节能建筑和节能改造提供免税与信贷支持。

如图2-8所示，本次研究对德国1990～2019年温室气体排放总量与GDP增长情况进行了回顾。1990～2019年德国GDP增长呈波动上升趋势，涨幅高达119.47%。同期，德国温室气体排放总量稳步下降，下降总量高达31.48%。

在此期间，德国在建筑行业减碳方面采取了包括出台能源证书、设立市场激励计划、制定节能条例以及提供便捷线上－线下建筑升级咨询服务等方式促进全行业降低碳排放。图2-9展示了德国建筑行业减碳的举措。

2019年，德国住宅所产生的温室气体排放量占温室气体排放总量的13.97%，非住宅所产生的温室气体排放量占温室气体排放总量的4.81%，建筑行业排放占比基本维持在20%以下。如图2-10所示。

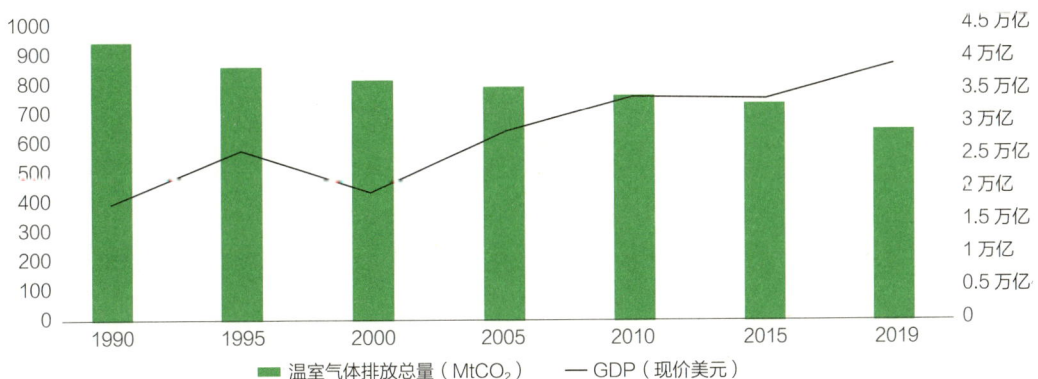

图2-8　德国温室气体排放总量与GDP增长情况（1990～2019年）

| 出台能源证书 | 设立市场激励计划 |
|---|---|

出台能源证书
- 1995 年出台能源证书鼓励方案；
- 2008 年起任何希望出租或购买房产的人都可以要求业主、房东或卖方为 1965 年底之前建造的建筑物提供能源性能证书；
- 2009 年起，所有非住宅建筑都需要提供能源性能证书；
- 2014 年起，住宅建筑新能源证书的标签上标有 A+ ~ H 等级，A 为最佳

设立市场激励计划
- 2000 年，通过投资或低息贷款，促进可再生能源在供暖中的使用，为住宅和非住宅提供资金；安装完全使用可再生能源的供暖系统，可得到高达 35% 的补助；更换旧的油加热系统，资助率可能提高至 45%。
- 为建立热网和储能装置提供资金，自 2000 年以来，已有超过 180 万个系统获得资助

制定节能条例（2002，2004，2007）
- 将新建筑的供暖、热水供应等能源消耗减少 25% ~ 30%；
- 要求新建建筑必须具有能源证书；
- 鼓励提高建筑能效，要求必须更换 1978 年前安装的锅炉

线上一线下建筑升级咨询服务，包括：
- 建筑能效盘查热线
- 供热系统检查服务
- 房屋节能改造计算器
- 节能专家现场咨询
- 量身定制建筑节能更新路线图 iSFP

成立非营利性气候保护咨询公司 CO₂online

图2-9　德国建筑行业减碳举措

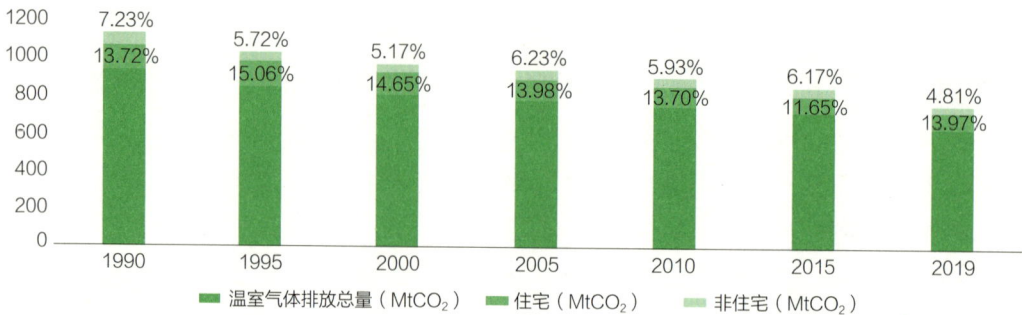

图2-10　1990~2019年德国建筑行业温室气体排放情况

## 2.2.5　日本

日本在2013年实现碳达峰。在2020年12月25日，日本政府发布《2050年碳中和和绿色增长战略》，承诺到2050年日本实现碳中和。在2021年4月22日举行的"领导人气候峰会"上，日本首相菅义伟宣布，到2030年日本温室气体排放量较2013年减少46%。

日本针对建筑业等行业分别设计了绿色增长战略技术路线图。日本发布的《2050年碳中和和绿色增长战略》选取了14个重点产业领域，并分别制定了相关产业的绿色增长措施及技术路线图，作为2050年实现碳中和的重要抓手。其中建筑领域主要从建筑能源管理、节能住宅、节能建筑、木结构建筑和建筑建材等方面设计了绿色增长技术路线图，在2025年基本实现以上五大方面相关技术的开发及示范，并在2030~2040年完成大范围的推广应用[1]。如图2-11所示。

---

[1]　内容来自日本经济产业省官网。

24

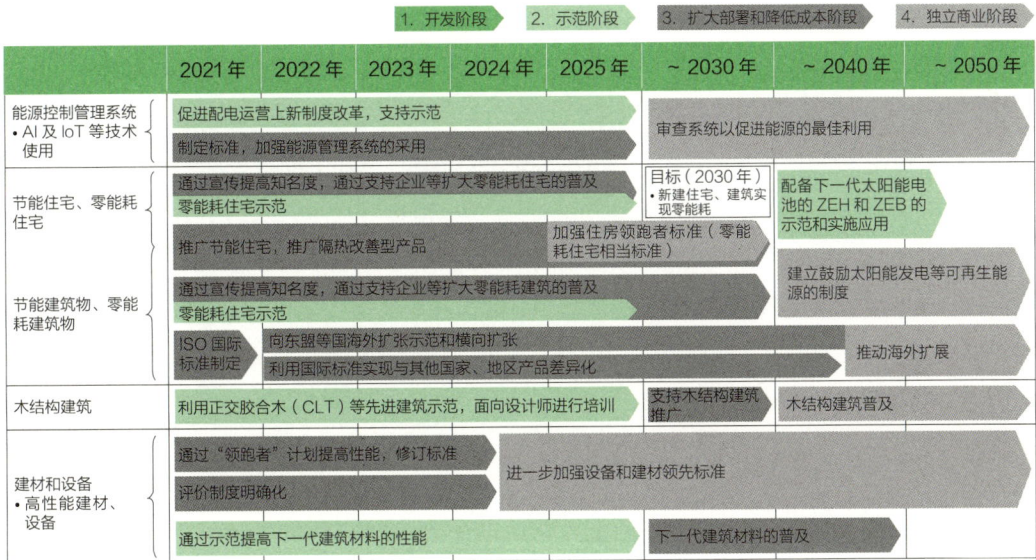

图2-11　日本住宅和建筑业绿色增长战略技术路线图

日本从财政预算、税制、金融、行业监管及推动国际合作等方面设计了相关政策支持工具。财政预算方面通过建立绿色创新基金来推动国内能源消费结构改革和其他减碳措施实施；税制方面通过对碳中和相关投资采用税收减免及特别折旧政策减轻绿色增长领域企业的税收负担；金融方面通过建立适合绿色增长投资的金融体系来支持碳中和相关投资；行业监管方面加强制定环境监管法规与碳交易市场和碳税制度来保障绿色增长战略稳健实施；同时通过谈外交来争取国际多边、多领域合作。

日本建筑行业的三类碳计算标准除依据国际通用规定外，同时参考了国内建筑行业的相关规定。以日本著名建筑企业清水建设碳排放计算标准为例，范畴1（直接碳排放）和范畴2（间接碳排放）二氧化碳计算标准主要依据除温室气体议定书（GHG议定书）相关规定外，同时参考了日本国内《能源节约法案》和《全球变暖对策法案》中对于各项能源消耗相关的二氧化碳排放因子，以及日本建筑承包商联合会的相关规定。范畴3（隐含碳排放）温室气体排放量的核算标准主要参考了国际温室气体议定书的相关标准以及日本建筑行业有关二氧化碳排放的数据库。

## 2.2.6　新加坡

新加坡于1997年批准《气候公约》，于2006年加入《气候公约京都议定书》，并于2009年首次公开承诺到2020年在BAU情境下实现碳减排16%。2020年，新加坡承诺到2030年将每美元GDP碳排放强度较2005年降低36%，力争到2050年将排放量从峰值减少一半，达到

3300万t二氧化碳排放当量。

为促进碳减排，新加坡为各行业设置减碳目标，其中建筑行业需在2030年实现80%绿色建筑覆盖率。剩余其他行业减排目标包括电力生产行业需在2030年太阳能装机容量达到2GWp；工业需实现每年1%~2%的工业能源效率改善率；交通方面则需实现包括私家车零增长，90%的高峰时段出行由"走骑搭"模式完成，以及2040年所有车辆使用清洁能源等工作。

公开数据显示，2018年新加坡温室气体排放总量较1990年上涨59.35%，呈波动上升趋势。与此同时，新加坡2018年GDP上涨940.22%，是温室气体总量涨幅的15.84倍[①]。如图2-12所示。

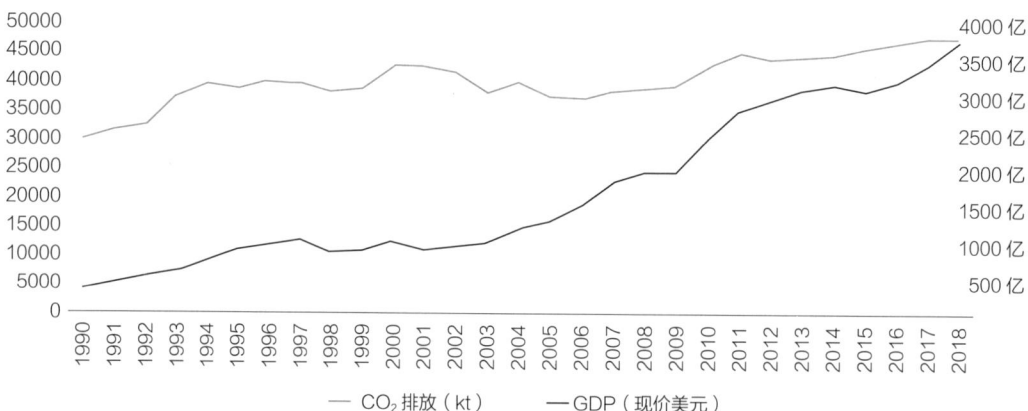

图2-12 新加坡温室气体排放总量与GDP增长情况（1990~2019年）

新加坡是全球最早开始建筑绿色化的国家之一。详见表2-7，新加坡绿色建筑计划开始于2005年，当时新加坡建设局（BCA）推出了绿色建筑标志认证（Green Mark），2008年起，这一认证成为所有新建建筑以及部分既有建筑的强制认证，考核的指标包括节能、节水、环保、室内环境质量和其他绿色特征与创新五方面。

此后，新加坡相继推出一系列建筑评价体系，包括生态办公标签（Eco-Office Label）、生态美食广场认证（Eco-Foodcourt Certification）、生态酒店认证（Eco-Hotel Certification）、能源标签（Energy Label）、绿色标签（Green Label）、新加坡绿色建筑产品认证（SGBPC）、可持续生产标签（SML）、用水效益标签（WEL）。

在绿色建筑推广过程中，新加坡最高的指挥原则是最大程度地保持原有生态环境，通过推出绿色建筑总蓝图为发展绿色建筑奠定基础。在绿色建筑设计过程中，新加坡政府和开发商会在项目前期，对各个责任方进行"整体设计"，对从立项、规划到施工以及后期使用的

---

① 数据来自世界银行官网公开数据。

全过程中运用的技术进行全盘平衡考虑。

**新加坡发展绿色建筑情况一览表**　　　　　　　　　　表 2-7

| 阶段 | 绿色建筑总蓝图 |
|---|---|
| 第一期（2005年） | （1）政府带头建设绿色建筑；<br>（2）出台"绿色标志津贴计划"；<br>（3）五年内提供5000万新元研发基金，用于推动绿色建筑技术创新，引入国内外先进绿色建筑技术，成为国内首个建筑及房地产行业的专项科研基金；<br>（4）积极开展各类培训活动，并对绿色建筑管理师和专业工程师资质进行认证 |
| 第二期（2009年） | （1）由政府公共项目带头达到高级别绿色标志；<br>（2）通过奖励机制，鼓励私人开发商建设更高能效、更高等级的绿色建筑；<br>（3）促进绿色建筑标志和绿色建筑技术发展的紧密结合；<br>（4）建立完善的职业培训和认证机制；<br>（5）注重国际市场的开发，新加坡绿色标志认证逐步扩展到整个东盟地区、中东和非洲地区 |
| 第三期（2014年） | （1）新加坡建设局承诺拨出1亿零200万新元资金，加快现有建筑的节能改善步伐；<br>（2）绿色建筑标志奖励计划将设立5000万新元新津贴，协助现有建筑和场所的中小型业主及租户，使用绿色节能设施。中小型业主未来进行节能翻新时，如安装更省电的冷气系统，可获得最高50%的费用津贴，或最多300万新元；租户则能获得最高50%的费用津贴，或最多两万新元 |

# 2.3 国外建筑企业减碳做法

通过对各国不同行业的优秀企业碳中和目标以及披露方式进行分析，可以发现，欧美国家企业在承诺并促进碳中和目标实现方面走在前列，日系企业紧随欧美之后，主要分布在金融、互联网科技、工业服务业、油气能源及化学化工行业。

总体来看，大部分国内企业刚刚开启脱碳/净零的征途，个别国内领先的互联网科技公司、石油石化企业、环保上市公司在近期陆续宣布了企业碳中和目标。我国企业碳中和承诺目标时间平均滞后于全球平均水平，尚处于提出碳中和目标及战略规划研究阶段，明确核算范围和覆盖温室气体种类的为极少数。

本节内容聚焦于国外优秀建筑企业的碳中和战略及措施，相对于其他行业，国外优秀建筑企业的碳中和战略整体更为聚焦，在努力减少自身主营业务（如施工、建造、建筑运营等）碳排放的同时完成了新能源基础设施、新型建筑材料的战略布局，并且通过供应链管理等手段来引导产业链上游减少碳排放，也减少了自身的间接碳排放。

根据前文重点国家的碳中和政策梳理，分别选取了欧洲（法国、英国）、美国以及亚洲（韩国、日本）优秀建筑企业作为调研对象，针对企业的碳中和的目标、行动方案、关键举措、产业布局调整等方面进行了详细调研。

## 2.3.1　法国万喜（Vinci）集团

法国万喜集团（以下简称"法国万喜"）成立于1890年，是世界顶级的建筑以及工程服务企业。法国万喜下设万喜能源、万喜路桥、万喜建筑等公司，有2500家分支机构，分布在全球80多个国家和地区，在租赁经营、通信、公路桥梁等领域优势突出。

### 1. 分阶段计划

法国万喜的"双碳"发展行动可以划分为四个阶段[①]，分别是1990～2005年研发及技术创新阶段；2005～2018年ESG及可持续发展体系建设阶段；2019年至今可持续发展战略升级阶段；以及未来碳中和、循环经济和绿色增长战略阶段。

在第一阶段，法国万喜对施工车辆云端定位技术进行研发，打造了行业引领的建材测试技术。2000年，法国万喜开始投资并建立绿色建材行业数据库。同年，法国万喜建立内部创新中心，成立1500万欧元创投基金对创新项目孵化投资。

在第二阶段，法国万喜开始引入GRI可持续发展管理和信息披露框架体系，于2007年开始按照ISO 14064体系测量第一类和第二类碳足迹，并于2009开始对碳足迹进行披露。同期，法国万喜将ESG及可持续发展建设上升至董事会层面，并于年报中公示其碳减排目标——至2020年碳强度降低30%，从每百万欧元产值碳足迹70t下降到50t。此外，法国万喜还引入了LCA评价方法，于2010年推出全生命周期环境影响评估工具$CO_2$NCERNED和数据库。2008年，法国万喜宣布开始布局可持续城市的设计及建造。

2019年至今处于法国万喜可持续发展战略升级的第三阶段。法国万喜于2019年首次发布ESG白皮书，并于年报中公示其以2018年为基准年的30-50"双碳"目标。此后，法国万喜规模化推进车辆电气化、低碳建材、可再生能源站建设、绿色建筑认证，积极研发并推进可持续智慧城市、智慧建筑，布局绿色金融。

未来（第四阶段），法国万喜将以碳中和、循环经济、绿色增长为方向，持续开展低碳减排工作。

### 2. 碳减排情况分析

法国万喜百万产值平均的碳排强度按照公示目标从2009年71t逐年下降到2020年51t（图2-13），碳排放强度下降30%，完成了第一阶段减碳目标。根据法国万喜2009～2020年碳排放总量及单位产值碳排放量统计，法国万喜的当前数据已经领先了2030年实现40%减碳目标的趋势预测模型。

根据法国万喜减碳目标实施路径图（图2-14），以2018年温室气体排放量作为基准，

---

① 内容来自法国万喜企业年报。

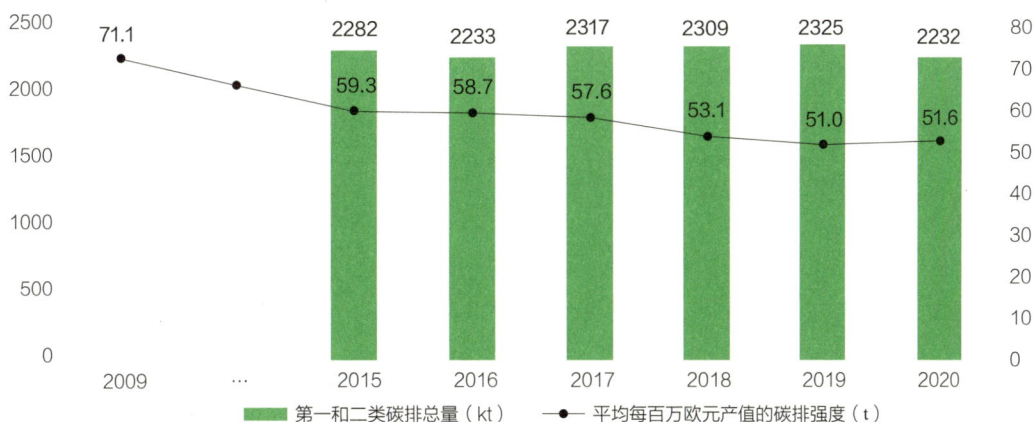

图2-13　法国万喜2009～2020年碳排放总量及单位产值碳排放量统计

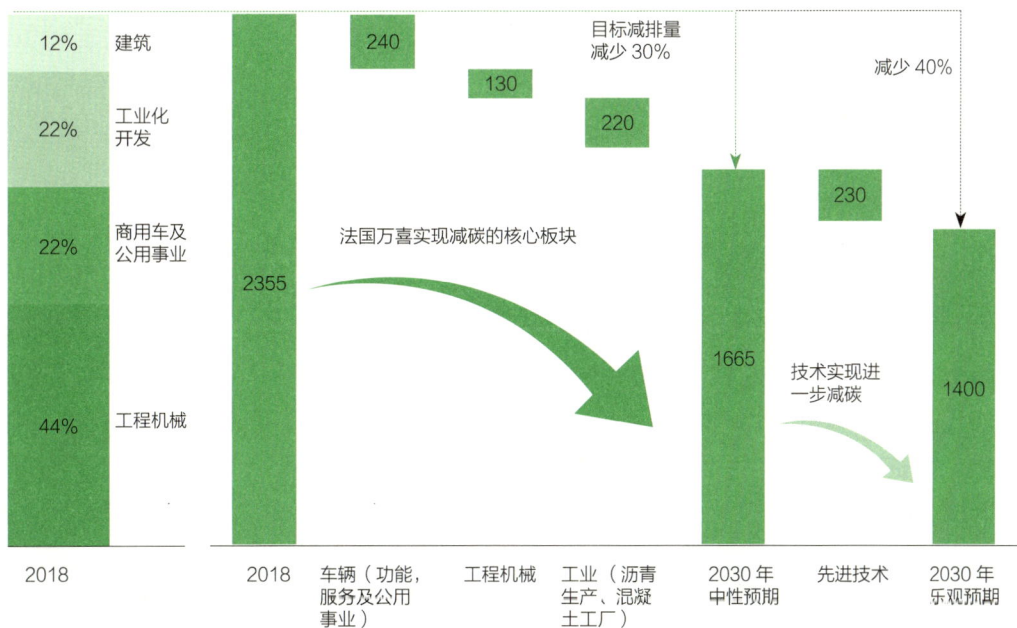

图2-14　法国万喜减碳目标实施路径图（kt）

法国万喜需要在2030年实现第一类和第二类碳减排40%。在这期间，实现减排的核心板块为车辆（功能、服务及公用事业）、工程机械、工业（沥青生产、混凝土工厂），目标减排量为30%。剩余的10%减排量，法国万喜主要通过技术实现进一步减碳，包括90%低碳混凝土或其他低碳材料以降低第三类碳的碳排放。目前，法国万喜正在筹备提交 SBTi申请批复其2050年的净零排放目标。

### 3. 持续优化产业布局，从纵向、横向扩宽产业链服务能力

从法国万喜的主营业务来看（图2-15），特许经营和承包业务作为两大核心业务。其中特许经营业务涉及高速公路、机场、其他基础设施三大细分板块，提供的服务主要是建筑设计、成套工程、工程融资、项目管理等。承包业务主要包含能源、路桥、建筑三大细分板块。在能源板块方面，法国万喜提供包括能源基础设施、工业能源、能源相关服务、电信相关服务四大领域；在路桥板块方面，法国万喜主要参与道路和桥梁建设；而建筑板块则开展民用工程、水利工程、多种技术维护、工程服务等业务。

2021年，法国万喜完成对西班牙ACS公司工业五福板块中能源业务（Cobra IS）的收购，收购业务包括大部分工程业务、9个电力为主的特许经营权项目（含6个输电项目、1个灌溉项目、1个开式循环发电项目和1个海上风电项目），以及其在可再生领域的开发平台。通过本次收购，万喜预计电力开发装机量将达到15GW，结合万喜能源出彩海外营收战绩，万喜将成为国际电力工程榜首的有力挑战者。

在纵向发展上（图2-16），法国万喜基本具备向业主提供从项目可行性咨询、工程设计、融资、项目施工管理、后期经营等一揽子服务能力。由于法国万喜在公路施工技术和材料生产方面的技术优势，法国万喜在向后一体化方面，成为欧洲最大的公路材料生产商。

在横向发展上（图2-17），法国万喜致力于成为世界上最大的特许经营业务——建筑一体化公司，以特许经营业务和建筑业务为核心业务竞争基础，延伸与整合公司的产业链，扩展服务外延和提供全面解决方案等举措释放企业内部能量，满足客户需求。例如：如法国万喜旗下收费公路经营公司Confiroute推出为方便过往车辆的网点标记牌，以及网上订单服务。基于这两项服务该公司销售收入增加约50%。

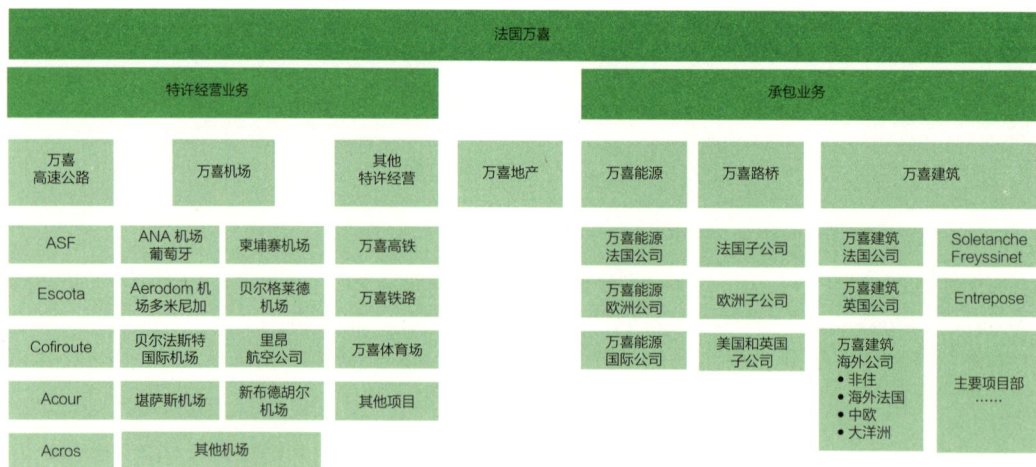

图2-15　法国万喜业务组成

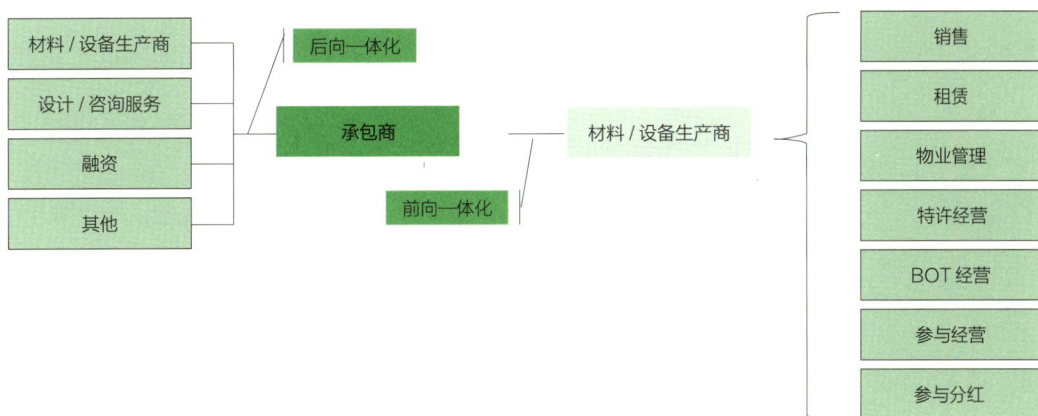

图2-16　法国万喜纵向发展战略

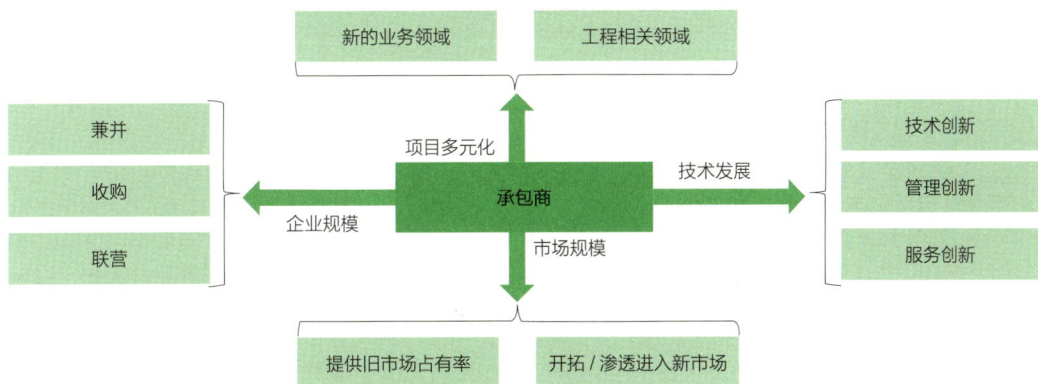

图2-17　法国万喜横向发展战略

### 4. 推动价值链实现碳中和的关键措施分析

在推动价值链实现碳中和方面，法国万喜从自身责任和价值链责任两个维度开展（图2-18）。对于自身责任（范畴1和2碳排放），法国万喜主要通过对其建筑物、场地、车辆和设备进行管理，旨在通过采用新能源施工车辆，推动涂料机械、采石设备、现场施工作业车辆向新能源转型，监测油耗并推广低碳环保的最佳实践；开发建筑能耗快速模拟分析软件，研究建筑节能减碳方案，总部建筑开展能耗审计和诊断工作，逐步进行节能改造；远距离施工现场直接使用可再生能源供电；购买绿电合约（PPA协议模式）等方式开展。2020年，法国万喜总能源消耗中可再生能源占比达到17%。

对于价值链上下游，法国万喜主要通过三方面开展（图2-18）[①]：

---

① 内容来自法国万喜企业年报。

| 范畴 3 碳排放：上游活动 10~15mtCO$_2$ | 范畴 1 和 2 碳排放：直接活动 | 范畴 3 碳排放：下游活动 > 30mtCO$_2$ |

运输　采购（原材料、货物、服务）　　建筑物和场地　　　　　　　　运输

固定资产（设备、建筑物）　分包　　车辆和设备　　　　基础设施和建筑的使用　拆除

图2-18　法国万喜集团价值链碳排放

1）带动上游供应链开展低碳材料研发，如申请WMA温拌沥青混合料的研究专利，以降低施工材料中的隐含碳；

2）开展循环经济集团大会，研究降低施工材料碳含量的行动方案；

3）开发建材LCA全生命周期环境影响评估工具CO$_2$NCERNED。在供应链下游方面，法国万喜于2020年开始设立9月22日为万喜环境日，鼓励下游使用者的低碳生活方式，并开展化石能源替代方案研究（氢能、生物质能等），逐步向清洁能源替代。

### 5. 新材料、新技术、新模式、新产业探索

对法国万喜1990～2020年年报、ESG报告、可持续发展报告、绿色金融报告进行归纳提炼后发现，法国万喜在促进碳中和进程中主要从新材料、新技术（低碳材料、节能科技、低碳管理）、新产业（新能源、储能、智慧交通）、新模式（零碳智慧城市、绿色金融）开展减排工作。

（1）新材料、新技术

温拌沥青混合物专业，降低建材隐含碳40%以上，2020年使用率超过90%；

城市路灯节能EPC模式，7000+路灯，回收期14年，年均节能47%；

自主研发建材LCA全生命周期环境影响评估工具CO$_2$NCERNED，用于施工和供应链管理；

100+OXYGEN环保建筑标识，覆盖环保设计，环保建造和环保运行三个阶段；

自主研发更便捷的节能、低碳建筑模拟技术NovaEquer，适应社区、产业园区尺度方案研究；

万喜路桥公司研发Power Road，回收公路的太阳能；

设计、施工云端协作平台，提升效率和整体净利率15%并降低风险。

（2）新产业

收购德国海上风电公司，拓展海上风电业务，占据法国20%、摩洛哥56%大型风电市场，并广泛承接太阳能电站及储能系统承包业务；

新能源智慧交通充电基础设施；

智慧电网。

（3）新模式

在喀麦隆、巴西等国家提供绿色智慧城市整体解决方案；

制定了四大类绿色投资框架及标准化流程，包括金级以上绿色建筑、低碳科技（智慧电网、低碳城市、低碳交通、数字转型）、可再生能源（风、光、生物质、氢能）及清洁交通；

2020年11月18日，发行5亿欧元绿色债，票面利率0%，获得ESG投资关注并获得超过5倍认购（标普A-，穆迪A3评级）。

### 6. LCA全生命周期环境影响评估工具技术路径

自2020年起，法国万喜开始投资建立建材数据库网站，研发建筑材料从摇篮到坟墓的环境影响评价模型。2010年，法国万喜发布用于评价施工过程的温室气体排放的碳足迹评估计算工具GEStim（该工具遵守ADEME法国环境及能源管理局碳足迹评价标准），并发布国际期刊论文，引领行业进行低碳混凝土创新研发及减碳计算评估。2010年，法国万喜将LCA全生命周期环境影响评价的方法学研发形成计算模型，并在全集团（包括建筑施工、基础设施、能源及特许经营）推广使用。为推进供应链碳减排，法国万喜还在供应链采购管理中融入LCA方法学$CO_2NCERNED$，推动上游供应链制定减碳行动方案。

### 7. 生态治理

由于法国万喜的业务运营活动对自然环境有直接或间接的影响，保护环境在业务设计、施工和运营过程中不受损害非常重要。在项目的全生命周期中，法国万喜通过提供和实施环保解决方案，尽可能避免或最小化业务对环境的负面影响。法国万喜的创新解决方案包括如水环境管理（如污水处理厂和水循环处理工艺）和生态恢复（如重新配置河道和廊道等）。此外，在必要时法国万喜采取抵消的方式降低环境影响。

在保护水资源方面，法国万喜设立了至2030年将单位道路建设用水量减少50%的目标，主要采取的措施包括监控、引导和回收利用；在生物多样性保护方面，法国万喜是首批加入act4nature国际联盟的公司之一，并致力于减少生物多样性的损失。

综上，法国万喜在推进减碳进程中有以下三点启示：

三阶段可持续发展战略：法国万喜从1990年左右很早开始布局可持续发展行动，历经三个阶段，从降低环境影响技术研发，到ESG体系建设，碳足迹评估及减碳行动计划再到全面可持续发展战略升级，将可持续发展融合到公司战略，发布白皮书，助推企业成为行业领导者；

碳足迹计算模型研发：法国万喜积极探索环境影响测试技术，投资建设建筑材料数据库，研发碳足迹计算模型，这些储备都为万喜集团全面推进降碳供应链管理奠定基础；

借助"双碳"行动,助力企业成为链主:法国万喜在可持续发展方面具有很强的产品能力,一方面整合了建筑设计施工、基础设施、能源站、智慧运营的整体可持续城市建设运营能力,另一方面带领上游建材供应链研发减碳专利技术,并积极规模化应用。

## 2.3.2  法国布依格(Bouygues)集团

法国布依格(Bouygues)集团(以下简称"法国布依格")起源最早可以追溯到1952年,由布伊格创建了以其自己的名字命名的公司,1970年上市,1978年组建布伊格集团。该集团的主营业务有三大块:电信-多媒体、服务和建筑。分别涉及六个行业:电信、通信、公共服务管理、BTP、道路和房地产业(图2-19)。

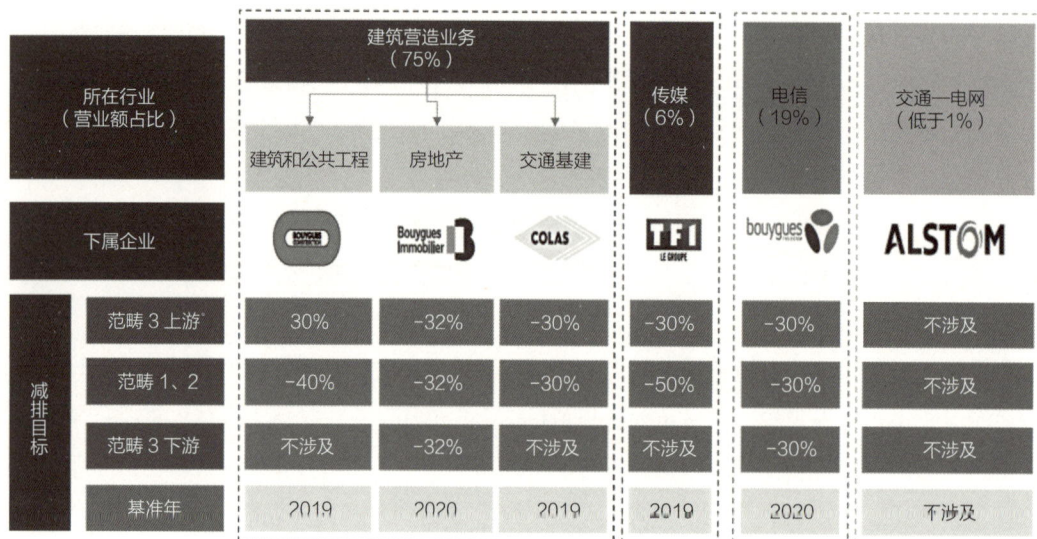

| 所在行业(营业额占比) | 建筑营造业务(75%) | | | 传媒(6%) | 电信(19%) | 交通—电网(低于1%) |
|---|---|---|---|---|---|---|
| | 建筑和公共工程 | 房地产 | 交通基建 | | | |
| 下属企业 | BOUYGUES | Bouygues Immobilier B | COLAS | TF1 LE GROUPE | bouygues | ALSTOM |
| 减排目标 范畴3上游 | 30% | -32% | -30% | -30% | -30% | 不涉及 |
| 范畴1、2 | -40% | -32% | -30% | -50% | -30% | 不涉及 |
| 范畴3下游 | 不涉及 | -32% | 不涉及 | 不涉及 | -30% | 不涉及 |
| 基准年 | 2019 | 2020 | 2019 | 2019 | 2020 | 不涉及 |

图2-19  法国布依格碳减排目标

### 1. 碳减排行动及减排成效分析

法国布依格业务分布范围较广,覆盖建筑营造业务(包括建筑和公共工程、房地产、交通基建)、传媒业务、电信业务以及交通电网业务。为积极响应法国及其业务所在地、业务所处行业碳减排,法国布依格将其减排目标进行拆分。

2018年起,法国布依格通过年度报告公开披露其范畴1、2,以及范畴3上游的温室气体排放情况。从披露数据看,法国布依格碳排放强度实现逐年递减,碳排放总量和碳排放强度表现优于业绩表现,如图2-20所示[①]。

---

① 内容来自法国布依格集团企业年报。

就2020年碳排放、营业额和员工人数占比进行对比（图2-21），建筑营造对法国布依格集团碳排放高达94.20%，而营业额占比仅为75.47%，建筑营造存在较大减排压力[①]。

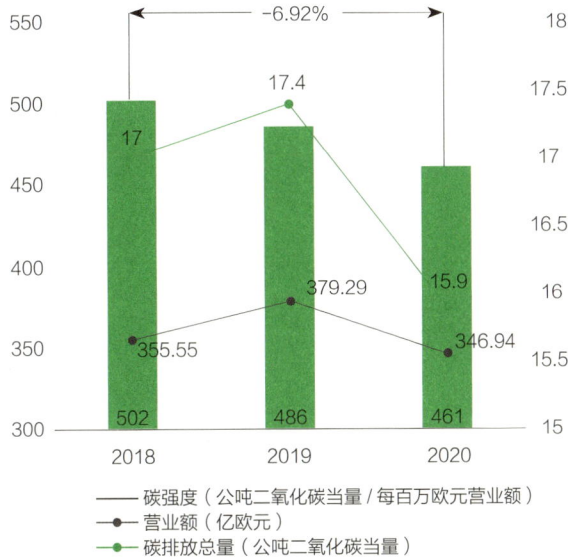

图2-20　法国布依格2018～2020年碳排放情况

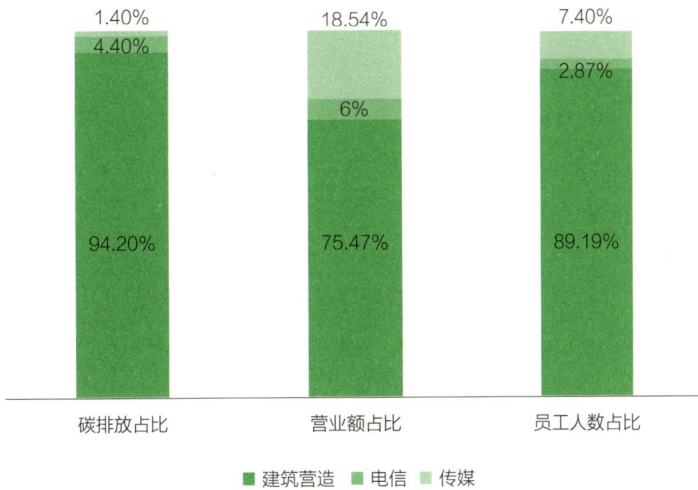

图2-21　法国布依格2018～2020年碳排放、营业额、员工人数占比情况

---

① 内容来自法国布依格集团企业年报。

## 2. 新材料、新模式、新产业探索

（1）新材料

脱碳能源（太阳能、核能、氢能等）的生产、储存和输配；

研发生物基粘合剂，温/半温和冷沥青混合料，就地回收沥青混凝土粒料，减少购买的材料（混凝土、细木工、电缆等）的影响；

增加公司木材项目的比例，承诺到2030年，其30%的欧洲建筑项目将使用木材；

在各国的法规制度基础上制定了路线图，以使水泥的碳强度（$kgCO_2e/m^3$）总体减少40%。

（2）新产业

对旗下所有产业的温室气体排放主动进行整合统计；

推广BBC-effinergie®（依据法定标准RT2005/RT2012所定义的低能耗建筑）；

设计并推出低碳产品和服务：住宅地产（低碳、优质、突破性）、商业地产（Le Bureau Généreux®）、城市规划（UrbanEra）、碳担保服务（Aveltys）；

打造生态社区——Eureka Lyon Confluence，绿色城市——Zuric，智慧城市——Dijon。

（3）新模式

基于标准临界值的采购尽责化：在"质量-成本-交付"三项中增加碳标准；提出Citybox城市路灯远程控制和监控的解决方案；

设计并推广Wattway太阳能道路；

提供全生命周期分析服务框架合同工具：对房屋/固定装置进行碳计算（设计支持），对开发项目进行碳监测，针对住宅和商业地产的低碳技术文件。

对法国布依格2011～2020年年报、气候变化行动战略及其子公司公开报告进行归纳提炼后发现，法国布依格在促进碳中和进程中主要从新材料（清洁能源、低碳材料）、新产业（低碳建筑、低碳管理、低碳服务）、新模式（智慧交通、生态社区、零碳城市）等方面开展减排工作。

综上，法国布依格在推进减碳进程中有以下三点启示：

按行业拆分碳目标：法国布依格业态分布较广，集团基于国家层面碳中和目标及行业要求对不同业务碳中和目标进行拆分，在响应国家需求的同时践行碳减排；

标准化碳计算工具：法国布依格从原材料采购、产品及服务环节打造碳排放计算工具，积极布局对于范畴1、2和范畴3上游的碳排放监测，并对针对住宅和商业地产制定低碳技术文件，为集团碳减排打下基础；

碳减排方案研发：法国布依格积极研发碳减排相关产品，打造出包括Citybox、Wattway太阳能道路、生态社区等城市碳减排解决方案，为赢得大型低碳建造项目做铺垫。

### 2.3.3　英国泰勒温佩（Taylor Wimpey）集团

英国泰勒温佩集团（以下简称"泰勒温佩"）于2007年成立，由Taylor Woodrow和George Wimpey合并而来，是英国最大的房屋建筑公司之一。公司股票在伦敦证券交易所上市交易，并是富时100指数成分股。2019年公司营业收入达到43.4亿英镑。

#### 1. 减碳目标路径

如图2-22所示，泰勒温佩碳减排目标是通过碳排放强度（$tCO_2/100m^2$）进行计量，并分为范畴1和范畴2碳排放强度与范畴3碳排放强度两个目标。泰勒温佩以2019年的碳排放强度作为基线，承诺到2025年范畴1和范畴2碳排放强度在2019年$1.6tCO_2/100m^2$的基础上降低36%，到2030年范畴3碳排放强度在2019年$254.3tCO_2/100m^2$的基础上降低24%，以上两个目标均通过科学碳目标倡议（SBTi，Science Based Targets initiative）认定通过[①]。

#### 2. 碳排放结构及主要减排措施

泰勒温佩范畴3碳排放量远远超过范畴1和2排放量。2019年泰勒温佩范畴1和范畴2碳排放量达到2.5万$tCO_2e$，同年范畴3碳排放量达到387.0万$tCO_2e$，是范畴1和范畴2的154倍；其中范畴3碳排放来源主要以购买原材料和服务为主，占比达58%，已销售房屋产生碳排放次之，占比达38%。

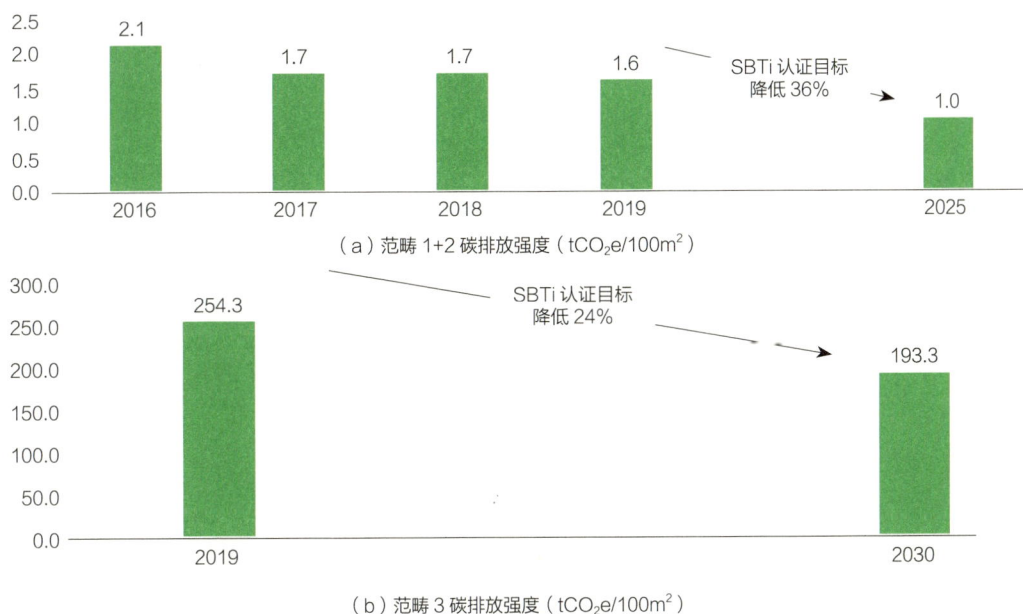

（a）范畴 1+2 碳排放强度（$tCO_2e/100m^2$）

（b）范畴 3 碳排放强度（$tCO_2e/100m^2$）

图2-22　泰勒温佩碳减排目标路径图

---

① 内容来自泰勒温佩集团可持续发展报告。

泰勒温佩主要通过可再生电力替代减少房屋建造阶段的碳排放。在房屋建造阶段，通过签订电力购买合同，为施工期间的临时建筑、示范住宅、销售区域以及公司办公场所购买100%可再生电力，占公司总用电量的58%。对于来自供应链的碳排放，一方面通过选择更具可持续性和低碳的材料，例如由回收的酒瓶制成的玻璃矿棉隔热材料，以及许多窗框中的回收UPVC；另一方面增加使用木框架建造的房屋的比例，与传统的砖块建筑技术相比，这可以减少隐含碳。对于房屋交付后碳排放，一方面从2025年开始，通过降低房屋能耗，使所有房屋将达到净零排放，符合英国新的未来家居标准；另一方面到21世纪20年代中期，在客户家中安装36000个电动汽车充电点，为客户提供可持续的交通出行选择。

### 3. 减少来自供应链的碳排放

通过与外部专业机构合作为供应商提供可持续发展培训服务。通过建立供应链可持续发展学校（SCSS，行业合作机构），帮助供应商参与可持续发展。借助该学校，供应商可以完成可持续发展的自我评估，制定行动计划，并利用免费资源来解决他们方法中的差距。2020年，共有28家供应商完成自我评估，得分平均提高了19%；供应商还使用了超过1100次的在线资源，涵盖了材料、BIM、碳减排、科学目标、可持续采购和循环经济等主题，参加了超过150小时的CPD虚拟培训。

通过严格供应商筛选程序为集团提供绿色供应商。将供应商行为准则嵌入泰勒温佩与主要核心供应商的框架协议（合同）中；同时每季度都将针对所有合作供应商举行季度评审会议，讨论与环境和健康、可持续性和质量有关的问题。要求供应商需通过英国政府认证服务机构（Constructionline）向泰勒温佩提供他们在健康、安全和环境方面的方法信息；目前超过90%的供应商现在使用Constructionline，大约10%的供应商被认可为施工线黄金标准。

对供应商提供的原材料进行溯源。泰勒温佩的招标文件和贸易规范规定，所有供应商提供的木材均需经过森林管理委员会（FSC）、森林认证认可计划（PEFC）或可持续林业倡议（SFI）等认可计划认证。任何从高风险国家采购木材的公司必须经过尽职调查，以确保木材符合公司的标准。目前供应商供应的木材中约有93.5%通过了FSC或PEFC认证。

综上，泰勒温佩推进碳减排主要有三点启示：

通过可再生电力减少建筑阶段的碳排放，目前可再生电力已覆盖公司总用电量的58%；

积极采取措施减少范畴3碳排放，按照国际标准统计范畴3碳排放各细项数据，同时采取建筑节能和提高木结构建筑比例等措施减少二氧化碳排放；

积极探索绿色采购，借助外部机构为供应商提供免费培训服务，制定严格的供应商筛选程序，并对供应商提供的原材料进行溯源管理。

## 2.3.4　英国兰德赛克（Land Securities）集团

英国兰德赛克集团（以下简称"兰德赛克"）是英国最大的商业房地产开发及投资公司。起源于1944年，当时其创始人哈罗德·塞缪尔收购了土地证券投资信托有限公司（Land Securities Investment Trust Limited），该公司在肯辛顿拥有三栋房屋和一些政府股票。随后不久，该公司又进行了进一步收购，从1947年开始，该公司专注于伦敦核心区的商业地产，以办公楼、百货公司和城市综合体为主。兰德赛克拥有并管理着超过两百万平方米的商业地产，在伦敦的资产约为75亿欧元，占其总资产的69%。

### 1. 减碳目标路径

在发展目标上，兰德赛克对其三大业务板块（伦敦中心、百货和综合体）定下了清晰的目标。针对伦敦中心地带，公司致力于开发、收购和管理提供各种服务的办公室，以满足从全球公司到快速发展的小型企业等办公室客户不断变化的需求；针对百货业务，公司专注于收购并积极管理高质量资产，并持续经营自己的管理品牌和客户关系；针对城市综合体，公司致力于重新定义工作、生活与休闲的边界。

2016年，兰德赛克提出了通过科学计算来设定自己的减碳目标，也是世界上第一个提出减少碳排放的商业地产公司，在英国政府的减碳路径发布前，兰德赛克率先发布了自己13.5亿欧元的减碳投资计划，该计划主要包括利用人工智能减少建筑运营能耗，天然气热水器电气化，以及现场的可再生能源利用。

该计划将保证兰德赛克的碳排放在2030年前减少2013/2014年度碳排放的70%，同时保证了公司走在《最低能效标准规范》（MEES）要求企业碳排标准达到"B级"以上的要求以及其他同类标准的前面。

兰德赛克自2015年起每年发布可持续发展报告，在报告中公布每年的整体能耗、碳排放强度、建筑固废回收、环境影响因子等可持续发展关键指标。该报告中涵盖了公司在可持续发展工作中的三大愿景，具体如下：

提供更多的岗位和机会。其中包括社会价值、公平、多样性和健康安全。

不可再生资源的高效利用。其中包括减碳、清洁能源利用、低能耗以及固废循环。

可持续发展设计和创新。其中包括适应性、建筑材料、生物多样性和精益建造。

### 2. 碳减排行动及关键举措分析

根据兰德赛克的碳中和行动路径，公司将通过四大策略来完成企业的碳中和转变。

**减少建筑运营碳排放**。能耗是建筑运营期间碳排放最大的单元，因此兰德赛克设定了2030年能耗降低到2013年40%的目标。如图2-23所示，利用自主研发的能源管理系统，兰德赛克将对运营的每个建筑设计独立的能耗降低方案，具体举措包括更换高能效设备、保温改造以及向用户提供节能服务。

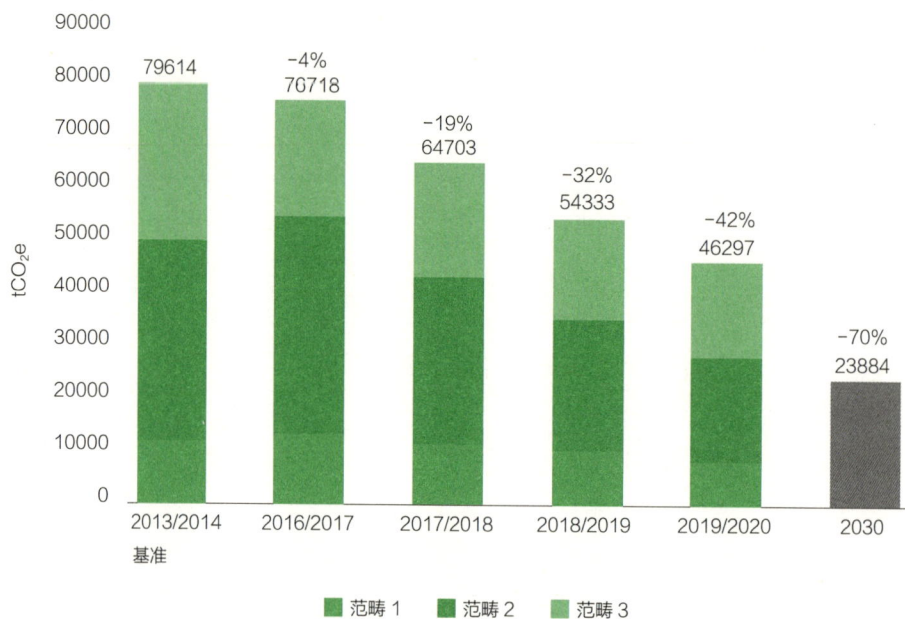

图2-23　兰德赛克碳减排目标及达成情况

**清洁能源替代及新能源产业。**2016年起，兰德赛克就采购了100%的清洁能源，并在现场安装150万kW的清洁能源发电机组，公司预计2030年前可再生能源装机量达到300万kW。

**推行内部碳配额制度。**为了在内部形成对碳排放带来的风险和机遇更深刻的理解，同时也为了辅助项目投资的决策，兰德赛克启用了内部碳配额制度。公司根据碳减排项目和长期的碳减排目标设置了80欧元/t的碳交易价格，引导企业在项目设计阶段就将碳排放纳入考量而不是后期再针对减碳重新改造。

降低建造阶段的碳排影响。兰德赛克在设计阶段就考虑了碳排放，并制定了商业建筑$900kgCO_2/m^2$和零售建筑$500kgCO_2/m^2$的碳排放强度指标，之后也会设立住宅的碳排放强度指标。针对单个项目设计具体的碳排放指标，并且将减碳概念贯穿于设计和建造过程，同时将努力减少至少15%的隐含碳排放。

具体举措方面，兰德赛克将在Southwark郡的Forge市打造全英国第一个零碳商业建筑，该建筑的建造阶段和运营阶段将均符合英国绿建标准中定义的零碳建筑标准。具体措施包括使用装配式建筑来减少19%的隐含碳排放、使用可循环建筑材料、低能耗设计、清洁能源热水器、107块光伏屋面以及$298m^2$的绿植屋面。

### 3. 新材料、新模式、新产业探索

（1）新产业

建设了五个绿色基础设施，通过种植大量的植物来抵消其他项目的碳排放。

（2）新模式

与咨询公司深度合作，每年评估新建和运营项目对气候变化的影响，紧密关注政策和立法导向变化来调整自己的战略方向；

制定内部碳汇价格，通过碳汇来引导设计过程中减碳，并对不同类型的新建项目制定严格的碳排放强度标准；

发布建筑材料和设备准入清单，对进场的材料和设备的源头进行管理，要求相关厂家提供低碳、高能效的材料和设备；

建立供应链管理体系，对材料的可回收性、固废替代含量、碳排放等指标进行量化要求。

综上，兰德赛克推进碳减排主要启示为：积极降低建筑运营期间能耗，对每个建筑设计独立的能耗降低方案；通过采购清洁能源，实现100%绿色能源替代，并投资新能源发电产业；通过体制机制建设，引导企业在项目设计阶段就将碳排放纳入考量而不是后期再针对减碳重新改造；设立各类项目的碳排放强度指标，并通过打造典型示范项目进行推广应用。

## 2.3.5 美国柏克德（BECHTEL）集团

美国柏克德（BECHTEL）工程公司（以下简称"美国柏克德"）始创于1898年，公司总部位于美国加利福尼亚州旧金山市，是一家具有国际一流水平的工程建设公司。柏克德公司业务范围涉及航空、轨道交通、石油及化工、管道和水利工程在内的土建基础设施、水电、火电和核电、采矿和冶金，以及电信、国防、环保有害废料处理、电子商务设施等领域，为各领域的客户提供工程设计、采购、施工，项目管理，施工管理技术、融资、建造和运行安装等全方位服务。

### 1. 碳减排行动及关键举措分析

美国柏克德致力于在2030年前在所有重点项目和设施中使用替代方案来减少环境足迹，该公司在碳排放计算中采用世界资源研究所（WRI）发布的《跨部门碳排放计算工具》以及地方政府公布的碳排放计算因子对所选取的办事处进行温室气体排放监控、计算及披露。2020年，美国柏克德实现碳（范畴1、2）减排39.51%，除2019年外基本实现逐年碳排放总量递减。如图2-24所示。

### 2. 新技术、新模式、新产业探索

（1）新技术

浮动风电场技术。

示范核电站项目。如于2020年获得美国能源部8000万美元建立搭配风能和太阳能同步运行的清洁、稳固发电和电力存储需求的示范核电站项目。

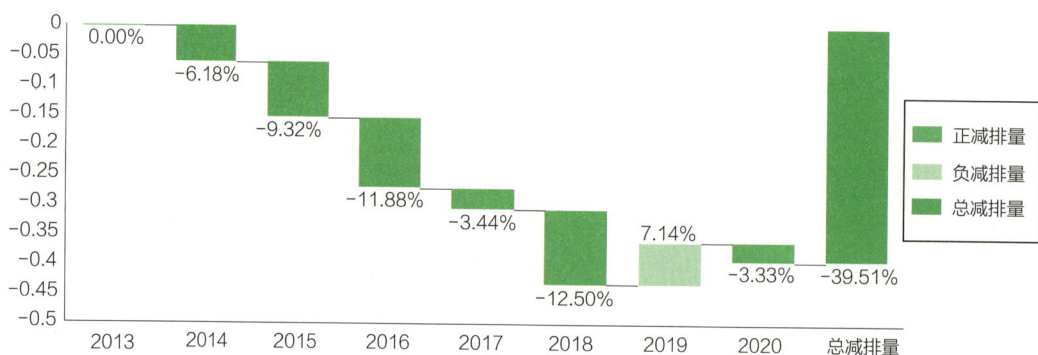

图2-24　美国柏克德2013～2020年温室气体减排情况

新型冷低能量海水淡化喷射系统（利兹）技术。

太阳能发热设施。如与谷歌、NRG和BrightSource合作，建造了当时世界上最大的太阳能发热设施。

碳捕获技术。

（2）新产业

标准化混凝土生产、供应、质量控制和验收系统。

公私合资脱碳运输和能源项目。如投资位于加拿大亚伯达省埃德蒙顿市的新轻轨系统，旨在协助该市转型为足以提供每日100000通勤者可持续运输的城市。

（3）新模式

支持负排放技术。如与无国界工程师组织合作，在印度建造了一座沼气发电厂将垃圾填埋场废物和其他生物质转化为燃料。

氢的潜力支持。如在液化天然气（LNG）价值链上为客户提供了支持，利用风能和太阳能生产氢。

携手客户减少项目二氧化碳排放，如英国Reading Station改造项目。

对美国柏克德年报、可持续发展报告进行归纳提炼后发现，美国柏克德在促进碳中和进程中主要从新技术（可再生能源、碳减排技术）、新产业（建筑服务提供商、新兴业务）、新模式（清洁、可再生能源）三方面开展减排工作。

综上，美国柏克德在推进减碳进程中有以下三点启示：

采纳国际标准：美国柏克德集团采用WRI发布的《跨部门碳排放计算工具》以及地方政府公布的碳排放计算因子对所选取的办事处进行温室气体排放监控、计算及披露，为把握集团现存碳排放情况，预估减排潜力提供基础。

打造示范项目：美国柏克德积极迎合政府需求，承接试点示范项目，在获取政府资金支持的同时提高自身碳减排能力，扩宽未来发展空间。

合作共赢：美国柏克德积极携手政府、行业组织、客户、技术人员，在共体打造低碳项目、低碳产品的同时，优化产品、完善流程、提升服务能力。

## 2.3.6　日本清水建设（Shimizu）集团

日本清水建设（Shimizu）集团（以下简称"清水建设"）创建于1804年，总部位于日本东京，拥有超过200年的发展历史，主营业务包括房屋建造、土木工程、房地产开发、工程承包、全生命周期服务及前沿业务。2020年实现营业收入16982亿日元。近年来，清水建设多次被财富杂志评选为"世界上最值得尊敬的公司"之一。

### 1.  碳减排战略目标及主要减排措施

清水建设碳减排目标以1990年的碳排放量作为基准，在2014年之前将碳排放较1990年减排比例作为一个衡量指标，2014年清水建设碳排放较1990年减排22%，如图2-25所示。2015年召开世界联合国气候变化大会，日本政府发布国家减碳目标，同年日本建筑承包商联合会发布建筑行业减排目标，清水建设从2015年开始使用建设期间减排比例、公司办公场所减排比例和建成交付后减排比例三个指标作为公司碳减排的衡量指标，并继续以1990年碳排放量作为基准。清水建设承诺到2030年建设期间、办公场所和建成交付后分别实现减排70%、70%、60%；到2050年三种指标实现碳减排100%[①]。

清水建设主要通过改进施工工艺、实行绿色采购、节能改造等措施实现碳减排，如图2-26所示。在2014年之前，清水建设主要采取节能建筑设计、建筑工地资源节约和绿色

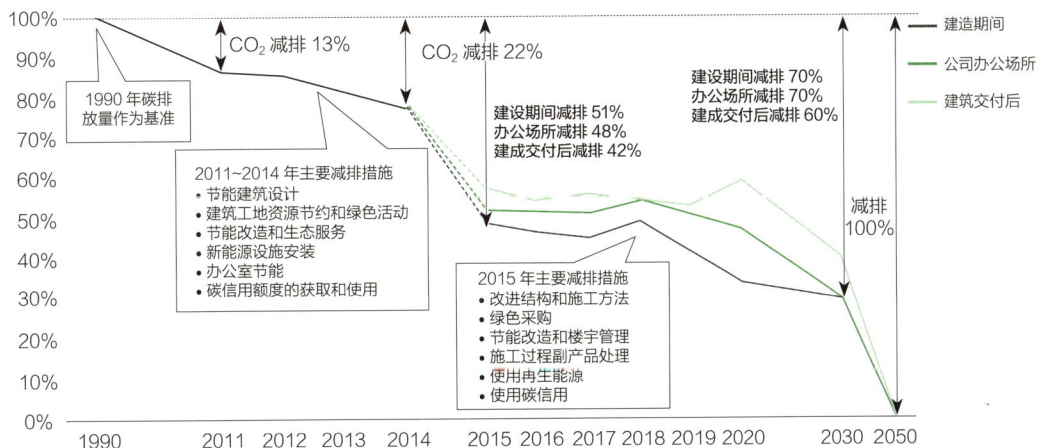

图2-25　清水建设碳减排目标路径图

---

① 内容来自日本清水建设企业年报。

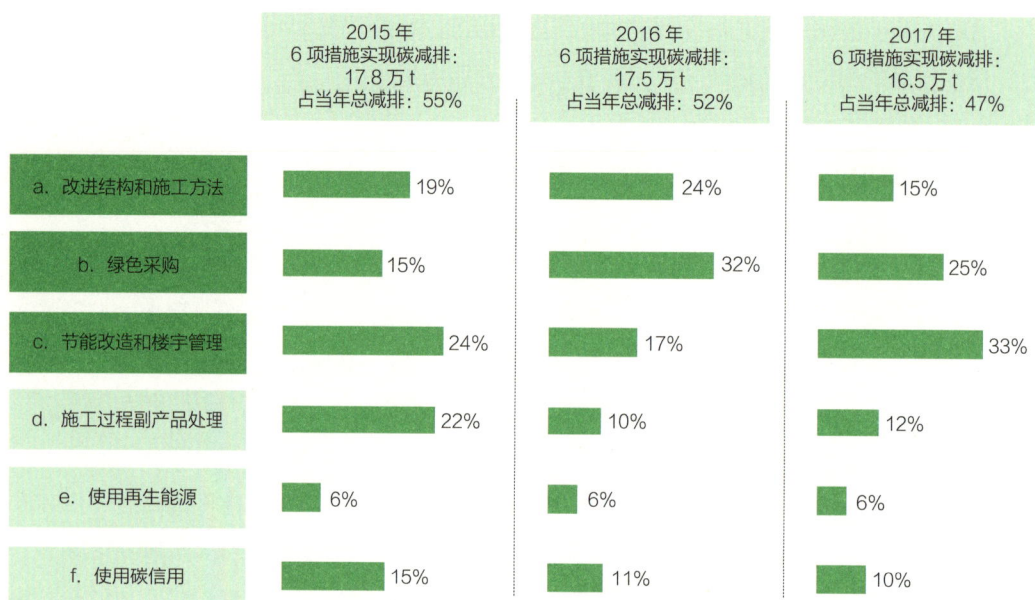

图2-26 清水建设2015～2017年各项减排措施贡献度分析

活动、节能改造和生态服务、新能源设施安装、办公室节能和碳信用额度获取使用等措施推动碳减排目标实现。从2015年开始，实行绿色采购和使用可再生能源加入到碳减排措施行动中，根据2015～2017年各项碳减排措施贡献度数据分析，其中改进施工工艺、实行绿色采购和节能改造对于碳减排的贡献度最大，而使用可再生能源的贡献度相对较小。

## 2. 碳排放与营业收入相关性分析

清水建设销售额增长基本与碳排放脱钩。近年来，清水建设销售增长相对缓慢，从2015年的15678亿日元增长至2020年的16982亿日元，年均增长1.6%。同期建设阶段和公司办公场所二氧化碳排放总量从2015年的26.9万t降至2020年18.9万t，保持年均8.3%的下降速度；碳排放强度（单位销售额的碳排放量）则从2015年172tCO$_2$/十亿日元降至2020年的111tCO$_2$/十亿日元，保持年均8.3%下降速度（图2-27）。

清水建设从2017年开始逐步使用清洁能源替代建筑工地的能源消耗。清水建设连续3年在企业年报中的环境章节披露有关可再生能源替代的相关举措和实践。2017年清水建设召集成立建筑工作小组，开始调研建筑工地二氧化碳排放的主要来源，调查发现建筑工地70%的碳排放来自重型设备燃烧柴油，并采访了设备制造商和其他建筑商，比较了不同型号建筑机械能源消耗水平。2018年清水建设开始实施多项可再生能源替代措施，具体包括利用可再生能源发电，建筑机械动力由燃油转向电力，使用配备混合动力发动机和自动空转停止功能的重型机械；同时清水建设与Euglena公司进行联合试验，在东京地区部分工地的起重机使用下一代生物柴油燃料。2020年4月开始，日本国内建筑工地使用绿色能源代替电力消

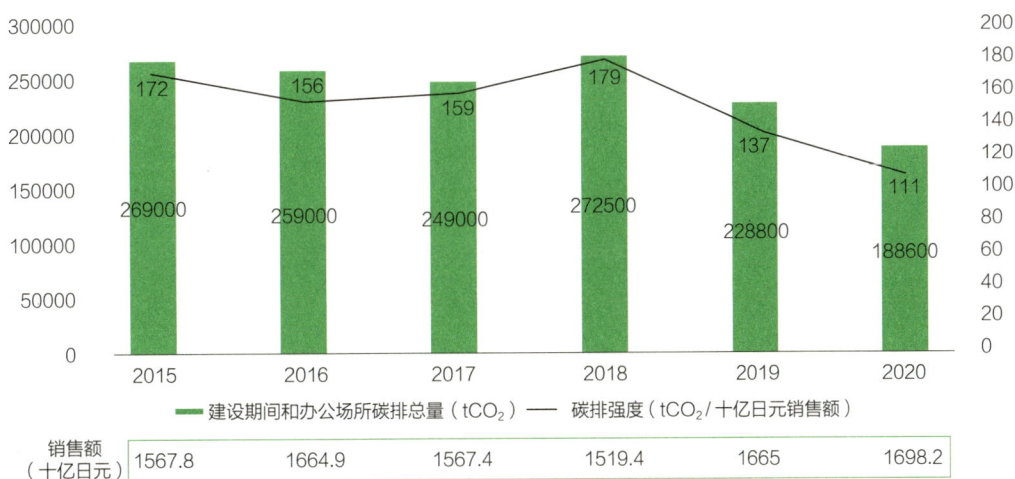

| 销售额<br>（十亿日元） | 1567.8 | 1664.9 | 1567.4 | 1519.4 | 1665 | 1698.2 |

图2-27　清水建设碳排放总量及单位销售额碳排放强度

耗，并计划覆盖日本本土建筑工地用电量的8%左右，在之后年份将逐步扩大覆盖比例，并将这一行动作为企业中期管理规划的特定KPI（关键绩效目标）之一。

### 3. 新技术、新模式、新产业探索

清水建设在碳减排新技术方面探索主要集中在零能耗建筑、新型建材研发和智能建筑技术等方面，主要包括零能耗建筑改造技术、用于提高混凝土结构耐久性的韧性涂层、木结构相关技术、建筑机器人等技术。新模式方面的探索主要包括智能社区、绿色债券和建筑服务等方面。新产业方面的探索主要包括氢能源和氢动力城镇、深海城市概念及小型火箭发射等业务。

### 4. 绿色金融工具

清水建设在2019年12月发行了清水株式会社无担保直通债第26号（清水株式会社绿色债券），发行金额为100亿日元，利率仅0.11%。该债券的融资资金均用作清水建设位于横滨的格兰盖特绿色建筑项目的建设资金，格兰盖特是横滨市西区港目前在建的租赁办公楼。清水建设在该绿色建筑项目竣工一年后，披露了该建筑近一年运行期间在碳排放、能源节约、废物利用等方面的数据。

### 5. 建筑全生命周期服务（LCV）业务

清水建设在2017年10月设立LCV业务总部，将公司之前的建筑物业及设施管理业务、基础设施管理业务、能源管理业务进行整合，主要为建筑、基础设施乃至整个城市提供增值服务，提升用户满意度。

LCV业务主要的产品服务包括五大类[①]：最大化投资的战略服务，主要包括物业和设施

————————

①　内容来自日本清水建设企业年报。

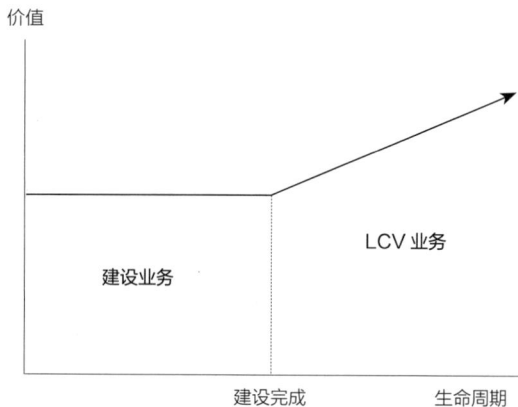

图2-28　LCV业务与建设业务关系示意图

管理规划、改造更新设计、公共资产服务、可再生能源服务；最大化盈利能力的管理服务，主要包括医疗设施运营、设备服务、PPP和特许经营、可再生能源发电业务；增加寿命的运营和维护服务，主要包括设备运营及监控、设备检查及保养、基础设施维护和管理、可再生能源设施设备管理；最大化社会价值的可持续发展服务，主要包括业务连续性支持、能源服务、智能社区、电力零售；最大化满意度的工作生活服务，主要包括楼宇内部服务支持、楼宇导引系统设计、区域流动、太阳能共享。如图2-28所示。

清水建设在2021年披露了LCV业务的中期发展战略：通过提供能源、管理和运营等多样化的服务，在建筑、基础设施和社区的生命周期内创造价值，提高用户满意度。主要包括三项措施：一是拓展服务业务，通过以设备服务为基础的设施运营，成为一站式的建筑服务提供商（BSP），并以集团联盟和先进技术进一步拓展设施管理、物业管理和建筑管理业务；通过WELL（健康）服务业务向用户提供健康和福祉。二是拓展权力特许业务，扩大可再生能源的发电和供应；加强机场、道路等基础设施特许经营。三是利用先进技术促进服务业发展，打造智慧城市，创建基础设施和设施数据库，参与利用物联网和人工智能进行前沿社区发展的新业务（语音导航服务、位置信息服务等）；通过建设城市操作系统（Operating System）打造智慧城市。

清水建设同时公布了截至2021年LCV业务中期战略的实施情况。清水集团以"零碳""新常态""数字化"为切入点，扩大了创造价值的业务活动，并提供了服务和解决方案。在扩大设施管理服务方面，提供旨在实现零碳状态的可再生能源安装服务和设备服务；加强WELL认证咨询服务（5家获得认证的物业）；建立了一个高效的操作系统，并通过使用数字工具加强了管理结构。利用多种可再生能源扩大发电业务，并加强基础设施管理业务，开始运营4座太阳能发电厂、1座水力发电厂和1座生物质发电厂；通过清水集团的全资子公司Smart Eco Energy扩展了电力零售分销业务；成立新的PPP事业部，并加强了基础设施管理业务和其他业务的运营结构。ICT服务业和智慧城市建设加快推进，在东京日本桥的室町区推出了一款语音导航系统；利用富寿6-chome再开发项目的开放来加速围绕整个富寿地区的智慧城市的创建，并为新的社区发展做出贡献。

清水建设开展LCV业务已有多个成功案例。2017年3月，清水建设首次尝试该项服务，收购了DSB集团Shiomi大厦的信托受益人权益，通过为其配备最新的环境性能、BCP功能以及健康和舒适度，赋予该建筑新的生命力，并提供旨在最大化财产价值的可持续性翻新服务。2018年10月，清水建设在完成Ise市立综合医院施工后，并与之签订了长达15年的电力设备运营维护合同；清水建设为该公立医院安装了燃气热电联产设备、太阳能发电设备、地热设备、蓄电池系统以及智能BEMS系统，以确保在医院正常运作时节省能源，并在危急情况下医院保持持续运行。

### 6. 其他前沿新兴业务

在2020年7月，清水建设新兴前沿部门成立了风险业务部门，以评估和选择投资候选人，并在投资后监督风险投资；同时成立了一个风险投资委员会，以迅速决定是否投资。清水建设主要投资于从事研发和商业化的（早期）风险企业和风险基金，旨在与有前景的企业合作，通过开放式创新引进建筑ICT技术、机器人、人工智能和其他先进技术，在新的商业领域建立商业模式，并与合资企业建立技术和商业联盟。如图2-29所示。

清水建设在2021年企业年报中公布了前沿新兴业务的中期规划。一是拓展海洋和太空业务，打造"未来海洋城市"新市场，建立设计、施工、设施管理一站式商业模式；进入小型火箭发射业务，开展卫星数据利用业务，开展月球资源利用、月球结构建设等月球用途的研发。二是启动环境创新的农业企业，进一步发展封闭式养殖系统的植物工厂业务；生产微藻，一种生产非动物蛋白和脂肪的高效方法，生物塑料（从木材中提取的新材料），以及其

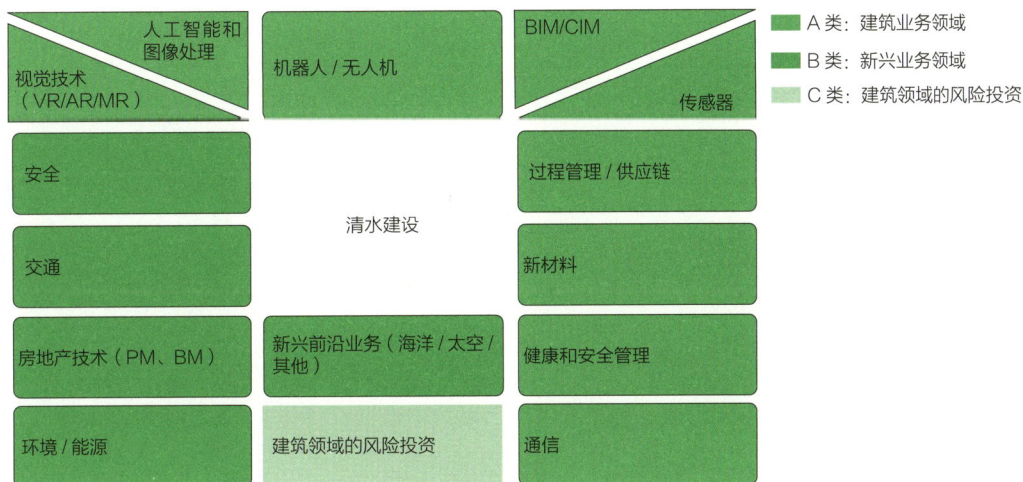

图2-29　清水建设风险投资目标领域

他形式的不含石油化学物质的材料；利用农作物残余物，振兴当地农业。三是投资下一代建筑技术和全球范围的解决方案，通过投资有前途的风投公司和培养目前的合作伙伴来进入新的业务。

综上，清水建设在推进碳减排方面有三点启示：积极探索碳减排措施，通过改进施工方法、实行绿色采购、节能设施改造等行动实现碳减排，并于2018年开始探索使用可再生能源代替建筑施工过程的能源消耗；通过LCV业务提升服务能力，为建筑、基础设施乃至整个城市提供增值服务，提升用户满意度；借助绿色债券为绿色建筑项目融资。

## 2.3.7 日本大成建设（Taisei）集团

日本大成建设（Taisei）集团（以下简称"大成建设"）是日本大型综合建设集团，主要从事房屋建筑、土木工程、工程承包、房地产开发等业务。大成建设创立于1917年，从1959年开始，公司在海外设立分支机构，并开始发展海外建设业务。大成建设2020年实现销售额14800亿日元，位居2020年福布斯全球企业2000强第894名。

### 1. 碳减排战略目标及主要减排措施

大成建设以企业1990年碳排放量作为基准，通过建筑建造阶段减排比例和建筑运营阶段减排比例两个减排指标来制定和发布企业碳减排路径图。详见图2-30。截至2018年，大成建设建筑建造阶段较1990年减排45%，建筑运营阶段较1990年减排40%。并承诺到2023年建造阶段和运营阶段分别减排50%和43%，到2030年建造阶段和运营阶段分别减排62%和55%，到2050年企业商业活动碳排放量基本为0，其中2030年减排目标得到国际科学碳目标

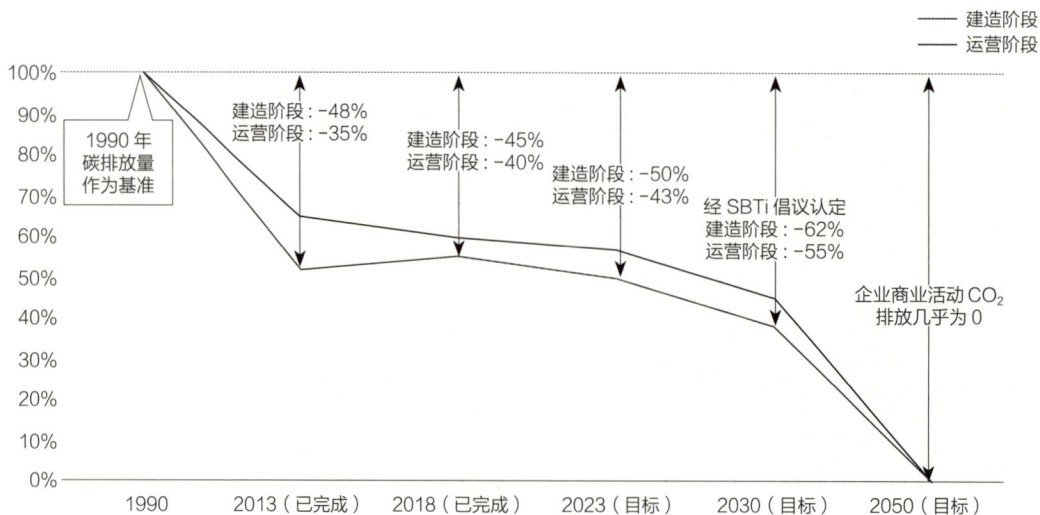

图2-30 大成建设碳减排目标路径图

倡议认定[①]。

大成建设针对各阶段分别采取减排措施。一是减少建造阶段碳排放，使用可再生能源的举措代替集团的电力消费，计划到2030财年达到100MW；研究和引入改善建筑工地燃料使用的措施，例如生物柴油燃料和燃料添加剂等。二是减少产业链上下游碳排放，开发和商业化下一代零能耗建筑，并提供能源支持服务；继续扩大绿色采购，开发和使用碳循环混凝土。三是完善环境目标管理系统，为整个集团重新修订减排目标，并争取在2025财年获得SBTi重新认证；引入测量和汇总工地二氧化碳排放数据的监测系统；推广TSA（TAISEI Sustainable Action），并扩大相关措施。

### 2. 碳排放与营业收入相关性分析

大成建设范畴1和2碳排放总量和企业营业收入变化趋势基本一致，呈现持续增长趋势，从2010年的17.8万$tCO_2$增长至2020年的19.9万$tCO_2$，保持年均3.4%的复合增长率。虽然大成建设碳排放强度（单位销售额二氧化碳排放量）2014～2018年有所上升，但是近十年整体呈现波动下降趋势，从2010年的146$tCO_2$/十亿日元降低至2020年134$tCO_2$/十亿日元[①]。详见图2-31。

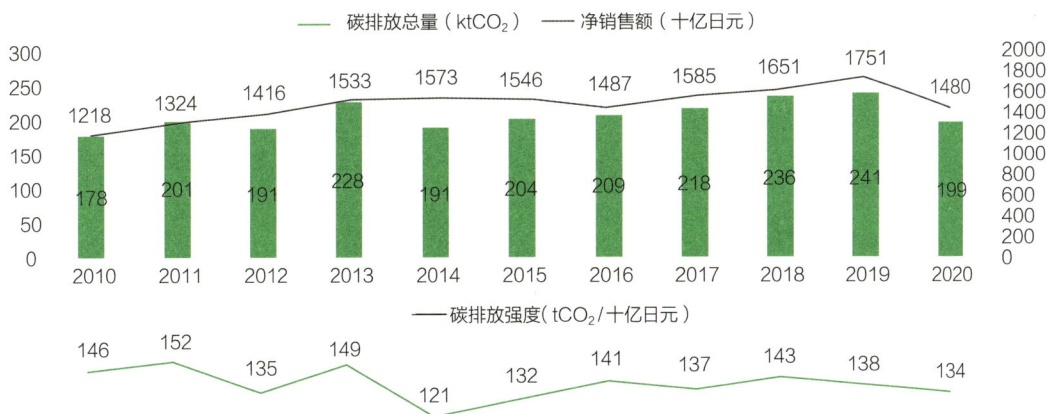

图2-31　大成建设碳排放总量与销售额关系

### 3. 新技术、新模式、新产业探索

大成建设在碳减排新技术探索方面主要集中在新型建筑建材、可再生能源运营和智慧城市等领域，新型建筑建材主要包括零能耗建筑、木结构、绿色混凝土等技术，可再生能源主要包括海上风力发电、氢能、核能等，智慧城市包括智慧社区、灾难预警模拟等技术。新模式主要包括发行绿色债券用于公司的项目建设、业务投资和技术研发；在企业内部实施数字

---

① 内容来自日本大成企业年报。

化转型，通过数字化改造，创新生产体系，改革生产方式。对于新产业，目前尚未在企业公开资料中发现布局建筑相关业务之外的新兴业务。

积极探索零能耗建筑技术。大成建设在2010年开始涉足建筑节能领域的研究，2010年建设完成的大成札幌大楼在建筑节能方面已经有所突破。从2010年至2015年，大成建设持续进行零能耗建筑相关的技术研发及积累，2017年完成了大成札幌大厦和博田渡边大厦的节能改造，在2019年完成Aichi环境研究中心和Aichi公共健康研究院从设计到建造全过程，并获得建筑物节能性能标识制度评估认证（BELS）的五星评级。详见图2-32、图2-33。

大成建筑在Aichi环境研究中心&Aichi公共健康研究院项目中主要使用以下节能减排技术：该建筑采用了"双源热水回收Gene Link"，一种气体吸收式冷水热水器作为主要的热源，以减少燃气的消耗；利用井水热量的空调系统：通过在建筑中引入热泵制冷机和水冷多台空调，降低了空调系统的能耗；采用新一代人类探测系统控制光线和通风，引进了根据人

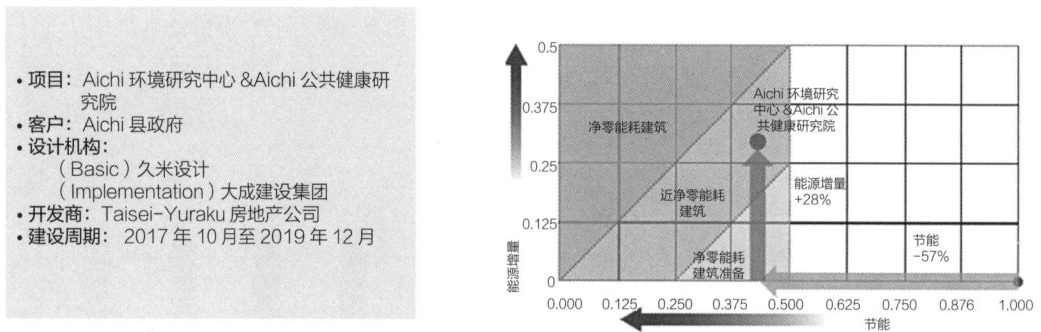

图2-32　大成建设零能耗建筑项目概况

图2-33　大成建设截至2018年3月在碳减排相关技术实践

流自动控制光线和通风的 "T-Zone Saver" 系统，提高了舒适性；安装光伏发电系统：在屋顶、厂房地面、南侧部分墙体采用单晶光伏发电；此外，在南侧墙上安装了一个透明式光伏发电系统，以有效发电；创造舒适的空间，自然光线从窗户射进来：南侧墙上的窗户上方和下方设置了一个透明式光伏发电系统；通过保持视野和光线，创造了一个舒适的空间；引进空调系统，减少使用室外空气的负担：通过引入Cool Pit（一种利用自然能源的技术，重点关注地下热量的特性）和通风室内的高速VAV系统，减少了使用外部空气的负担。

### 4. 借助绿色债券获取低成本资金

大成建设在2021年12月发行大成建设株式会社第40期无担保公司债券（又名大成建设绿色债券），发行总额为100亿日元，如图2-34所示，发行年限为5年，发行利率仅0.1%。募集资金主要用于绿色业务相关投资，包括持有建筑节能设施改造，大成建设计划对关西分公司大楼等建筑进行相关设施更新，并获得建筑节能性能标志系统（BELS）的ZEB认证；太阳能和风能等可再生能源替代投资，计划开始开发可再生能源电源，以满足集团的电力消耗；与脱碳相关的技术研发，包括海上风力发电技术开发、碳回收和混凝土技术开发、ZEB和节能技术开发、氢利用技术。

| 名称 | 大成建设株式会社第40期无担保公司债券（公司债券间有限同位优惠）-（又名大成建设绿色债券） |
|---|---|
| 条件确定日期 | 十二月 3，2021 |
| 发布日期 | 十二月 9，2021 |
| 发行总额 | 100 亿日元 |
| 发行年限 | 五年 |
| 发行利率 | 0.100% |
| 资金使用 | 建筑物零能耗设施更新<br>可再生能源投资<br>与脱碳相关的技术开发 |
| 首席秘书 | 野村证券株式会社（行政），瑞穗证券株式会社 |
| 代理公司 | 瑞穗证券有限公司 |
| 收购评级 | A+（评级投资信息中心），AA-（日本评级研究所） |

图2-34　大成建设绿色债券基本信息表

### 5. 数字化转型赋能业务发展

在2020年10月，大成建设设立了数字化转型提升委员会，并任命了首席数字官，在全公司范围内加快数字化转型速度。大成建设在各部门任命IT经理，并纳入数字化转型提升委员会下属的跨部门协调小组委员会。数字化转型协调委员会定期制定行动计划，并跟踪计划实施情况，实现通过数字科技解决建筑工程中相关问题。

大成建设制定了数字化转型的阶段性目标。到2023年，通过聚合和可视化储存在现有平台的数据，建造一个集成平台实现每个部门和施工现场检索和使用所需数据。到2026年，立足于已建立的集成平台，提升数字技术、数据、各部门运转、施工场所乃至外部团队之间的协作。此外，在整个项目建设生命周期中，会尝试改善现有的垂直分开的工作文化。到2030年，通过加强内外部互联，实现高质量和高效率的建设业务。同时，通过智慧城市业务为代表的行动，将会致力于为整个建筑行业创造价值。

大成建设通过数字化转型对自身业务发展进行赋能。基于视频（video）和物联网进行现场管理，大成建设开发出来一个现场管理系统（T-I Digital Field），通过联网的摄像头和物联网设施获取现场图像和数据，并运用可视化手段展示施工现场的完成情况，通过该系统实现工作人员之间远程信息共享。使用四足步行机器人的建筑工地远程巡逻系统管理，鹿岛建设与TechShare公司合作开发了远程检查系统，可以让用户远程检查施工现场的质量和安全，提高现场管理的效率已成为可能。利用人工智能、物联网技术改造设备运维业务，使用人工智能和物联网来改善设备运营维护业务。

综上，大成建设在推进碳减排工作的三点启示：积极采用以可再生能源替代、绿色采购、零能耗建筑建设等相关碳减排措施；打造零能耗建筑标杆项目，积极研发零能耗建筑相关技术，并进行推广示范；借助绿色债券获取低成本的资金，用于企业绿色业务发展。

## 2.3.8 日本鹿岛建设（Kajima）集团

日本鹿岛建设（Kajima）集团（以下简称"鹿岛建设"）是日本大型综合建筑公司，世界500强企业，公司在西式建筑、铁路和大坝建设中，尤其是最近在核电厂建设和高层建筑建造中享有盛誉。公司普通股票在东京、大阪、伦敦等交易所上市，2020年实现营业收入19071亿日元，位居2020福布斯全球企业2000强榜第931位。

### 1. 碳减排目标及主要减排措施

鹿岛建设以企业2013年范畴1和2碳排放数据作为基准，将碳排放减排比例作为指标来制定和对外发布二氧化碳减排目标。如图2-35，鹿岛建设2013年范畴1和2二氧化碳排放达到24.6万t，2020年二氧化碳排放17.1万t，并承诺到2030年实现较2013年减排50%的目

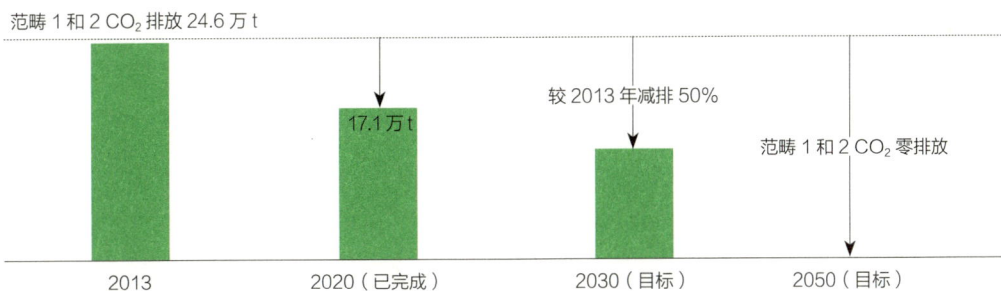

范畴 1 和 2 CO$_2$ 排放 24.6 万 t

17.1 万 t

较 2013 年减排 50%

范畴 1 和 2 CO$_2$ 零排放

2013　　　　2020（已完成）　　　　2030（目标）　　　　2050（目标）

图2-35　鹿岛建设碳减排路径图

标，到2050年实现范畴1和2二氧化碳净零排放[1]。

鹿岛建设主要采取可再生能源替代、借助线上系统进行能源管理等减排措施。针对范畴1和2二氧化碳排放，鹿岛建设通过制定符合日本《建筑节能法案》的行动计划，积极获取建筑节能认证，例如BELS等，使用可再生能源进行替代，借助线上系统进行能源管理等措施推动减排目标实现。针对范畴3二氧化碳排放，主要通过实施绿色采购，开发使用低碳建筑材料，设计和建造包括ZEB在内的低能耗建筑等措施推动减排目标实现。

### 2. 碳排放和营业收入相关性分析

鹿岛建设营业收入增长基本实现与"碳"脱钩。近年来鹿岛建设营业收入持续增长，从2012年14850亿日元增长至2020年的19071亿日元，整体保持3.2%的增速。鹿岛建设范畴1和2二氧化碳排放量从2012年（24.5万t）开始持续增加，在2017年（28.8万t）达到近年来峰值，然后开始迅速下降，至2020年实现17.1万t。鹿岛建设二氧化碳排放强度整体保持持续下降趋势，2017年至今下降速度尤其明显，保持年均13.6%的下降速度[1]。详见图2-36。

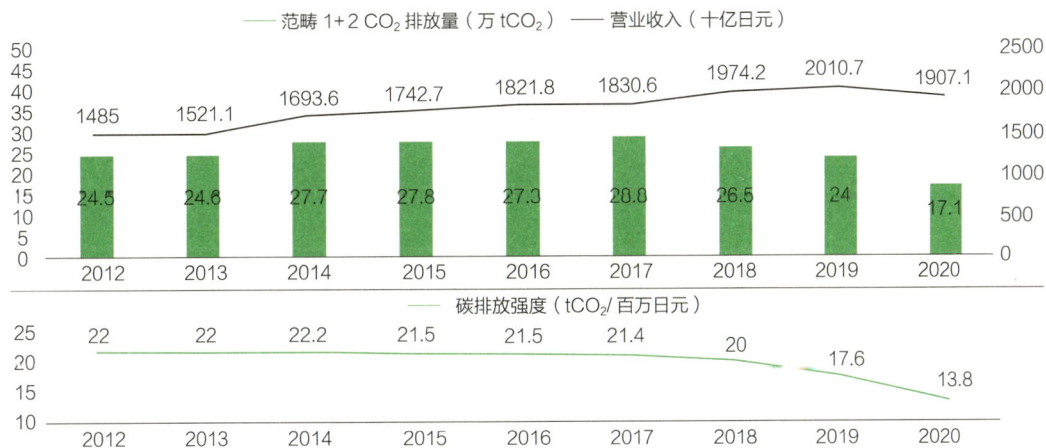

——范畴 1+2 CO$_2$ 排放量（万 tCO$_2$）　——营业收入（十亿日元）

| 年份 | 排放量 | 营业收入 |
| --- | --- | --- |
| 2012 | 24.5 | 1485 |
| 2013 | 24.6 | 1521.1 |
| 2014 | 27.7 | 1693.6 |
| 2015 | 27.8 | 1742.7 |
| 2016 | 27.3 | 1821.8 |
| 2017 | 28.8 | 1830.6 |
| 2018 | 26.5 | 1974.2 |
| 2019 | 24 | 2010.7 |
| 2020 | 17.1 | 1907.1 |

——碳排放强度（tCO$_2$/百万日元）

| 年份 | 2012 | 2013 | 2014 | 2015 | 2016 | 2017 | 2018 | 2019 | 2020 |
| --- | --- | --- | --- | --- | --- | --- | --- | --- | --- |
| 强度 | 22 | 22 | 22.2 | 21.5 | 21.5 | 21.4 | 20 | 17.6 | 13.8 |

图2-36　鹿岛建设近年来二氧化碳排放及营业收入情况

① 内容来自日本鹿岛建设企业年报。

### 3. 新技术、新模式、新产业探索

鹿岛建设采取多种新技术新模式推动公司碳减排目标实现，其中包括开发环境数据评价系统、开发使用绿色混凝土等多项措施。

研发环境数据评价系统监控碳排放。2018年，鹿岛建设开发了环境数据评价系统（图2-37），实现对于月度碳排放数据的计算及可视化，并于2019年开始在日本国内工地推广使用。该环境数据评估系统通过接入目前已在各个工地上线运行的建造管理支持系统，获取工地所使用建筑机械的型号、数量和运行时间；通过接入现有的环境信息系统获取用于运输土壤、砂石、废弃物的车辆运行数据；通过接入公用事业账单支付结算系统获取相关水、电使用数据，在此基础上对以上数据进行整合，按照月度对全公司碳排放数据进行可视化分析展示。

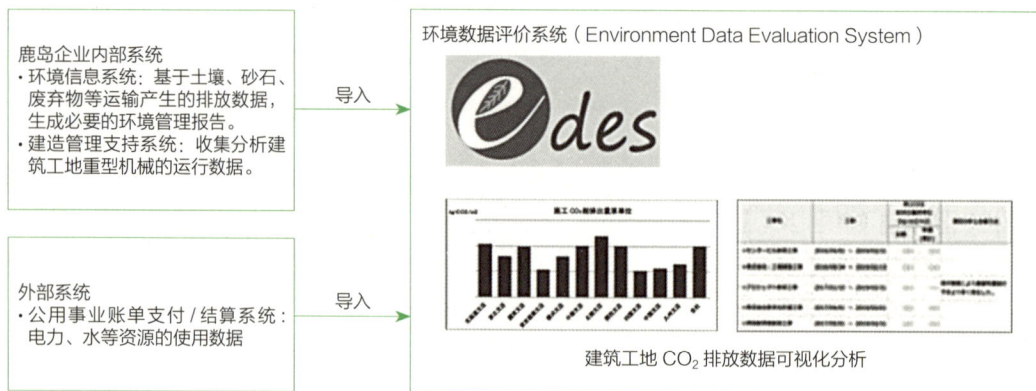

图2-37 鹿岛建设环境数据评价系统示意图

研发环境友好型混凝土减少碳排放。

鹿岛建设研发了世界上第一种在制造过程实现负二氧化碳排放水平的水泥（$CO_2$-SUICOM）如图2-38所示，在混合$CO_2$-SUICOM水泥过程中，超过一半的水泥含量被一种特殊的外加剂（$\gamma C_2 S$）和工业副产品取代，这将显著减少水泥生产过程中二氧化碳排放，同时在混凝土凝固时吸收大量二氧化碳并固定在混凝土内部。1m³$CO_2$-SUICOM水泥二氧化碳吸收量相当于一颗20m高树木一年吸收量。在2020年12月，$CO_2$-SUICOM水泥被日本经济产业省的绿色增长战略作为碳循环技术模范。

### 4. 土木工程业务发展思路

鹿岛建设的土木工程业务在2019年之前主要聚焦于公路、铁路等传统基础设施建设领域。从2020年开始，伴随日本国内开始关注低碳社会建设，鹿岛建设顺应日本国内建筑业发展趋势，开始关注可再生能源领域相关基础设施建设，并期望在国内可再生能源市场占据一定地位。鹿岛建设在总部建立了专门从事可再生能源相关基础设施建设部门，初期该部门优先聚焦于包括设计与建造、合同与采购的风电项目实施，更长远的目标是积累可再生能源

CO₂ 排放量（kg/m³）

$$300$$

288kg/m³

250

−197kg/m³
（水泥替代）

200

150

100

50

−109kg/m³
（吸收）

0

−50　　普通水泥

−18kg/m³
CO₂-SUICOM

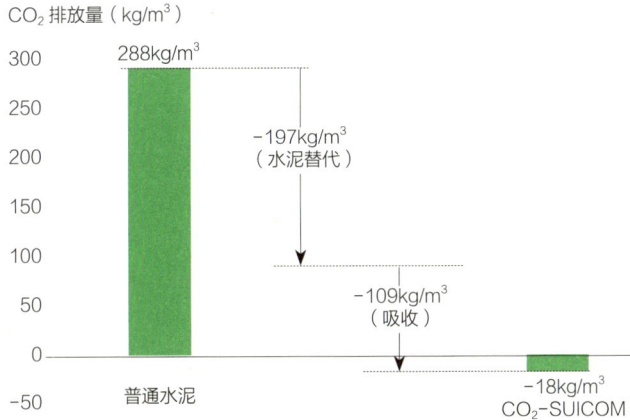

图2-38　CO₂-SUICOM水泥减碳效果

方面的技术和专家，并将该项业务发展成为长期利润中心。根据2021年企业年报显示，鹿岛建设土木工程业务的发展策略正式从加强前景广阔领域发展变为聚焦快速增长领域和新兴业务领域，更加迅速扩展在可再生能源和基础设施更新领域布局。

在2020年2月，鹿岛建设位于秋田县的私人商用海上风能发电设施项目全方位开工。由于该项目需要使用自升式平台船（Self-Elevating Platform，SEP）技术，鹿岛建设与Penta-Ocean建设公司和Yorgami Maritime建设公司合作建设SEP船，从而实现最大的可行、安全、高效、成本可控的风力涡轮机方案。2021年4月，该项目开始建设风电涡轮机基础，并预计在2022财年完工。

综上，鹿岛建设在推进碳减排过程中的三点启示：采用可再生能源替代、研发设计零能耗建筑、项目获取第三方绿色认证等相关措施实现减排目标；开发使用线上系统检测碳排放，整合建筑机械运行、运输车辆、公司电力消耗等多维度数据，实现对碳排放数据的月度分析及可视化展示；研发使用世界上第一种负二氧化碳排放水平的绿色混凝土，从供应链角度减少CO₂排放。

### 2.3.9　国外优秀建筑企业经验总结

整体而言，海外优秀企业在努力减少自身施工、运营碳排放的同时，多采用绿色供应链管理来促进上游建材减碳和减少自身的间接碳排放，并大力布局和发展可再生能源，利用"双碳"机遇完成企业的新产业布局。

各个企业均有自身在减碳方面的特点，部分企业利用"双碳"机遇实现了新产业的蓬勃发展，部分企业更加专注于在建筑建造或运营管理过程中减少碳排放。在行动方案、产业布局、碳中和举措及减碳目标方面经验突出：

行动方案方面，多数企业采取了分板块分阶段来实施减碳，根据业务板块制定不同的减碳目标；

产业布局方面，部分企业在聚焦建造施工以及地产开发同时在新能源基础设施、新型低碳建筑材料上进行了布局，也有企业趁此机会入局了能源电力行业和基础设施行业；

碳中和关键举措方面，多数企业采取了购买和发展可再生能源、推进低碳供应链管理以及推广近零能耗建筑。

减碳目标方面，多数企业制定了2030年的减碳目标，日本的建筑企业均制定了2050年二氧化碳零排放的目标。

第 3 章

# 我国建筑业碳排放现状及趋势

实现碳达峰，建筑行业节能减碳面临重大挑战。我国是世界上既有建筑和每年新建建筑量最大的国家。大量既有建筑存在高耗能、高排放的问题，且我国建筑业生产方式仍粗放落后，建筑业工业化程度较低、建造技术尚有提升空间。因此，建筑行业亟待推动生产方式的工业化、信息化、绿色化和国际化的转型发展。本章重点分析我国建筑业碳排放现状以及未来建筑业发展趋势。

# 3.1 我国碳达峰碳中和政策与行动

## 3.1.1 国内碳达峰碳中和概述

一直以来，我国积极应对气候变化，以大国勇于担当的精神和刀刃向内的勇气，坚持绿色发展、循环发展、低碳发展，碳达峰碳中和工作历经三个阶段。

**第一阶段（1992～2008年），碳减排起步。** 1992年我国参与《联合国气候变化框架公约》谈判，1994年批准加入。1997年《京都议定书》出台，2002年我国核准。

**第二阶段（2009～2019年），碳减排加速。** 2009年我国首次提出碳减排目标；2011年7省市开展碳排放权交易试点；2014年11月，《中美气候变化联合声明》提出："中国计划2030年左右二氧化碳排放达到峰值且将努力早日达峰，并计划到2030年非化石能源占一次能源消费比重提高到20%左右。"；2015年9月，《中美元首气候变化联合声明》提出："中国到2030年单位国内生产总值二氧化碳排放将比2005年下降60%～65%，森林蓄积量比2005年增加45亿m³左右。中国将推动绿色电力调度，优先调用可再生能源发电和高能效、低排放的化石能源发电资源。中国承诺将推动低碳建筑和低碳交通，到2020年城镇新建建筑中绿色建筑占比达到50%"。

**第三阶段（2020年至今），上升为国家战略。** 2020年我国明确提出"2030年碳达峰、2060年碳中和"目标；2021年4月，《中美应对气候危机联合声明》提出："两国都计划在格拉斯哥联合国气候公约第26次缔约方大会之前，制定各自旨在实现碳中和、温室气体净零排放的长期战略，继续讨论21世纪20年代包括节能建筑、可再生能源、绿色低碳交通在内的具体减排行动"。

我国产业体系庞大，是全球唯一拥有联合国产业分类中所有工业门类国家。我国提出的"2030年碳达峰、2060年碳中和"，从达峰到中和时限仅30年，远低于美国（43年）和欧盟（60年）。"中国作为世界上最大的发展中国家，将完成全球最高碳排放强度降幅，用全球历史上最短的时间实现从碳达峰到碳中和"。

根据清华大学气候变化和可持续发展研究院统计，2019年，我国二氧化碳排放量98.3亿t，占全球28.8%，连续15年位居全球首位，是排放量第二美国的1.98倍。对比1999年（14.2%）、2009年（25%）碳排放占比，我国碳减排挑战巨大，主要受人口基数、能源结构、产业结构、城镇化建设四个方面因素制约。

**庞大人口基数导致碳减排任务艰巨。** 2019年，我国内地总人口约14亿人，占世界总人口的18.2%。我国庞大人口基数，在能源消费、交通出行、工业生产、建筑运行等方面直接或间接产生大量二氧化碳，导致碳排放总量居高不下。

**煤炭能源结构占据主导。** 目前我国一次能源消费中碳排放总量巨大。2019年，煤炭在我国一次能源消费碳排放占比68.5%，在所有工业国中占比最高。煤炭产生的二氧化碳比石油高30%、比天然气高70%，以煤炭为主的能源结构将会带来更多碳排放。

**工业型产业结构占比较高。** 对比发达国家碳达峰工业能耗占比（美国21.5%、加拿大29.8%、德国37.3%），2019年工业能耗在我国碳排放量占比65.9%，工业占GDP比重接近四成，以工业能耗为主的产业结构影响碳减排进程。

**碳减排难点在于城市。** 目前，我国城镇化仍处在快速推进时期。按照一般规律，常住人口城镇化率到75%以后，人口进入城市速度明显降低甚至停滞，高耗能工业产品与能源消费需求缩减，碳排放下降，峰值可能出现。按照国家"十四五"规划，今后每年常住人口城镇化率将提高一个百分点。伴随我国城镇化推进，鉴于城市产业、能耗和人口在城市聚集，碳减排难点在城市。从历史数据看，常住人口城镇化率每增长1个百分点，交通和建筑等部门新增能源需求约8000万t标准煤，二氧化碳排放将增加约2亿t。

## 3.1.2 碳达峰碳中和政策出台

2021年10月24日，中共中央、国务院《关于完整准确全面贯彻新发展理念做好碳达峰碳中和工作的意见》正式发布，该意见作为"1"是管总管长远的，在碳达峰碳中和"1+N"政策体系中发挥统领作用；与国务院发布的《2030年前碳达峰行动方案》共同构成贯穿碳达峰、碳中和两个阶段的顶层设计。"N"则包括能源、工业、交通运输、城乡建设等领域碳达峰实施方案，以及科技支撑、能源保障、碳汇能力、财政金融价格政策、标准计量体系、督察考核等保障方案。一系列文件构建起目标明确、分工合理、措施有力、衔接有序的碳达峰碳中和政策体系（详见表3-1）。

能源绿色低碳转型行动方面，主要有《"十四五"现代能源体系规划》《"十四五"可再生能源发展规划》《氢能产业发展中长期规划（2021-2035年）》，对未来新能源发展与应用作了详细规划。

碳达峰碳中和"1+N"政策体系    表 3-1

| 领域 | 部门 | 时间 | 名称 |
|---|---|---|---|
| 政策体系"1" | | | |
| 顶层设计 | 中共中央、国务院 | 2021年10月24日 | 《关于完整准确全面贯彻新发展理念做好碳达峰碳中和工作的意见》 |
| | 国务院 | 2021年10月26日 | 《2030年前碳达峰行动方案》 |
| 政策体系"N" | | | |
| 能源绿色低碳转型行动 | 国家发展改革委、国家能源局 | 2022年1月30日 | 《关于完善能源绿色低碳转型体制机制和政策措施的意见》 |
| | | 2022年1月29日 | 《"十四五"现代能源体系规划》 |
| | | 2022年3月23日 | 《氢能产业发展中长期规划（2021-2035年）》 |
| | 国家发展改革委等部门 | 2022年5月10日 | 《煤炭清洁高效利用重点领域标杆水平和基准水平（2022年版）》 |
| | 国家发展改革委等九部门 | 2022年6月1日 | 《"十四五"可再生能源发展规划》 |
| 节能降碳增效行动 | 国务院 | 2022年1月24日 | 《"十四五"节能减排综合工作方案》 |
| | 国家发展改革委等四部门 | 2022年2月3日 | 《关于发布〈高耗能行业重点领域节能降碳改造升级实施指南（2022年版）〉的通知》 |
| | 生态环境部等七部门 | 2022年6月17日 | 《减污降碳协同增效实施方案》 |
| 工业领域碳达峰行动 | 工业和信息化部等九部门 | 2021年12月22日 | 《关于印发"十四五"医药工业发展规划的通知》 |
| | 工业和信息化部、国家发展改革委、生态环境部 | 2022年1月20日 | 《关于促进钢铁工业高质量发展的指导意见》 |
| | 工业和信息化部等六部门 | 2022年3月28日 | 《关于"十四五"推动石化化工行业高质量发展的指导意见》 |
| | 工业和信息化部、国家发展改革委 | 2022年4月12日 | 《关于化纤工业高质量发展的指导意见》 |
| | | 2022年4月12日 | 《关于产业用纺织品行业高质量发展的指导意见》 |
| | 工业和信息化部等五部门 | 2022年6月8日 | 《关于推动轻工业高质量发展的指导意见》 |
| | 工业和信息化部等六部门 | 2022年6月20日 | 《关于印发工业水效提升行动计划的通知》 |
| | | 2022年6月23日 | 《关于印发工业能效提升行动计划的通知》 |
| | 工业和信息化部、国家发展改革委、生态环境部 | 2022年7月7日 | 《关于印发工业领域碳达峰实施方案的通知》 |

续表

| 领域 | 部门 | 时间 | 名称 |
|---|---|---|---|
| 城乡建设碳达峰行动 | 住房和城乡建设部 | 2022年1月19日 | 《关于印发"十四五"建筑业发展规划的通知》 |
| | 国务院 | 2021年11月12日 | 《关于印发"十四五"推进农业农村现代化规划的通知》 |
| | 住房和城乡建设部 | 2022年3月1日 | 《"十四五"住房和城乡建设科技发展规划》 |
| | | 2022年3月1日 | 《关于印发"十四五"建筑节能与绿色建筑发展规划的通知》 |
| | 农业农村部、国家发展改革委 | 2022年5月7日 | 《关于印发〈农业农村减排固碳实施方案〉的通知》 |
| | 住房和城乡建设部、国家发展改革委 | 2022年6月30日 | 《关于印发城乡建设领域碳达峰实施方案的通知》 |
| 交通运输绿色低碳行动 | 国务院 | 2021年12月9日 | 《关于印发"十四五"现代综合交通运输体系发展规划的通知》 |
| | 交通运输部 | 2021年10月29日 | 《关于印发〈绿色交通"十四五"发展规划〉的通知》 |
| | 交通运输部、国家铁路局、中国民用航空局、国家邮政局 | 2022年4月18日 | 《贯彻落实〈中共中央 国务院关于完整准确全面贯彻新发展理念做好碳达峰碳中和工作的意见〉的实施意见》 |
| 循环经济助力降碳行动 | 工业和信息化部等八部门 | 2022年1月27日 | 《关于印发加快推动工业资源综合利用实施方案的通知》 |
| 绿色低碳科技创新行动 | 国家能源局、科学技术部 | 2021年11月29日 | 《关于印发〈"十四五"能源领域科技创新规划〉的通知》 |
| | 科技部等九部门 | 2022年6月24日 | 《关于印发〈科技支撑碳达峰碳中和实施方案（2022-2030年）〉的通知》 |
| 碳汇能力巩固提升行动 | 自然资源部 | 2022年2月21日 | 《海洋碳汇经济价值核算方法》 |
| 绿色低碳全民行动 | 教育部 | 2022年4月19日 | 《关于印发〈加强碳达峰碳中和高等教育人才培养体系建设工作方案〉的通知》 |

节能降碳增效行动方面，主要有《"十四五"节能减排综合工作方案》《减污降碳协同增效实施方案》，提出了节能降碳改造升级的工作方向和具体目标。

工业领域碳达峰行动方面，主要有《"十四五"工业绿色发展规划》《工业领域碳达峰实施方案》《建材行业碳达峰实施方案》，对工业生产关键领域重点环节作部署安排。

城乡建设领域行动方面，主要有《关于推动城乡建设绿色发展的意见》《"十四五"建筑节能与绿色建筑发展规划》《城乡建设领域碳达峰实施方案》，对城乡规划、绿色建筑、建筑节能等方面提出减碳要求。

其他政策方面，有《财政支持做好碳达峰碳中和工作的意见》《关于推进中央企业高质量发展做好碳达峰碳中和工作的指导意见》，不同部委从财政、金融、科技等方面提供政策保障。

此外，能源、工业、城乡建设、交通运输、农业农村等重点领域实施方案，煤炭、石油天然气、钢铁、有色金属、石化化工、建材等重点行业实施方案，科技支撑、财政支持、统计核算、人才培养等支撑保障方案，以及31个省区市碳达峰实施方案均已制定。总体上看，系列文件已构建起目标明确、分工合理、措施有力、衔接有序的碳达峰碳中和'1+N'政策体系。

此外，我国各省市也相继出台政策，2022年起，各省市准确把握自身发展定位，结合本地区经济社会发展实际和资源环境禀赋，坚持分类施策、因地制宜、上下联动，梯次有序推进碳达峰。

### 3.1.3　我国碳达峰碳中和主要行动

#### 1. 产业结构

碳排放已经基本稳定的地区要巩固减排成果，在率先实现碳达峰的基础上进一步降低碳排放。产业结构较轻、能源结构较优的地区要坚持绿色低碳发展，坚决不走依靠"两高"项目拉动经济增长的老路，力争率先实现碳达峰；产业结构偏重、能源结构偏煤的地区和资源型地区要把节能降碳摆在突出位置，大力优化调整产业结构和能源结构，逐步实现碳排放增长与经济增长脱钩，力争与全国同步实现碳达峰。

产业节能改造方面，北京等地区落实国家"双控"政策，通过高耗能产业节能改造、产业结构调整和重点产业转移等，已实现碳排放影响较小的目标。提高能源利用效率方面，多省市从建造施工、生产流程等方面进行改进来提高能源利用效率。构建绿色低碳产业体系方面，全国多地区建设绿色建筑产业园，大力培育循环经济、生态产业和节能环保产业。

#### 2. 低碳城市建设

中央加大对地方推进碳达峰的支持力度，全国范围内多地选择具有典型代表性的城市和园区开展碳达峰试点建设，在政策、资金、技术、管理等方面对试点城市和园区给予支持，加快实现绿色低碳转型，为全国提供可操作、可复制、可推广的经验做法。各省市人口结构，城镇化发展程度不同，目前房地产行业正遭遇发展瓶颈期，城市更新或可成为破局点，绿色建筑、装配式建筑甚至超低能耗建筑正在成为底线。如表3-2所示。

截至2020年底，全国累计绿色建筑面积达到了66.45亿$m^2$，目前七大省份、直辖市要求2022年实现绿建全覆盖（100%），各省区市2022年平均绿建覆盖率78%。按当前各地"十四五"规划，预计2025年将会实现各省市绿建100%覆盖。详见表3-3。

**城乡建设发展目标**　　　　　　　　　　　　　　　　表 3-2

| 城乡建设 | 发展目标 |
| --- | --- |
| 绿色建筑 | 2022年城镇新建建筑中绿色建筑面积占比达到70%，到2025年，城镇新建建筑全面达到绿色建筑标准 |
| 城市更新 | 2021年新开工改造5.3万个，2025年底前完成21.9万个城镇老旧小区改造 |
| 装配式建筑 | 2016年提出力争用10年左右时间，使装配式建筑占新建建筑面积比例达到30% |
| 超低能耗建筑 | 住房和城乡建设部下一步将制定强制性标准，在适宜的气候区，全面强制推动超低能耗建筑 |

**全国各省市 2022 年绿色建筑覆盖率**　　　　　　　　　　表 3-3

| 覆盖率 | 省区市 |
| --- | --- |
| 100%（7个） | 江西、上海、江苏、浙江、贵州、广东、北京 |
| 92%（1个） | 河北 |
| 85%（1个） | 新疆 |
| 80%（2个） | 山东、天津 |
| 75%（1个） | 福建 |
| 70%（16个） | 黑龙江、吉林、辽宁、山西、河南、安徽、湖南、广西、海南、云南、四川、重庆、湖北、宁夏、山西、青海 |
| 60%（3个） | 陕西、西藏、内蒙古 |

### 3. 节能减排行动

1）降低高排放能源比重方面，全国多地区深入研究推动天然气，包括风、光、水、电、氢能在内的可再生能源和核能的发展与应用，推动地热资源、海洋新能源等开发利用，满足新增清洁能源需求，逐步取代煤炭等双高排放的传统能源。

2）推行清洁低碳供暖方面，北方严寒、寒冷地区推进热电联产集中供暖，加快工业余热供暖规模化应用，积极稳妥开展核能供热示范，因地制宜推行热泵、生物质能、地热能、太阳能等绿色低碳能源清洁取暖。

3）另外，全国各省市正加强统筹协调，带动地方政府、头部企业、普通市民低碳行动，打造低碳城市、低碳社区，倡导低碳生活。

### 4. 碳交易市场

交易机制方面，加快建设全国性碳排放交易市场。我国碳交易市场处于起步阶段，与建筑业密切相关的建材行业已成为国家重点推进纳入全国碳交易市场的行业。国内除目前已有的八大试点碳市场外，各地正加快培育建设碳排放权交易市场，推进碳排放权市场化交易。

配套管理方面，完善碳交易注册登记及配套制度。多省市完善碳定价定额制度，建立总量设定与碳排放配额制分配方法体系，兼顾区域差异和行业差异。

核算核查方面，完善碳排放量核算报告系统。目前各省市逐步完善碳税、碳价等政策措施，对高效节能低碳产品、绿色建筑、节能改造、可再生能源等技术产品在财政、税收和价格政策上予以激励，并对高碳行业、企业征收碳税，加大绿色基础设施财政支出。

碳汇方面，各地政府探索深化碳汇能力巩固提升行动，坚持系统观念，推进山水林田湖草沙一体化保护和修复，提高生态系统质量和稳定性。巩固生态系统固碳方面，多地政府结合国土空间规划编制和实施，构建有利于碳达峰、碳中和的国土空间开发保护格局。严格执行土地使用标准，加强节约集约用地评价，推广节地技术和节地模式。提升生态系统碳汇方面，多地实施生态保护修复工程，深入推进大规模国土绿化行动，巩固退耕还林还草成果，扩大林草资源总量。加强退化土地修复治理，开展荒漠化、石漠化、水土流失综合治理，实施历史遗留矿山生态修复工程。加强碳汇基础支撑方面，依托和拓展自然资源调查监测体系，利用好国家林草生态综合监测评价成果，建立生态系统碳汇监测核算体系，实施生态保护修复碳汇成效监测评估。

# 3.2 我国建筑业碳排放现状

广义碳排放是关于温室气体排放的一个总称或简称。温室气体指任何会吸收和释放红外线辐射并存在大气中的气体。京都议定书中规定控制的温室气体有6种，分别为：二氧化碳、甲烷、氧化亚氮、氢氟碳化合物、全氟碳化合物、六氟化硫。其中二氧化碳是人类活动中排放量最大的温室气体。

中国碳排放核算数据库资料显示[①]（图3-1），我国碳排放变化趋势大致分三个阶段，第一阶段：从中华人民共和国成立后到改革开放，我国二氧化碳排放量从7858万t增到14.6亿t，整体增长较为缓慢；第二阶段：2000年以后，我国碳排放量快速增长，到2019年已达101.7亿t；第三阶段：尽管2020年受疫情影响严重，但我国经济快速恢复，碳排放量仍增长0.08%，达到102.51亿t。

---

① 内容来自清华大学研究报告《中国碳排放核算数据库》。

图3-1　我国2010~2020年碳排放量（亿t）及其占全球碳排放量比重

## 3.2.1　我国建筑全生命周期碳排放分析

结合《中国建筑能耗研究报告（2020）》及《建筑碳排放计算标准》GB/T 51366-2019相关内容，建筑碳排放计算边界是指与建筑物建材生产及运输、建造及拆除、运行等活动相关的温室气体排放的计算范围（图3-2）。

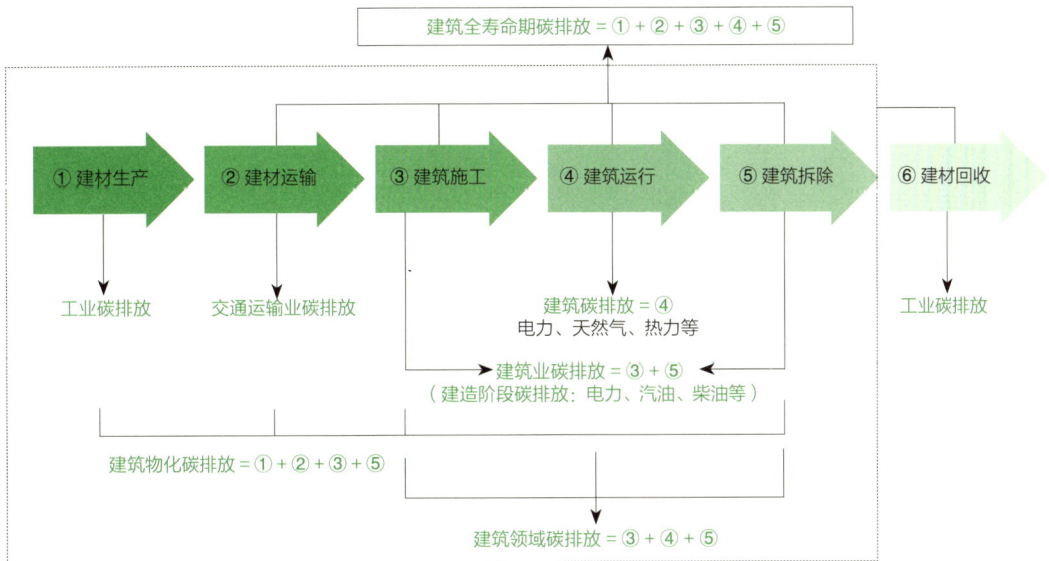

图3-2　建筑领域碳排放计算边界

### 1. 建材生产及运输阶段碳排放

（1）建材生产阶段碳排放估算

根据《中国建筑业统计年鉴》中建筑业企业建材生产和消耗情况统计，2008～2019年我国主要建材消耗情况如图3-3所示。

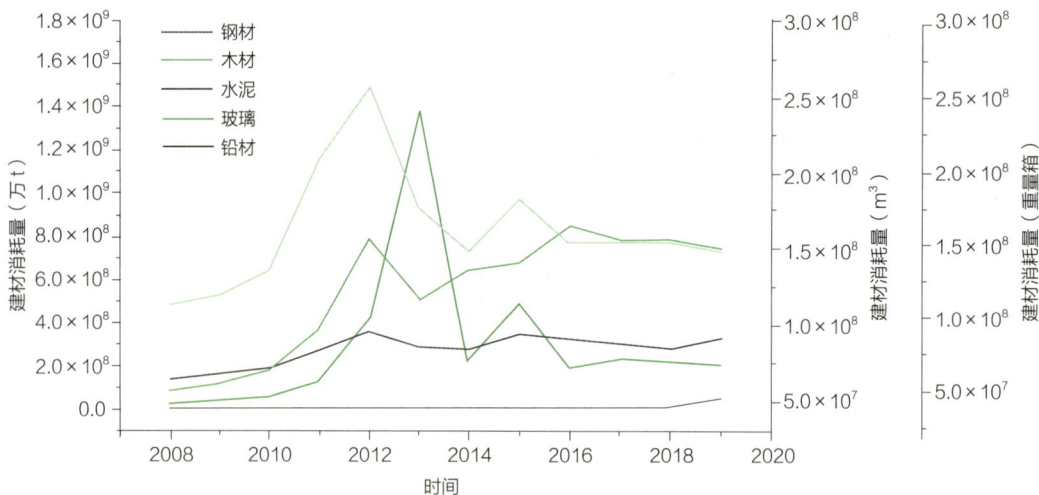

图3-3　2008～2019年我国主要建材消耗量

相比于钢材、木材、玻璃等材料，我国建筑材料中水泥消耗量最高。2008～2012年我国各类建筑材料消耗均逐年增长，2012年之后虽然房屋施工面积仍缓慢增长，但建材消耗量呈现先下降、后波动趋势。

根据《建筑碳排放计算标准》GB/T 51366-2019，建材生产阶段碳排放计算如式（3-1）所示。

$$C_{sc}=\sum_{i}^{n}M_iF_i \qquad (3-1)$$

式中：$C_{sc}$——建材生产阶段碳排放（$kgCO_2e$）；

　　　$M_i$——第$i$种主要建材的消耗量；

　　　$F_i$——第$i$种主要建材的碳排放因子（$kgCO_2e$/单位建材数量）。

结合文献，得到钢材、木材、水泥、玻璃和铝材的碳排放因子分别为2.05$tCO_2e$/t、0.17$tCO_2e$/t、0.735$tCO_2e$/t、1.13$tCO_2e$/t和20.3$tCO_2e$/t。计算分析得到2008～2019年建材生产阶段碳排放结果如图3-4所示，2012年和2019年建材生产阶段碳排放比例如图3-5所示。

（2）建材运输过程碳排放估算

根据《建筑碳排放计算标准》GB/T 51366-2019，建材运输阶段碳排放计算如式

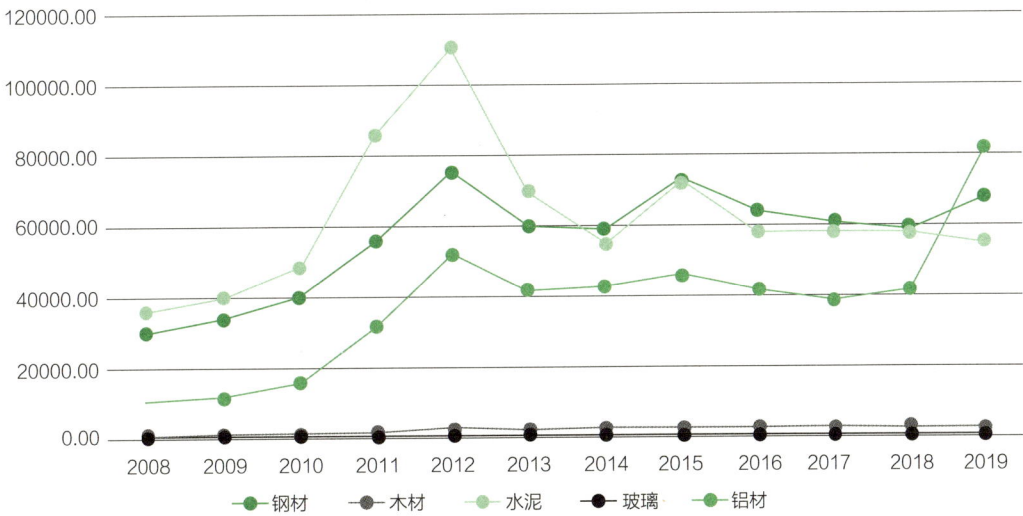

图3-4　2008～2019年建材生产阶段碳排放（万tCO$_2$）

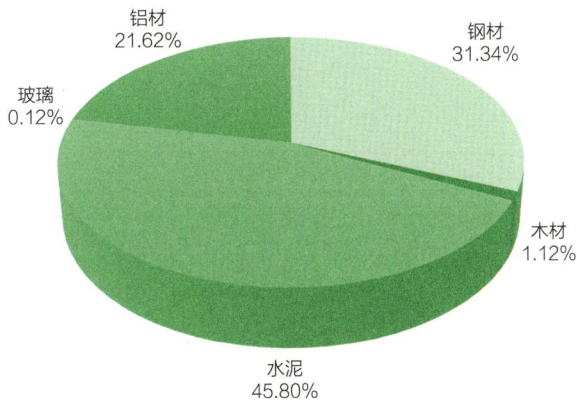

（a）2012年建材生产碳排放比例

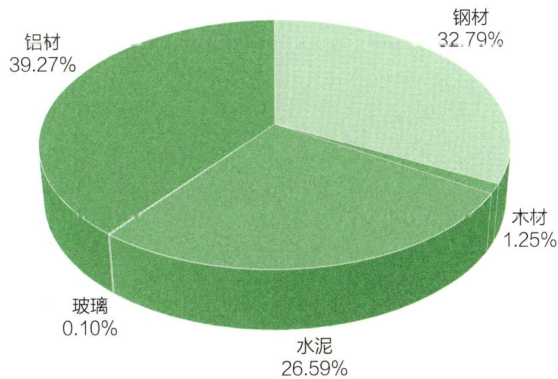

（b）2019年建材生产碳排放比例

图3-5　2012年和2019年建材生产阶段碳排放比例

（3-2）所示。

$$C_{ys} = \sum_{i}^{n} M_i D_i T_i \qquad （3-2）$$

式中：$C_{ys}$——建材运输过程碳排放（$kgCO_2e$）；

$M_i$——第$i$种主要建材的消耗量（t）；

$D_i$——第$i$种建材平均运输距离（km）；

$T_i$——第$i$种建材的运输方式下，单位重量运输距离的碳排放因子[$kgCO_2e$/（t·km）]。

根据《建筑碳排放计算标准》GB/T 51366-2019，结合国内相关学者对内地的建材运输阶段能耗和$CO_2$排放清单研究，本次研究采用表3-4中主要建材的平均运输距离。

主要建材平均运输距离

表3-4

| 序号 | 建材 | 平均运输距离（km） |
|:---:|:---:|:---:|
| 1 | 钢材 | 61.17 |
| 2 | 水泥 | 52.72 |
| 3 | 木材 | 34.03 |
| 4 | 玻璃 | 74.08 |
| 5 | 铝材 | 71.32 |

结合我国主要建材消耗量，2008~2019年我国建材运输过程碳排放如图3-6所示。

由图3-6可知，同建材消耗量结果相同，相比于钢材、木材、玻璃等建筑材料，建材运输阶段中水泥运输过程碳排放仍为最大，另外，2008~2019年我国各类建材运输过程碳排

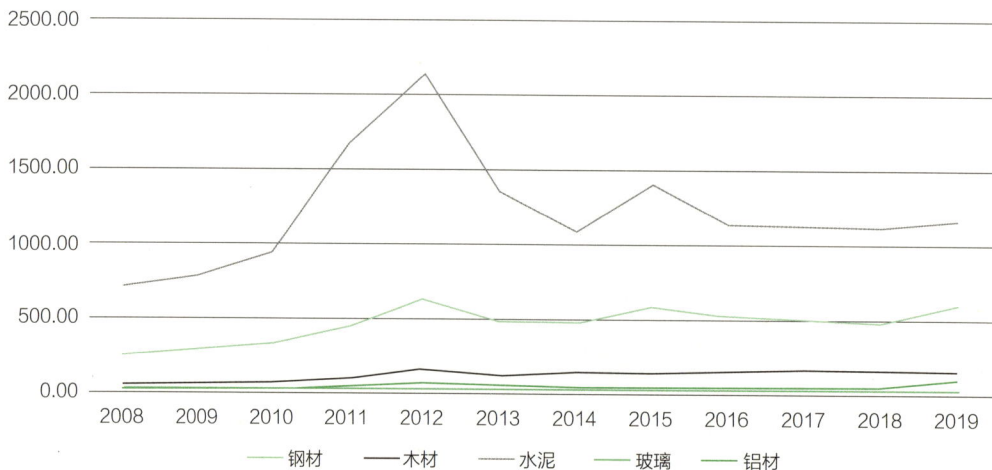

图3-6 2008~2019年建材运输过程碳排放（万t$CO_2$）

放同样呈现2012年之前逐年增长、2012年之后先下降后波动的趋势。

## 2. 建筑建造阶段碳排放

### （1）建筑施工阶段碳排放估算

根据《中国能源统计年鉴》可得2008～2019年我国建筑建造阶段能源消耗量，建筑建造阶段能源消耗主要包含建筑施工阶段能源消耗和拆除阶段能源消耗两部分。经测算得出建筑施工阶段能源消耗量如图3-7所示。

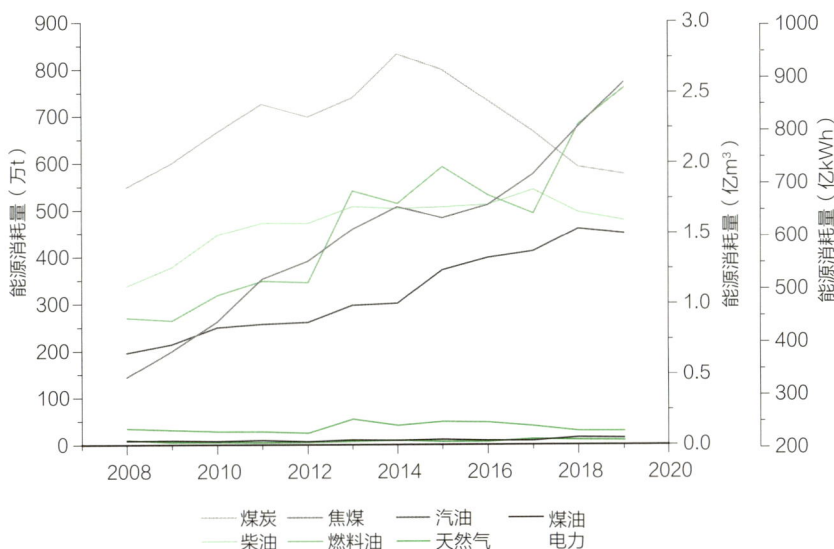

图3-7　2008～2019年建筑施工阶段能源消耗量

由图3-7结果显示，2008～2019年我国建筑在施工阶段的能源消耗逐年上升，"十三五"期间变化趋于稳定。其中，建筑施工中化石能源的消耗较为稳定（以煤炭及柴油燃烧为主），而电力能耗需求增速较快，从2008年的548.89亿kWh增长到2019年的807.92亿kWh，平均增长速率为10%左右。

根据《建筑碳排放计算标准》GB/T 51366-2019主要能源碳排放因子，并参考各省级指南、《公共机构能源资源消费统计工作手册》《IPCC 2006年国家温室气体清单指南2019修订版》中对于燃料燃烧碳排放系数的数据，可测算出2008～2019年我国建筑施工阶段碳排放如图3-8所示。

可见，我国建筑在施工阶段的碳排放总量呈上升趋势。其中，2010～2014年平均增速超过10%，2014年度施工阶段碳排放总量达到9510万tCO$_2$。建筑施工阶段碳排放来源主要以电力消耗、柴油燃烧及煤炭燃烧三项为主。从2011年开始，施工阶段中电力消耗的碳排放超过总量的51%，到2019年电力消耗碳排放超过600万tCO$_2$，占施工阶段碳排放总量的比

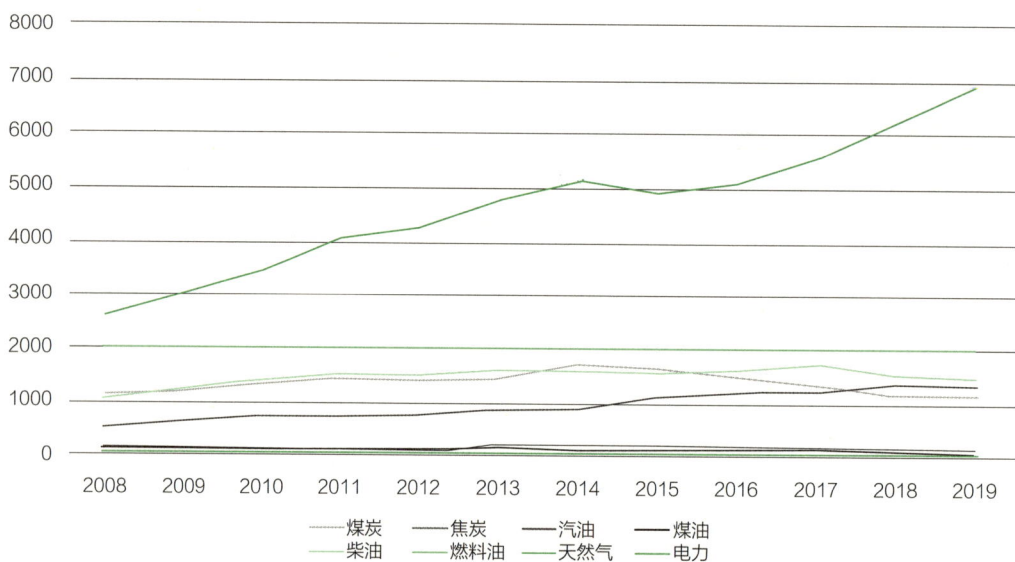

图3-8 2008～2019年建筑施工阶段碳排放（万tCO$_2$）

例已超过60%，如图3-9所示。

（2）建筑拆除阶段碳排放估算

根据相关文献，建筑拆除阶段能耗占建筑施工过程能耗的比例约为9%，可测算出2008～2019年我国建筑拆除阶段碳排放（图3-10）。

### 3. 建筑运行阶段碳排放

建筑运行阶段碳排放主要由两部分组成：一是直接碳排放，包括建筑运行阶段直接消费的化石能源带来的碳排放，主要用于炊事、热水和分散采暖等活动；二是间接碳排放，包括建筑运行阶段消耗的电力和热力两大二次能源带来的碳排放。

基于能源平衡表拆分方法，参考生态环境部发布的《省级二氧化碳排放达峰行动方案编制指南》，建筑运行碳排放包括：

"交通运输物流仓储业"中交通枢纽建筑的运行碳排放；

"批发零售住宿餐饮业"和"其他"中汽油2%的碳排放与其他有能源消费的碳排放；

居民生活"能源消耗"中汽油1%的碳排放、柴油5%的碳排放以及其他所有能源消费的碳排放。根据《中国能源统计年鉴》，可得2008～2019年我国建筑业运行阶段能源消耗量如图3-11所示。

根据《建筑碳排放计算标准》GB/T 51366-2019建筑运行阶段碳排放计算方法，可以测算出2008～2019年我国建筑运行阶段碳排放量如图3-12所示。

煤炭
18.36%

焦炭
0.17%

汽油
9.65%

煤油
0.38%

电力
51.29%

柴油
18.73%

天然气
0.29%

燃料油
1.13%

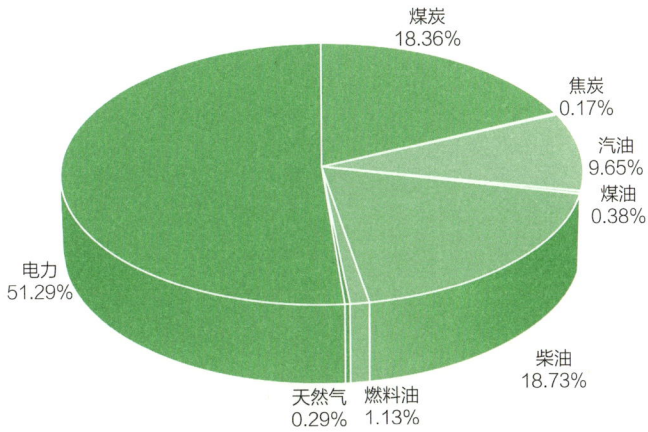

（a）2011年施工阶段碳排放比例

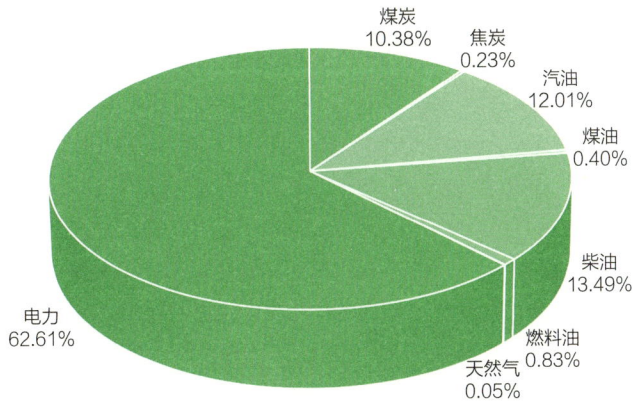

煤炭
10.38%

焦炭
0.23%

汽油
12.01%

煤油
0.40%

电力
62.61%

柴油
13.49%

燃料油
0.83%

天然气
0.05%

（b）2019年施工阶段碳排放比例

图3-9　2011年和2019年建筑施工阶段各项碳排放比例

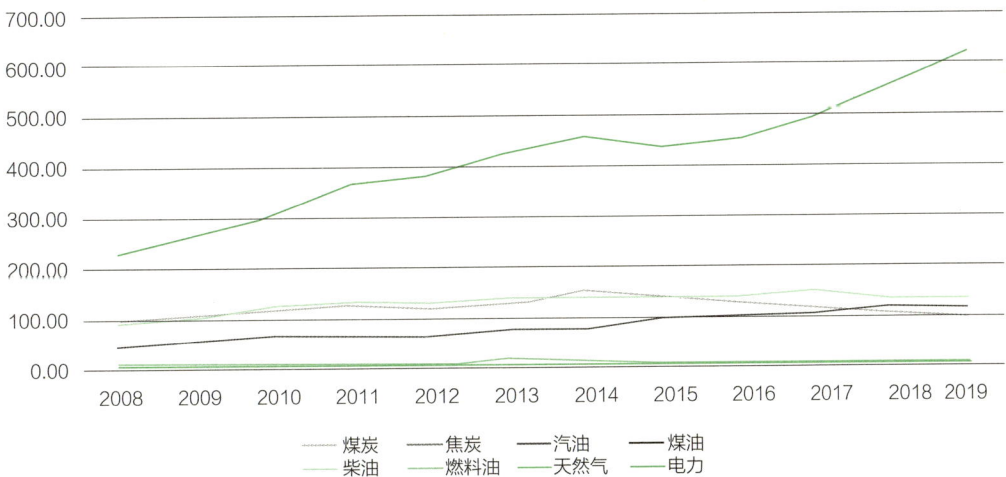

煤炭　　　焦炭　　　汽油　　　煤油
柴油　　　燃料油　　天然气　　电力

图3-10　2008~2019年建筑拆除阶段碳排放（万t$CO_2$）

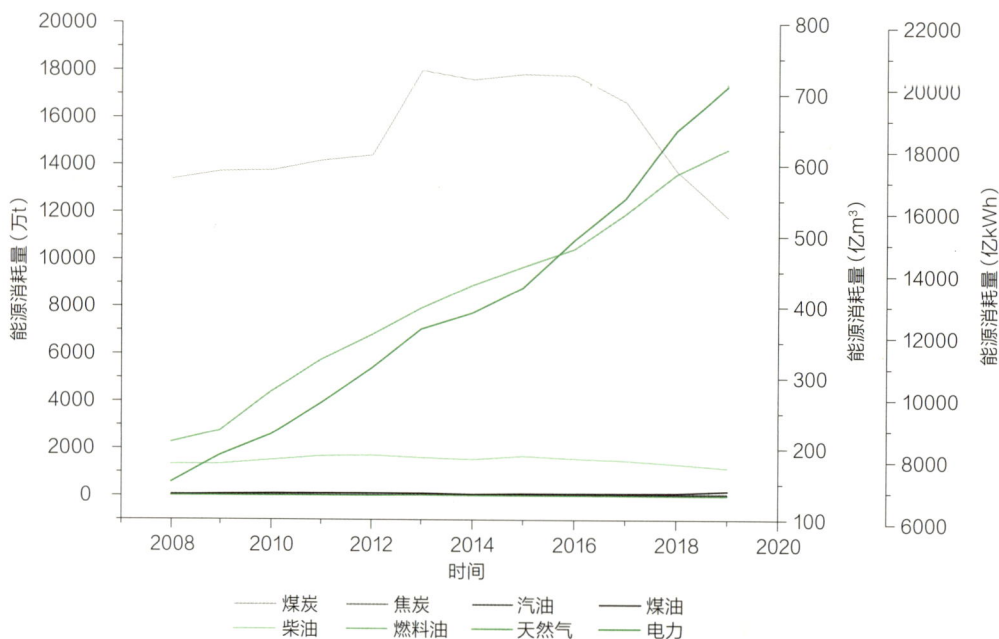

图3-11　2008~2019年建筑运行阶段能源消耗量（万tCO$_2$）

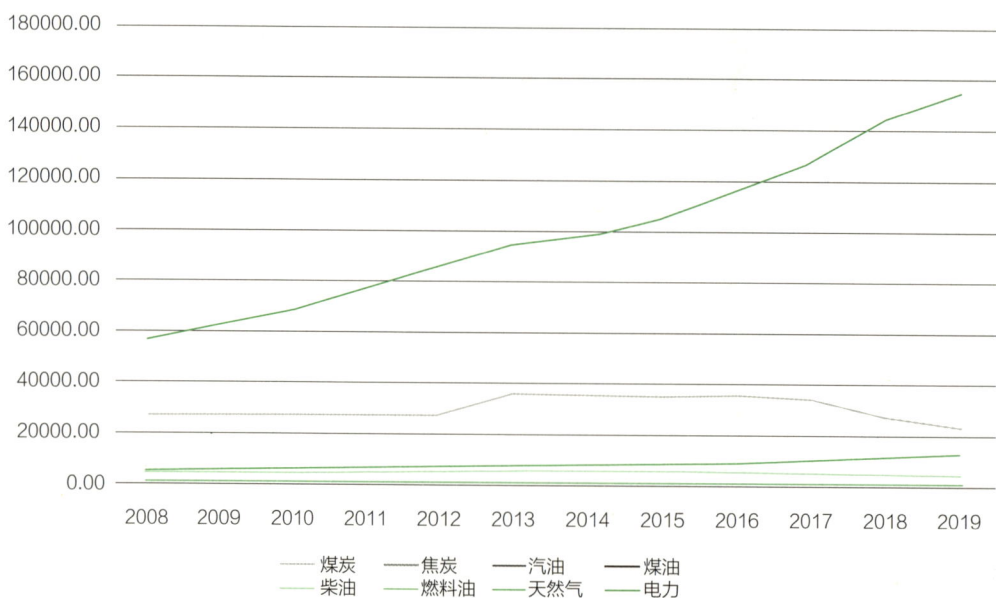

图3-12　2008~2019年建筑运行过程碳排放量估算图（万tCO$_2$）

### 4. 建筑全生命期总体碳排放

　　根据上述计算内容，我国建筑全生命周期碳排放总量如图3-13所示。2008~2012年我国建筑全生命周期碳排放年平均增速为29.5%，2013~2019年碳排放年平均增速为1.9%。

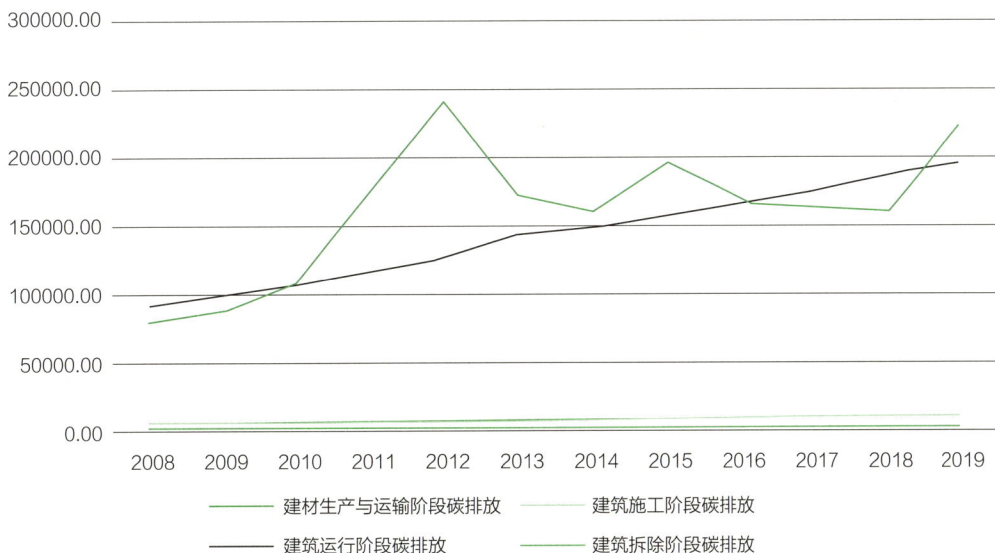

图3-13　2008~2019年我国建筑全生命周期总碳排放（万t$CO_2$）

其中，2008~2013年建筑运行阶段碳排放年平均增速为9.1%，2014~2019年建筑运行阶段碳排放年平均增速为4.7%。

根据计算2008~2019年我国建筑在建材生产与运输阶段、施工阶段、运行阶段、拆除阶段的平均碳排放占比分别为51.48%、2.74%、45.54%、0.24%（图3-14）。由此可见建筑领域碳排放则呈现以下几个主要特征。

1）**建材生产运输与建筑运行碳排放占比高**。建材生产运输与建筑运行阶段碳排放占建筑全生命周期碳排放的95%以上，主要来源于建材生产、建筑运行阶段的供热、制冷和电力

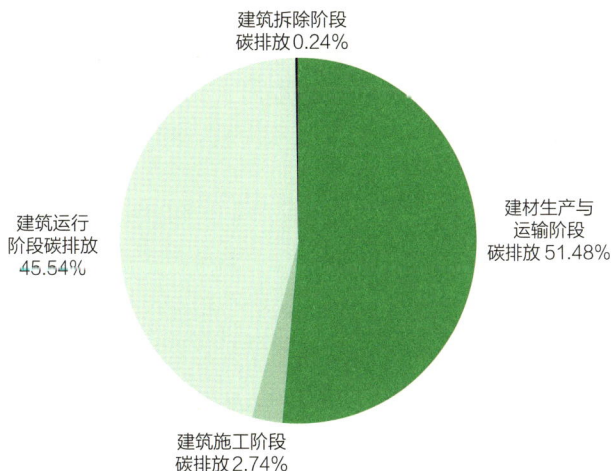

图3-14　建筑全生命周期各阶段碳排放平均占比（2008~2019年）

73

消耗等碳排放，受上游产业链影响较大。

**2）建筑碳管理需要跨部门协同。**我国建筑能耗未被作为一类能源消费进行单独统计，建筑全生命周期各阶段能源消费由不同的部门分管，如果部门间缺乏协调，将会导致碳排放重复计算。除此之外，建筑碳排放总量和减碳责任不明确，导致出台建筑碳排放交易制度和监管考核标准比较困难。

**3）建筑碳排放责任主体分散。**不同功能的建筑，运营主体不同，用能方式不同，实现碳减排的路径也不同。其中，住宅建筑运营的主体是个人，需要通过城市与社区层面的管理推动碳减排行动；公共建筑、商业建筑运营主体是企业或事业单位，需要通过节能减排改造、碳抵消等方式，推动碳中和。

**4）建筑碳排放与生产生活方式密切相关。**建筑运行能耗主要为居住使用者提供采暖、通风、空调、照明、炊事、生活热水，以及其他为了实现建筑的服务功能所消耗的能源，尽管对能源服务的需求不断提高，随着建筑用能终端效率不断提高，能源的用量也在不断减少，碳排放也将随之减少。

### 3.2.2 我国建筑业减碳路径总述

从建筑行业来看，近年来建筑全过程能耗占比呈上升趋势，碳排放占比呈下降趋势，如图3-15所示。

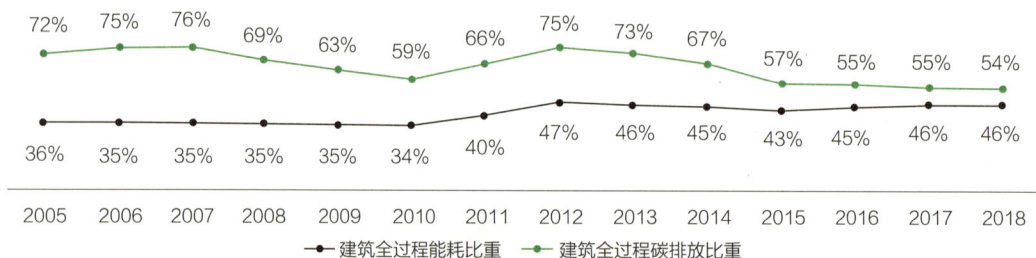

图3-15 建筑全过程能耗及碳排放占全国总量的比重变化趋势（2005~2018年）

针对建筑全生命周期的碳排放，国内外众多专业机构、科研院所开展了大量研究，对比总结了住房和城乡建设部科技与产业化发展中心、中国建筑节能协会、清华大学建筑节能研究中心和国际能源署（IEA）四大机构的研究成果，见表3-5，根据研究成果显示，建筑领域碳排放主要集中在建材生产和建筑运营两个阶段。

建筑运营为主要碳排放环节，建筑行业上下游产业链直接和间接碳排总量占中国整体排放51%，可持续变革和全过程管理迫在眉睫。

建筑行业上游材料生产包括钢铁、水泥、玻璃、金属等多种建材的生产，其间从原材料

不同部门建筑领域碳排放统计　　　　　　　　表 3-5

| 机构 | 碳排放总量 | 统计边界 | 说明 |
|---|---|---|---|
| 住房和城乡建设部科技与产业化发展中心 | 2018年建筑领域排放总量为21.26亿tCO$_2$ | 建筑运行碳排放 | 未统计建材阶段、建造与拆除阶段碳排放 |
| 中国建筑节能协会 | 2020年全国建筑全过程碳排放总量50.8亿t，占全国碳排放的比重为50.9% | 建筑全过程碳排放：建材生产与运输；建筑施工；建筑运行；建筑拆除 | 建材碳排放测算边界为当年建筑业消耗的建材生产消耗与碳排放，与工业部门存在重复计算的可能 |
| 清华大学建筑节能研究中心 | 2019年建筑运行相关碳排放总量22亿t，占全国总碳排放比例22% | 建筑运行相关碳排放，建筑总量644亿m$^2$ | 未统计建材阶段、建造 |
| 国际能源署（IEA） | 2020年，建筑部门在中国排放总量中比重为20%，约26亿t | 与能源相关的碳排放 | 未统计建材阶段、建造与拆除阶段碳排放 |

获取，加工成型到运输至项目所在地，都需要经过密集的能源消耗。建筑全生命周期各环节能耗碳排数据目前仍不透明，因此，形成LCA管理势在必行，但同时也面临巨大挑战，借助工业化技术等手段可以加大建材回收率，降低碳排放。

建筑设计和施工虽然碳排占比较小，却是建筑行业上下游产业链的大脑和总指挥。然而设计和施工的迭代升级需要建筑标准和更多的实践经验来推动。领先的企业将尽早布局打造标杆项目，提升培养零碳绿色建筑领域的创新能力，进而在标准制定上占据更多话语权。

建筑行业下游运行环节因使用的技术水平不同，产生的碳排放差异巨大，目前已经有高性能的绿色建筑，或者超低能耗建筑实现极低的排放，但规模化成本仍然居高不下。在数字化、科技化的加持下，建筑设施管理效率越来越高，也是未来"双碳"战略发展的重要抓手。

建筑的拆除和更新在产业链中经常被忽视，但过程中产生的大量废弃物和环保风险值得业界关注，在"双碳"及城市可持续发展的战略目标下，循环经济、城市更新、碳排放模型计算也将是重要议题。

为促进建筑业全产业链减碳，我国政策密集出台，从建材、设计施工、运营、金融四个维度全面推进"双碳"行动：

在建材生产和采购阶段，部分地区强制建材企业转型发展，进行低碳生产；标杆企业将定期发布碳足迹报告，同时强调房地产企业应采购低碳绿色的建材产品，开展绿色采购。

在建筑设计和施工阶段，鼓励使用清洁低碳能源，提高太阳能、风能、水能、生物质和地热能在建筑能源中的使用比例；新建住宅项目将普遍要求绿色二星及以上标准，部分省市（江苏、上海、北京等）新建住宅将普遍要求超低能耗/近零能耗；新建建筑将普遍应用装配式建造方式，鼓励装配式装修的应用，部分省市会提高装配率达60%及以上；新建公建项目、保障性住宅鼓励采用钢结构形式。

在建筑运营和维护阶段，对新建商办能耗运营状况的跟踪，对达不到能耗标准的项目将要求进行限期整改；鼓励企业对能耗较大的既有建筑进行节能低碳改造或采用合同能源管理的方式进行改造；鼓励城镇居民和企业员工践行垃圾减排、绿色出行等更为积极的低碳生活方式；加强居住社区智慧化管理，推动智慧物业管理服务平台建设，积极探索绿色节能方案，降低物理服务成本。

在绿色金融支持方面，主要通过扩大绿色金融支持范围，鼓励企业发行绿色债券，严格碳排放要求，提升碳排放交易价格，激励企业进行碳排放交易。

# 3.3 碳达峰碳中和对建筑业的影响

## 3.3.1 外部环境的变化

"双碳"目标将促进上游能源领域减少煤炭、石油、天然气等化石能源使用，提高能源使用效率并大力推广太阳能、风能、核能、氢能等清洁能源的使用。"双碳"目标下，交通领域将推行共享出行、新能源汽车、自动驾驶等技术。制造业领域将通过减少含碳能源的使用、减少含碳资源的使用等方式减少碳排放。农业领域将通过再生农业、可持续养殖、食品消费结构调整等方式减少碳排放。"双碳"目标将促进金融业通过碳金融和绿色金融产品的角度支持减碳，制定统一的碳税、碳定价标准，组织有序的碳排放交易市场，推行绿色债券、绿色基金、绿色信贷、绿色保险等产品刺激碳金融市场，提高企业减排的积极性。为了实现"双碳"目标，不仅要加强减排政策、技术的支持，还需要提高固碳技术的研发力量。目前推行的固碳路径分为技术固碳和生态固态。技术固碳通过碳捕捉、利用和封存技术，生态固态主要依赖森林、草原、湖泊、绿地、湿地、溶洞等自然生态。

## 3.3.2 对建筑业的总体影响

"双碳"目标将加强设计、生产、施工、运营全产业链上下游企业间的沟通合作，优化资源配置，构建绿色低碳产业链。建筑业将由高速增长阶段向高质量发展阶段转变，从施工总承包企业向EPC总承包企业转型，从劳动密集型向知识、技术密集型转型，从粗放式管理模式向数字化管理模式转型，打造建筑产业链平台。现代建筑产业和相关联产业深度融合、协调发展将是顺应新一轮科技革命和产业革命，增强现代建筑产业的核心竞争力，培育现代建筑业体系、实现高质量的重要途径。绿色低碳产业将会贯穿建筑全生命周期，建筑全产业链将加快绿色低碳建材产品的研发，设计长寿命、绿色低碳的建筑产品，推动建筑工业化与智能建造的协同，推广全面电气化的运营模式。

### 3.3.3　对建筑设计的影响

设计单位在业务承接模式上逐渐向工程全过程技术管理模式过渡。在低碳建造设计中强调"策划-设计-施工-调试－交付－运行维护"全过程协同。在"策划-设计"方面，统筹协调建造的全过程、全专业，使建筑各方面性能在达到目标要求基础上，通过整合设计过程提升效率并降低开支，从而促进整合设计模式在建筑设计行业的发展。在"设计-施工"方面，促进低碳设计与低碳施工深度融合、形成共同体，最大限度实现建筑全行业减碳目标。

项目层面"双碳"目标的实现有赖于全过程技术组合的科学性与适宜性。为了推进绿色低碳建筑的高效发展，建筑设计将越来越重视项目的可行性研究和注册建筑师对项目选址、规模、设计方案等环节的技术判断。与此同时，为了保证低碳目标的精益化落实，还需依赖全过程精益化协同管理，从而催生精益化低碳协同管理平台等相关技术的诞生。除此之外，在建筑设计阶段依靠量化数据与科学分析导出设计结果并引导全产业链低碳建造，也有利于更科学地实现低碳统筹。

为了更好地落实"双碳"目标下的建筑师顶层设计，需要完善设计业务结构，提升建筑师综合业务水平，探索和实践中国特色的绿色低碳"建筑师负责制"全过程咨询服务模式，从而促进建筑师负责制的落实与逐步完善。除此之外，随着"双碳"目标对新技术、新产品提出了更高的要求，建筑设计行业也逐渐从劳动密集型行业转向技术创新型行业，充分发挥各专业技术人员"智慧输出"和"知识管理"的作用，使建筑设计行业创新环境得以不断优化，人才梯队建设也将得到更多重视。

### 3.3.4　对建材行业的影响

建材产业率先承诺要在2025年提前实现碳达峰，目前建材产业转型升级已进入关键阶段，国内各大型建材企业正在加速联合重组，超大型建材企业在供应链体系上影响加深，未来部分建材价格仍有上涨空间，部分价格则将趋于稳定。建材产品附加值将提升，例如装配式部品部件、高性能建材产品等高附加值的建材产品，也将随着建筑低碳需求，面临更大的市场，这将进一步促进产业升级转型。

建材工业消耗大量资源，"双碳"目标将促进建材行业通过绿色技术研究与应用提高生产效能、消纳工业固废、生产绿色建材。一是促进清洁能源比重提高：在高耗能的水泥、钢铁、玻璃等产业中，严格控制化石能源用量，大力发展氢能、生物燃料、垃圾衍生燃料等替代能源的应用；二是促进能源利用效率提高：大力发展工业节能装备，推动水泥窑炉和玻璃、钢铁熔炉等生产线的热效率提升与余热回收；三是促进固废循环产业加速：大力推进尾矿、粉煤灰、冶炼渣、工业副产石膏、赤泥等大宗工业固废规模化综合利用，降低水泥熟料的使用，到2025年，新增大宗固废综合利用率达到60%，存量大宗固废有序减少。

建材产业上下游产业链协同程度将加深，为了避免无效的产能消耗，建材产业的运营管理需对上下游情况有更充分的分析和预判，这将促进产业链协同作用加强：一方面施工企业联合建材企业搭建低碳建材绿色供应链，以促进建筑及建材各行业协同发展，共同降碳、降成本；另一方面建筑企业在绿色选材方面要求将影响到生产端，一些针对特定工程的个性化产品也会在未来出现，共同促进绿色建材产业的发展。

政府部门将会继续加快推进绿色建材的评价认证和推广应用。党的十八大以来，党中央、国务院高度重视生态文明建设，将绿色发展纳入五大发展理念。2016年国家开始建立统一的绿色产品标准、认证、标识体系，并在同年开启了绿色建材评价标识工作。2021年5月1日起，评价标识工作全面转为产品认证工作。目前，中国建筑材料科学研究总院等机构也在牵头开展工信部重点原材料行业"双碳"公共服务平台，会同上下游企业建立绿色低碳技术验证平台和绿色低碳产品检验检测平台，共同打造建材碳排放因子等基础数据库，建立健全相关标准体系，推动建材产品的质量提升。

### 3.3.5  对建造过程的影响

"双碳"目标下，装配式建筑将大力推广干法施工，减少水泥用量，使用空心墙体、实心墙体环保隔热建材，减少建筑垃圾，实现节能环保。推进装配式钢结构的公共建筑及住宅建筑的发展，2021年装配式建筑新开工项目逐年增加，PC构件供需市场规模增长较快，整体厨卫产品百花齐放，管线分离技术日益成熟，装配式内装行业发展迅猛。

"双碳"目标将催生智能建造设备及管理平台的发展，通过智能建造提升设备效率、促进管理科学化、降低材料损耗、减少能源消耗。建筑企业研发的BIM核心软件、施工辅助决策管理平台及智能机械设备，在5G技术加持下，将迎来新一轮的突破，市场规模将持续增长。

"双碳"目标将促进构建新型能源供应体系，开发新型储能模式，打造以"光储直柔"建筑为代表的零碳建筑。加大对抽水蓄能电站、城区光伏基础设施建设。积极参与生态城市建设，加大水务环境治理力度，智慧水务、污水污泥处理及水环境综合治理是重点。相较以往建造产品，服务清洁能源产、储、运、用的设备设施将成为重要业务板块，并在施工现场建造光伏电站。建筑机械也由燃油转向电力、生物柴油燃料等能源，2021年深圳市工程车领域新增车辆纯电动化工作已率先完成，新能源泥头车的应用示范经验后续将延伸至大型吊车、挖掘机、推土车等其他类型的新能源工程车。

"双碳"背景下，应该严格控制既有建筑拆除，延长建筑的使用寿命，杜绝大拆大建，加强绿色拆除技术的应用。据中国建筑科学研究院估测，"十二五"期间，我国每年拆除的建筑面积约为4.6亿m²，过早拆除导致每年的新增建筑垃圾4亿t，占全国垃圾的40%。过早拆除的建筑碳排放量约为中国碳排放总量的5%，若考虑建筑在建过程中所需的建筑材料以及拆除时的碳排放量，则建筑过早拆除导致中国每年增加约10%的碳排放量。

## 3.3.6　对建筑运行的影响

"双碳"目标将促进建筑运维行业在现有政策标准的基础上，继续提高新建建筑节能强制性标准能效，推动城镇既有建筑节能改造及农村建筑节能标准的实施，促进建筑用可再生能源标准体系的建立健全并加快建筑用能设备能效强制性国家标准的更新，大力推动超低能耗建筑、近零能耗建筑、零碳建筑等建筑规模化发展。

"双碳"目标将促使建筑运行过程中能源消费结构及模式的改变，建筑运行阶段的减碳需求使得建筑中散烧式的化石能源需求逐渐受限，建筑电力消耗不断攀升。此外，国家出台的"双碳"相关文件以及住房和城乡建设部编制的相关标准对建筑可再生能源利用均提出了明确要求，建筑可再生能源产业将迎来历史性发展机遇。

"双碳"发展目标将加速建筑围护结构节能改造技术的发展，推动建筑能源系统向供给侧去碳化、转换输配侧高效化、需求侧精细化、系统整体柔性化、终端电气化方向发展，推动建筑运维管理实现高效化、低碳化、高精细化，促进新型建筑能源管理技术的大力发展。

"双碳"目标的提出将催生很多建筑运维领域新兴的市场需求，包括建筑运维阶段碳核算、碳监测、碳排放规划及低碳改造等，专业化的建筑运维服务所能提供的精准、高效、低碳的运维管理方式必将取代传统粗放、低效、高排放式的运维管理方式，促使建筑运维工作向专业化、集成化转变，这不仅为建筑运维市场注入新的活力，也可助力建筑运维领域实现减碳控碳。

# 3.4 建筑业未来发展趋势研判

## 3.4.1 建筑全产业链低碳转型发展

**行业分工日益精细。** 在建筑业"双碳"及建筑节能增效双重政策的推动下，伴随着建筑业的技术进步与转型升级，现代建筑产业的专业化程度会越来越高，专业化分工也会越来越细，产业集中度与集约化程度将会发生根本性变革，如建筑信息化、BIM技术、装配式建筑、绿色建材、建筑节能技术、建筑能源管理、智慧建筑技术等领域将逐渐在设计、施工、运维板块中成为重要的细分板块，为建筑领域节能降碳发挥重要作用。另一方面，"双碳"目标将促使建筑业将节能降碳目标分解至各细分领域，建立各细分领域绿色发展规划，形成全行业绿色发展规划体系，顺应政策导向与市场需求，协力推进全行业各细分领域企业落实"双碳"行动。

以建筑运维服务商为例，"双碳"政策下，建筑运维服务目前正快速走向商业化，各种第三方运维公司雨后春笋般出现，如碧桂园、绿地、华润置地等头部房企均已完成物业服务业务的拆分和独立，此外，统计数据显示，2020年全年累计新增13家物业企业登陆港股，另有20余家企业在准备上市进程，物业企业成为资本市场追逐的热点。"双碳"目标对建筑运维工作提出了新的要求，这将加速运维服务商的优胜劣汰，专业水平更高、服务更好的建筑运维商具有越来越大的发展前景。

**绿色低碳建材研发与推广不断加速。** 国家目前已出台系列政策，对各类工业中的高耗能、高排放项目进行严格控制。2022年2月，国家发展改革委发布《高耗能行业重点领域节能降碳改造升级实施指南（2022年版）》，对十七种高耗能产业，通过引导改造升级、加强技术攻关、促进集聚发展、加快淘汰落后四项实施方案，推动建材行业节能改造升级。到2025年，通过实施节能降碳行动，钢铁、电解铝、水泥、平板玻璃等重点行业整体能效水平将明显提升，碳排放强度明显下降，绿色低碳发展能力显著增强。

"双碳"目标将促进低碳技术的研发，推进建筑材料行业低碳技术的推广应用。主要包括开发和挖掘技术性减排路径和空间，探索建筑材料行业低碳排放的新途径，优化工艺技术，研发新型胶凝材料技术、低碳混凝土技术、吸碳技术，以及低碳水泥等低碳建材新产品；发挥建筑材料行业消纳废弃物的优势，进一步提升工业副产品在建筑材料领域的循环利用率和利废技术水平，替代和节约资源，降低温室气体过程排放；着力推广窑炉协同处置生活垃圾、污泥、危险废物等技术，大幅度提高燃料替代率；推广碳捕集与碳贮存及利用等碳汇技术，通过采取矿山复绿等有效措施，积极推进碳中和。

**建造全过程一体化管理广泛应用。**在企业管理层面，探索国际化的管理模式，打造新型产业生态，优化产业供应链的发展环境，加强国际产业合作。在项目管理层面，探索研究"互联网+"环境下建筑师负责制、全过程咨询和工程总承包协同工作机制，项目组织架构增加低碳设计、信息化等相关岗位。

以工程总承包为例，以往设计、施工未能一体化的模式不仅影响建造阶段碳排放责任主体的划分，也影响建造碳减排量的控制效果。因此，通过整合资源、延伸链条的方式，发展咨询设计、制造采购、施工安装、系统集成、原位管理等一揽子服务，进而提供整体的建筑工程解决方案将成为建筑业未来的重要趋势。其中，推行REMPC总承包模式对建造的过程管理显得尤为重要，REMPC总承包以"三个一体化"为发展路径（建筑、结构、机电、装修一体化，设计、加工、装配式一体化，技术、市场、管理一体化），大力推广"科研+设计+制造+采购+施工"一体化模式，实现集约化管理，可保障工程质量，最大限度减少建造过程中的碳排放。

**建筑运营低碳化管理。**对建筑运维行业来说，从建筑能源供给侧的角度，"双碳"战略目标的实施将促进可再生能源建筑应用技术的大规模应用。而从建筑用能终端的角度，"双碳"目标将极大地促进建筑用能电气化技术的发展。最后，从建筑运行管控角度，"双碳"目标将催生一系列从建筑级到城市级的碳排放管理平台技术的开发及应用。

以合同能源管理为例，在节能减碳的目标导向下，满足建筑使用要求的同时最大化减少能源消耗成为建筑运维阶段亟须解决的问题，合同能源管理、计量收费的集中能源站等新型的运维模式可通过经济手段实现建筑用能与节能的平衡，因此在建筑节能减碳方面逐渐显现出优势。以国家级生态示范城区——中天未来方舟为例，中节能采用地源热泵技术，为该项目800余万平方米的居住和公共建筑提供付费使用的供冷和供热服务，取得了良好的社会和经济效益。

**建筑用能结构发生重大变革。**"双碳"目标将促进建筑行业中可再生能源的大规模应用，促进光伏发电与建筑一体化应用，热泵、生物质能、地热能、太阳能等清洁低碳供暖，热电联产集中供暖及工业余热供暖等技术的发展与应用。另外，"双碳"目标将极大地促进建筑用能电气化技术的发展，促进建筑供暖、生活用水、炊事电力转型等用能设备的低碳增效，促进提高建筑用能电气化比例，大力推广建设集光伏发电、储能、直流配电、柔性用电于一体的"光储直柔"建筑。

## 3.4.2　建造过程管理向制造业看齐

**建造全过程低碳化管理。**"双碳"目标将促进建造企业建立低碳建材和设备供应商数据库，加强供应商评估，严格供应商筛选程序，并对供应商提供可持续发展培训。研发碳足迹计算模型，对供应商的原材料进行溯源管理，并做好碳排放数据的实时监控、对比分析、纠偏处理，开展全生命周期环境影响评估。

"双碳"目标下建筑企业将加强碳排放的目标管理，拟订碳排放计划，制定碳排放预算，建立量化实施机制，推广建筑减量化措施，分阶段制定减量化目标和能效提升目标。打造绿色低碳建造技术体系，围绕清洁能源、节能环保、绿色施工等领域，尝试电力、氢气、沼气等作为机械设备的动力来源，突破前瞻性、战略性和应用性的技术。

**建筑工业化水平提升。**"双碳"目标将促进大力发展装配式建筑，推动装配式建筑和智能建造协同发展。据住房和城乡建设工作会议内容可知，2022年新建建筑中装配式建筑面积占比达到25%以上，2025年装配式建筑面积占新建建筑面积比例达到30%以上，这将刺激装配式部品、部件的生产市场，提高低碳生产技术水平，加强装配式相关技术的研发，促进绿色低碳新型装配式结构体系、工业化智能加工生产技术、设计－深化一体化施工技术、装配式高效智能绿色施工技术、装配式智能化检测技术等在低碳方面做出努力。促进开拓建造机器人的应用场景，配合装配式建筑，实现生产、施工工业化，使建造过程更加高效。

**建筑业信息化管理水平要求更高。**一是全产业链信息化协同。"双碳"目标下，建造行业将结合新基建的历史机遇，创造建造产业互联网新业态，改变建造行业的商业模式，打造开创性的、万物互联时代的中国数字建造产业。以EPC总承包管理体系为出发点，利用数字化技术，打通供应链上下游企业，实现信息协同和产业效率的升级，让管理效能得到提高、安全得到保障。二是全过程碳排放数字化平台。为实现"双碳"目标，建造企业将充分利用算据、算例、算法"三算"和数字化、网络化和智能化"三化"通用技术，打造建筑全生命周期碳排放监测平台，助力建材低碳生产、设计低碳分析、建造绿色管理、建筑低碳运营，借助大数据研判，更精准地对各生产要素的碳排放情况分析和配置进行决策，减少生产资源的浪费、提高建筑产品的品质及寿命。

**建筑业从业人员素质要求更高。**"双碳"目标下，建筑业竞争必然激烈，企业核心竞争力的培育和风险防范是建筑类企业面临的严峻挑战，企业将加快"双碳"产业布局，打造"双碳"专家智库平台，成立"双碳"技术研究机构，探索国内外先进技术，加大碳减、封碳、固碳技术的研究。

另外，"双碳"目标对建筑业从业人员素质提出了更高的要求，设计源头需提升建筑师综合业务水平，探索和实践中国特色的绿色低碳"建筑师负责制"全过程咨询服务模式，由设计师主导设计、采购、施工一体化工程模式，把专业化的技术能力转化为复合型的管理能力，培养全过程高端复合型人才。建造环节也应加大对人力资本的投入，加快产业工人培育，重点培育掌握信息系统、数字化和智能化设备及专业技术的产业技术工人和基层技术人员。加强建筑全生命周期低碳意识，培养碳排放规划师、碳排放工程师等，企业将设立碳排放管理岗位，从企业到项目层面，对碳排放进行精确计算，对碳排放进行严格控制。

### 3.4.3　绿色金融支撑行业低碳转型

目前，建筑业尚未被纳入全国性的碳交易市场，但在各地交易试点市场中，已有建筑企业被纳入碳配额的常规管理，在试点市场体系下，建筑企业可以通过交易碳配额和CCER来完成控排或抵消碳排放的工作。截至目前，人民银行、银保监会、国家发展改革委相继印发的绿色金融标准均将绿色建筑建设、绿色建材生产、绿色建筑购买和既有建筑节能改造等纳入绿色产业和项目范畴。逐渐完善的绿色金融体系为绿色金融支持绿色建筑释放了积极信号。房地产业务板块可通过积极尝试绿色信贷、绿色债券以及绿色保险等模式，丰富融资渠道，通过一系列绿色低碳发展实践案例，塑造优质的绿色建筑领域主题形象，在风险可控前提下更好地获取绿色金融支持。

另外，在"双碳"目标背景下，ESG逐渐成为中国房地产行业绿色发展的重要衡量维度。众多房企正积极将ESG理念应用于产业发展和战略布局，并公开披露企业有关ESG的风险和影响信息。

第 4 章

# 建筑企业减碳
# 宏观分析

建筑业是国民经济社会发展的支柱产业，2021年，建筑业总产值达到29.3万亿元，增加值达到8万亿元，占GDP的7%，吸纳就业超过5000万人。截至2021年底，全国共有建筑业企业128746个，呈逐年上升趋势，全国建筑业企业2021年签订合同总额656886.74亿元，在国民经济中占相当比重。如图4-1所示。

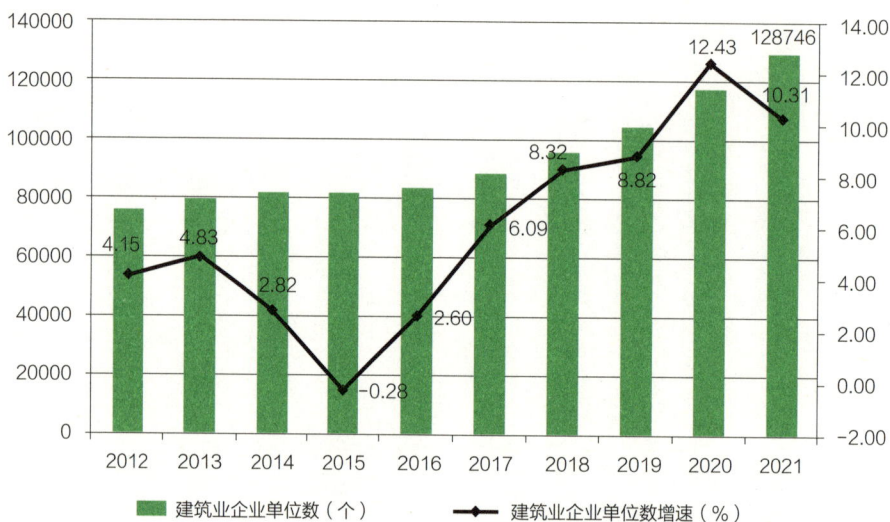

图4-1　2012~2021年建筑业企业数量及增速[1]

同时建筑企业也是我国碳排放的"大户"，2019年全国建筑全过程碳排放总量为49.97亿tCO$_2$，占全国碳排放的比重为50.6%[2]。建筑业的组成单元是建筑企业，是实现"双碳"目标的重要载体。

# 4.1 减碳潜力分析

从建筑企业边界来看，可分为企业对产业链的减碳贡献（主要对应IPCC范围三的碳排放），以及企业自身的减碳贡献（主要对应IPCC范围一和范围二的碳排放）。

---

[1]　数据来自中国建筑业协会。
[2]　数据来自中国建筑节能协会。

## 4.1.1　各板块碳减排潜力分析

中国建筑节能协会发布的《中国建筑能耗与碳排放研究报告（2022）》指出，建筑全过程能耗或碳排放等同建材生产、建筑施工和建筑运行三个阶段的能耗或碳排放之和。建材生产和建筑运营阶段为建筑业主要"碳源"，2020年全国建筑过程碳排放总量为50.8亿t，占全国碳排放的比重为50.9%，其中建材生产阶段碳排放28.2亿t，占全国碳排放的比重为28.2%；建筑施工阶段碳排放1亿t，占全国碳排放的比重为1.0%；建筑运行阶段碳排放21.6亿t，占全国碳排放的比重为21.7%。（图4-2）。

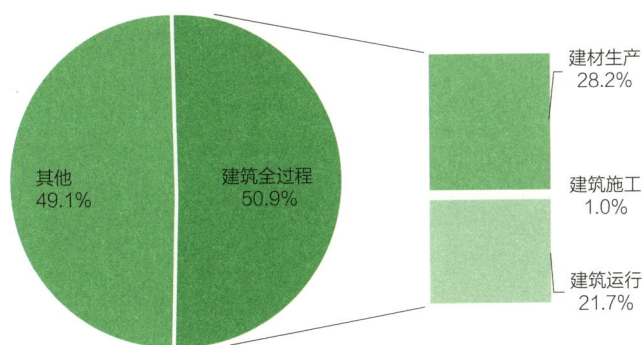

图4-2　2020年全国碳排放结构

### 1. 建材端减碳潜力分析

我国目前的新建建筑主要为钢筋混凝土结构，其中钢材、水泥的生产过程需要消耗大量的能源，并产生大量碳排放。从建材生产环节来看，碳中和激活建材生产低碳改造进程。水泥、钢材、铝材是建材碳排放的主要部分，根据2020年主要建材碳排放数据显示，从结构上来看，钢材生产阶段产生碳排放14.7亿t，在建材领域碳排放占比52.1%；水泥生产阶段产生碳排放12.3亿t$CO_2$，占比43.6%，（图4-3）。因此，在"双碳"背景下，钢材和水泥是建筑材料环节减碳的重点（注：上述建材端的碳排放仅包括建材生产的碳排放，不包括建材运输的碳排放）。

钢材方面。建筑常用钢材有钢筋、型钢、钢板、钢条钢带等，覆盖门类广，在钢材生产及运输环节每年排放大量$CO_2$。钢材减碳路径主要有资源脱碳化，须注重提高钢材利用效率，降低钢材消耗，合理使用废钢；能源脱碳化，少用或不用化石能源，充分利用

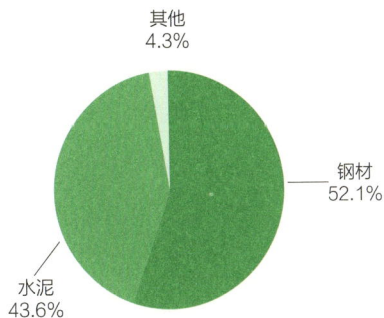

图4-3　主要建材碳排放占比

87

电网弃电和绿电来生产钢；生产制造流程脱碳化，围绕成熟减碳技术、工艺、装备制定标准，针对钢铁行业碳捕集、封存与利用、氢冶金、全氧高炉、钢化联产、新能源利用等相关技术装备的应用。

水泥方面。水泥是建材工业中的碳排放大户，是资源依赖性产品，生产过程中50%～65%的$CO_2$排放来源于石灰石分解，30%以上来源于燃煤。水泥工业减碳主要路径有原料减碳，减少石灰石用量，低碳胶凝材料替代；用清洁燃料替代煤，从燃料端减碳；工艺装备技术提升，优化生产工艺，使用碳捕集技术，生产负碳、固碳水泥；高效利用水泥，延长水泥使用寿命。

国内建材生产企业主要归类于工信部门负责的生产制造业，不属于传统意义上的建筑企业，但建材生产过程减碳与建筑企业紧密相关，其中建筑设计和施工企业可以通过优化设计和选材倒逼建材生产企业主动优化工艺、增加可再生材料配比等方式降低建材隐含碳排放；一些大型建筑企业长期持有或继续投资建材生产企业，可发挥权益优势决定建材生产企业的"双碳"路径的实施；随着国家对装配式建筑和建筑工业化的进一步推进，更多的建筑构件、部件部品将在工厂完成，传统的建筑施工工作的一部分转移至生产制造业，建筑企业对于这部分生产减碳将发挥很大作用。

另外，建筑企业还可通过要求物流部门采用大运量运输模式如铁路运输、水上运输等代替公路运输；以及要求公路运输工具电气化等手段减少建材运输的碳排放。

对于建筑施工企业，按照IPCC温室气体统计方法和范围，建材生产和运输碳排放可计入建筑企业范围三上游的隐含碳排放。国外的一些大型建筑集团在其年报中已经将碳披露数据从范围一和范围二延伸至范围三的上游部分，如相关产业链前端的碳排放等。

### 2. 建筑施工减碳潜力分析

建筑施工阶段碳排放占建筑全过程的1%左右，碳排放来源主要以电力消耗、柴油燃烧及煤炭燃烧三项为主。可分为直接碳排放和间接碳排放，直接碳排放来源于项目机械燃料使用、办公场所及交通工具燃料使用；间接碳排放来源于施工机械设备用电、生活及办公场所用电等；其他间接碳排放例如分包分供商作业施工的碳排放。

建筑施工阶段减碳主要路径有：精益化施工方式，通过科学管理的生产方式，推动建造过程中的资源组织科学化管理，减少工程机械种类和数量，消除工序衔接的停闲时间，实现立体交叉作业，减少施工人员，提高工效、降低物料消耗、减少环境污染。大力推广新型建筑工业化，推广装配式建筑，通过建筑部品标准化，工艺标准化，实现构配件生产工厂化、建筑垃圾减量化。智能化建造方式，提升研发设计、生产施工、开发运营等产业链各环节数字化水平，利用物联网、区块链、人工智能、机器人等新技术实现建筑全过程数据采集、学习、分析决策能力，对建造全过程赋能。

建筑施工是建筑企业减碳的"主战场"，建筑企业完全拥有上述施工建造阶段减碳路径实施的主动权。按照IPCC温室气体统计方法和范围，建筑施工碳排放可计入建筑企业温室气体排放的范围一和范围二部分。

### 3. 运行端减碳潜力分析

建筑运行阶段，碳排放主要来源于用电消耗和供热系统中的煤炭燃烧。我国建筑运行中的供暖、生活热水、炊事等环节消耗化石能源相关的直接排放占比达总量的一半，间接排放中电力和热力相关的碳排放分别占42%和8%。一般而言，建筑运行相关碳排放分为直接碳排放和间接碳排放，其中直接碳排放指建筑在运行过程中直接燃烧化石能源所产生的碳排放，主要包括通过消耗天然气或燃煤等满足供暖、炊事、热水需求产生的碳排放；间接碳排放主要包括建筑用电间接提高发电需求产生的碳排放。

建筑运行减碳是大规模的长期系统性工程，低碳转型主要路径有：建筑全面电气化，通过革新节能技术和使用节能电器，在热水、供暖、炊事等方面全面实行电力替代，生活热水电能替代，供暖电能替代，推广空气能热泵、构建新型低碳供热体系。发展超低能耗建筑，通过优化建筑整体布局、采用高性能外窗和墙体以及提升建筑的整体气密性等性能化设计帮助建筑降低运行能耗。推动建筑智能化转型，通过建筑楼宇智能化，打造自动化节能系统达到降碳效果。推动建筑能源利用多元化，设计打造BAPV和BIPV两种建筑光伏模式，在建筑的表面（通常是屋顶）加装太阳能光伏板，作为建筑用能的补充，实现用能的低碳化。

对于建筑企业，建筑运行碳排放发生于未来，但运行中的碳排放强度的大小，往往由前端的设计和施工决定。低碳设计，可助力实现"源头减碳"；严格按图施工，确保运行中各项性能指标满足设计要求，可助力实现"过程控碳"。通过建筑企业前端发力，才能最终实现后端运行的低碳或零碳目标。

### 4. 建筑拆除潜力分析

建筑全寿命期的末端，需要对建筑废弃物进行资源化处理，力争资源节约和环境保护的双赢。建筑拆除占比建筑全过程碳排放较小，不到1%。

主要减碳路径有：建筑垃圾循环利用，做好建筑垃圾分类、回收处理、再生处理等步骤，将混凝土、砖和石等按照不同配比尺寸等做成再生骨料，后可制成再生砖、无机料等进行二次利用。通过碳捕集利用与封存（CCUS）技术和生态固碳等方式形成碳汇，如利用 $CO_2$ 矿化养护混凝土，缩短混凝土初凝时间、提高抗压强度以及减少水泥用量；同时，加快提升绿化率，增加建筑群绿化碳汇，达到改善空气质量、美化环境的效果。

建筑拆除，目前主要由具备专业资质的建筑施工企业完成。该部分引起的碳排放在建筑全过程占比虽然很小，但减碳意义较大：对于拆除过程，过去我国建筑企业普遍重视不够，造成大量浪费和环境污染，现阶段建筑拆除的碳排放强度较大，从而减碳潜力巨大；并且建筑企业重视拆除过程的碳排放，有助于企业重视循环经济发展，实现自身的绿色转型。

按照IPCC温室气体统计方法和范围，建筑拆除碳排放可计入建筑企业温室气体排放的范围一和范围二部分。

## 4.1.2　建筑企业减碳存在的问题

**链散**。指建筑全产业链各环节比较分散，没有统一的标准和模式。设计端与施工端链上互动较弱、建材端与施工端链上协同不足，工程建设业务承接模式分散。建筑设计作为建筑工程从投资到最终交付的承前启后的关键环节，对建筑的建材选择、建造方式、运行模式有着决定性的作用，而设计与施工往往归属不同的管理主体，设计院设计方案、施工图纸交付完成后即合同义务终止，由施工方负责工程建造，能否按照设计图完整达到最初设计的减碳效果难以保障；施工方在选择建材要综合考虑成本、结构安全性以及设计方要求，在建材选材上难以做到绿色建材优先；建材供应方由于供应链体系不健全，在供应建材时完全按照工程总承包单位要求执行。不同主体责任不同，导致减碳的目标一致性上有差异。

**链阻**。指建筑全产业链各环节协同性较差，建筑设计、施工、运行三大环节各自分离，归属于不同的市场主体，难以统一协调。设计端、建材端、施工端、运行端在政策、技术、管理等方面不相通，产业链各环节的协调沟通机制缺乏统一部署，同时也缺乏全产业链技术管理人才。导致建筑业全产业链各环节之间出现减碳目标不统一、减碳手段不协调、减碳信息不对称、减碳成果不协同等诸多问题。因此，建筑业全产业链低碳发展协调沟通机制的建立，对促进全产业链协同减碳尤为重要。

**链乱**。指建筑产业链上各环节分属于不同的行业范畴，政策不统一，标准不一致，相互之间缺乏参考性，甚至出现目标冲突、利益相互冲突的现象。目前建筑全产业链缺乏统一的监测核算标准，全生命周期碳排放管理缺失。全产业链排放数据量化方面存在明显短板，建筑能耗统计制度不完善，碳排放核算方法与标准体系不完备，数据共享机制不健全，制约了建筑企业全产业链各环节碳排放量化目标的设定、分解与落实，建筑业全产业链碳排放核算体系及全生命周期碳排放管理亟须建立健全。

## 4.1.3　全产业协同减碳的方向

以设计为龙头，以最终绿色低碳产品为目标，形成以绿色低碳为导向的设计方法，从强度、空间和时间三个维度来考虑碳排放。积极选用低碳结构体系，不断进行设计优化。优选绿色低碳建材，积极利用低碳替代材料。提高建筑电气化率和用能设备能效，推广光储直柔等新型技术。持续开展正向BIM设计，增强协同设计能力，助力项目全过程实现节能减碳效果最优。推进全过程工程咨询，建筑设计业务有针对性地做项目减碳策略分析，对低碳设计目标进行统筹。

建材与施工深度协同，施工企业联合建材企业打造绿色供应链，建立绿色低碳技术验证平台和绿色低碳产品检测平台，共同打造建材碳排放因子等基础数据库，建立健全相关标准体系，推动建材产品的质量提升，以促进建筑及建材各行业协同发展，共同降碳降成本；建筑企业在绿色选材方面要求将影响建材生产端，催生针对特定工程的个性化产品，共同促进绿色建材产业的发展。在建材领域，推动低碳建材、可再生制品、绿色建材的研发与推广，实现建材全过程的低碳化应用。

建造全过程低碳化，"双碳"目标将促进建造企业建立低碳建材和设备供应商数据库，研发碳足迹计算模型，对供应商的原材料进行溯源管理，并做好碳排放数据的实时监控、对比分析、纠偏处理，开展全生命周期环境影响评估。建立量化实施机制，推广建筑减量化措施，分阶段制定减量化目标和能效提升目标，打造绿色低碳建造技术体系，围绕清洁能源、节能环保、绿色施工等领域，尝试电力、氢气、沼气等可再生能源作为机械设备的动力来源，突破前瞻性、战略性和应用性的技术。

建立全链条的低碳管理目标，加强碳排放的目标管理，拟定碳排放计划，制定碳排放预算。建立低碳建材和设备供应商数据库，研发碳足迹计算模型，对供应商的原材料进行溯源管理。加强供应商评估，严格供应商筛选程序，并对供应商提供可持续发展培训。购买可再生电力，并做好碳排放数据的实时监控、对比分析、纠偏处理，开展全生命周期环境影响评估。

全产业链信息协同，以EPC总承包管理体系为出发点，利用数字化技术，打通供应链上下游企业，实现信息协同和产业效率的升级。打造建筑全生命周期碳排放监测平台，实现全过程碳排放监测，助力建材低碳生产，设计低碳分析，绿色建造管理，建筑低碳运营。借助大数据分析，更精准地对各生产要素的碳排放情况进行分析，对资源配置进行决策，减少生产资源的浪费、提高建筑产品的品质及寿命。

## 4.1.4　建筑企业碳减排的方向

根据产业发展特点、建筑企业碳排放现状和绿色转型发展契机，我国建筑企业的减碳主要集中在三个方面：拉动全产业链碳排放降低减碳总量大；聚焦企业自身低碳发展碳强度下降快；结合国家绿色发展要求降碳方法多。

### 1. 拉动全产业链减碳

直接和施工企业相关的建造碳排放仅为建筑全过程的2.0%，和建材生产阶段相关的55.4%属于建材生产企业，和运行阶段相关的42.6%属于物业等建筑运营管理企业，二者严格定义上都不属于建筑企业。

但建筑和市政工程等作为一种产品，不同于其他产品的生产制造过程，因此建筑业作为一个国民经济统计行业单列于生产制造业之外。建筑业的产业链长而大，所以它与上游的建材生产和下游的建筑运行息息相关，建筑企业对于上游建材隐含碳排放和下游建筑运行碳排放的关联度十分密切。首先，上游隐含碳排放部分，勘察设计企业中的建筑设计院、市政工程设计院、其他专业设计院，可通过建筑建造形式的设计（如装配式建筑等）、延长建筑寿命的设计（如百年建筑等）、优化结构形式的设计（如钢木结构等）、选用低碳建材和部品的设计（如再生建材等），来减少建造过程中的建材隐含碳排放；同时，施工企业中的建筑总承包企业、市政等其他总承包企业、各类专业承包施工企业，在进行建材和部品采购过程中，通过优先购买可再生建材（或可再生成分占比高的建材）、本地（或近距离）生产的建材和部品，以及选择运量大的低碳物流模式等，从而减少建材产生的隐含碳排放。其次，下游运行碳排放部分，工程设计特别是房建设计中，通过被动式优先、主动式优化等低碳设计理念和方法，结合建筑低碳技术的应用，对于建筑运行碳排放的减少发挥很大作用；施工建造同样与建筑运行阶段碳减排分不开的，通过绿色建造、智能建造、精益建造等可以确保建筑实现低碳设计中的性能要求。

其实，不少国外的大型建筑企业或房地产开发企业，都以带动全产业链的减碳目标为己任，并明确了实施节点，如太古地产以2018年为基准年，致力于在2030年前，将范围3（上下游能源消耗减碳）内下游出租资产每平方米温室气体排放量削减28%；以2016年至2018年为基准年，资本商品的温室气体排放量于2030年前每平方米削减25%[①]。

### 2. 聚焦自身低碳发展

当前我国仍处于新型城镇化和城乡建设发展阶段，建筑业经济总量还会持续增长，同时老百姓对于高品质居住环境的追求处于上升期，因此建筑业碳排放总量在达峰之前将呈现继续上升态势。但建筑业单位产值碳排放强度也需要先行下降，才能实现全国建筑业GDP的脱碳化发展。

根据国家统计局年度数据资料显示，建筑业2018～2020年各年度能源消费和碳排放相关指标总结成表4-1。

全国建筑业 2018 ～ 2020 年各年度能源消费和碳排放相关指标　　表 4-1

| 年度 | 总营收（亿元） | 能源消耗总量（万t标煤） | $CO_2$ 排放（万t） | 单位营收碳排放强度（t/万元） |
|---|---|---|---|---|
| 2018 | 225816.86 | 8685 | 22581 | 0.0999 |
| 2019 | 248442.27 | 9142 | 23769 | 0.0956 |
| 2020 | 263947.39 | 9462 | 24601 | 0.0932 |

注：表中数据主要来源于《中国统计年鉴2021》；其中$CO_2$排放量按照国家发展改革委发布的吨标煤折算2.6t碳排放；因为《中国统计年鉴2021》尚未发布2020年建筑业能源消费数据，2020年数值9482万t标煤来自中研网预估测算。

---

① 数据来自经济观察报2022年4月8日发表的文章《请问有低碳水泥吗？》。

根据欧洲和日本一些大型建筑企业发布的ESG报告，其单位产值碳排放强度见表4-2。

国外大型建筑企业单位营收碳强度比较（不含范围 3）　　　　表 4-2

| 企业名称 / 年 | 营收 | 碳排放总量 | 碳排放强度 |
|---|---|---|---|
| 法国万喜/2020年 | 432.5亿欧元 | 223.2万t | 51.6t/百万欧元（折合0.0645t/万元人民币） |
| 法国布依格/2019年 | 296亿欧元 | 31.9万t | 10.80t/百万欧元（折合0.0135t/万元人民币） |
| 清水建设/2020年 | 16982亿日元 | 18.9万t | 11.13t/亿日元（折合0.0173t/万元人民币） |
| 大成建设/2020年 | 14800亿日元 | 19.9万t | 13.45t/亿日元（折合0.0209t/万元人民币） |
| 鹿岛建设/2020年 | 19071亿日元 | 17.1万t | 8.966t/亿日元（折合0.0139t/万元人民币） |

注：1. 表内营收和碳排放总量数据主要来源于各企业ESG报告，分别为Vanci Annual Report 2021, Bouygeus Integrated Report 2021; Shimizu Corporate Report 2021；TAISEI Annual Report 2021；KAJIMA Integrated Report 2021;
2. 法国布依格、清水建设、大成建设和鹿岛建设数据以工程建设领域为主，其中法国布依格数据参考其房建业务碳排放减量分析报告；
3. 法国万喜碳排放强度数值偏高，应该与其数据统计包括了所有业务领域有关；
4. 表中欧元和日元汇率均按照国家统计局公布的2020年平均汇率计算。

经对比表4-1和表4-2，不难发现国内建筑企业的单位产值碳排放强度数倍于国外建筑企业，可见其碳强度有较大的下降空间。

### 3. 紧跟国家政策导向

2021年10月，中共中央办公厅、国务院办公厅印发《关于推动城乡建设绿色发展的意见》，要求"推广绿色化、工业化、信息化、集约化、产业化建造方式"。建筑业"五化"在建造中的充分体现：绿色化是目标、工业化是生产方式、信息化是技术手段、集约化是管理模式、产业化是建造的产业链集成。

建造活动绿色化。要求建筑企业推广绿色建造模式，在建造过程中节约资源、保护环境、减少排放、以人为本等。其中通过节能、节材、节水，以及建筑垃圾减量化排放和资源化利用，可以较大幅度地减少施工过程碳排放。

建造方式工业化。主要指建筑部品部件工厂化生产，现场装配化施工，前者因为在工厂定制，可以减少材料的浪费；后者因为在工地"干法"施工，建筑垃圾的产生量会较大幅度地降低，同时可以提高工效，缩短工期。以上均有利于建造过程中碳排放的减少。

建造手段信息化。采用融合建设方式，将建筑信息技术和其他跨界技术如建筑信息模型（BIM）、大数据、智能化、移动通信、云计算、物联网等集成应用在建造场景中，通过建造全过程的BIM协同平台、智慧工地系统等实现建造过程的精准设计、选材、施工、管理、交付等，达到低碳排放目标。同时为建筑运行期的碳排放管理提供平台。

建造管理集约化。对于建造过程开展集约化管理，如工程总承包模式等，可以有效集聚建设各方力量，横向可在设计阶段协同各专业工种，施工阶段协同各专业承包企业；纵向可拉通设计与施工环节。通过集约化管理，能够最大限度地做到资源、人力、进度等统一调配，减少材料浪费，提高劳动效率，从而减少建造阶段的碳排放。

建造过程产业化。建筑业向制造业看齐，"像造汽车一样造房子"，推动建筑领域形成完整产业链。产业化是把建造活动向前端的产品开发、向上游的建筑材料、建筑部品部件延伸，通过产业链更优化配置资源。在产业链上充分体现专业化分工和社会化协作，用"系统性"来克服"碎片化"带来的弊端。从产业链的前端开始考虑对建筑进行低碳化设计，以低碳技术为引领，以低碳材料为基础，减少资源消耗，延长建筑物使用寿命，减少施工阶段建筑垃圾排放，同时考虑拆除后的资源化再利用，并使建筑物拆除及废弃物能够回收再利用后回归到工厂化生产中，形成一条闭环的、可持续发展的新型建筑产业链。

我国城乡建设领域碳达峰时间节点已经确定在2030年前，因为建筑业仍处于发展上升期，达峰任务时间紧迫。建筑企业可带动产业链上游的建材生产和运输，下游的建筑运行共同走低碳发展路线，对于国家的碳减排总量贡献十分可观。现阶段我国建筑企业单位产值碳排放强度尚处于高位，通过理念培育、技术植入、管理提升，可以逐步缩小与发达国家建筑企业单位产值碳强度之间的差距。

# 4.2 减碳主要措施

如果从建筑全产业链考虑，建筑企业的减碳路径主要包括：设计引领作用，通过设计和选材从前端打造节能建筑和低碳建筑；推行绿色建造，通过绿色施工、装配化施工、智能化施工、绿色采购等推进绿色低碳建造；发挥建筑运营能力，投资新能源设施、工业化部品和绿色建材生产等。

## 4.2.1 设计引领源头减碳

设计位于建筑业产业链自身的前端，设计阶段属于建设过程的决策和准备期，其对建筑全寿命期的碳排放控制与降低影响较大。如何利用前期绿色设计引导减少建筑全寿命期的碳排放，具体包括以下路径。

### 1. 探索建筑师负责制模式和协同设计管控模式，从源头引领全过程减碳

住房和城乡建设部要求在民用建筑领域探索结合工程总承包模式来推行建筑师负责制。通过科研（Research）、设计（Engineering）、制造（Manufacture）、采购（Procurement）

和施工（Construction）一体化的新型总承包模式，对项目实行全过程的管理，并对工程的质量、安全、节约、环保、工期和造价等全面负责。通过BIM标准化设计、装配式工业化选型、一体化装修设计等前期设计方法实现建筑全过程的源头减碳。

### 2. 通过节能设计和可再生能源的利用，减少建筑运营碳排放

建筑的低碳或零碳运营，关键在于设计阶段的节能设计与可再生能源的利用设计。例如通过提高围护结构隔热与气密性等被动式设计手法减少建筑对机械供热制冷等的需求，通过高效能设备选择等主动式优化策略减少对能源的需求，最后再结合建筑能源一体化设计手段，最终实现建筑的低碳或零碳运营。

### 3. 通过低碳设计和选材，减少建筑全寿命期的碳排放

按照规范要求，我国建筑普遍按照50年的寿命期设计，因为考虑50年周期的安全性、耐久性、适用性、维护和升级等，在设计阶段对于结构和构造形式、建材的选择和用量等参数，一般是根据这一年限要求精心设计、配比（考虑了一定的安全系数）。但是我国建筑寿命往往不足50年，造成其建材投入的隐含碳排放被无形放大。拆除的原因较多，除了行政指令，一般包括安全耐久性、灵活适用性等方面出现问题。因此，建筑企业未来应更多考虑建筑面对出现各种灾害的应对性，以及建筑适用新的功能提升所具备的易变性等。另外，随着国家"百年建筑"的再次提出，建筑企业要多从建筑造型、结构构造等方面重视建筑未来使用中在50～100年之间可能出现的问题。

建筑企业对结构与构造的优化设计，可以实现建造过程的节材，以及建筑拆除时的构件与材料回收，从而实现建筑全寿命期的隐含碳的减少。例如对装配式建筑的优化，钢结构在住宅工程上的应用设计竹和木结构在多层建筑的应用（含竹、木+钢结构在高层建筑的应用）等。建筑材料的选择和运距，主要是由设计企业决定的（施工阶段的具体采购也很重要），例如设计企业可多选择当地材料、全寿命期隐含碳低的建材、易于再利用和再生利用的材料等。

目前，我们低碳选材的研究较为缺乏。设计院针对设计阶段的源头减碳思路，主要集中于通过被动式设计和主动式优化减少运营阶段的能耗依赖，以及新能源在建筑中的更好应用。但是，对于建筑设计中通过结构形式优化和选用低碳类型的建材从而减少建筑全寿命期的碳排放上重视不足。即使大型的设计院，基本上没有建立自己的低碳选材库，在如何减少建材隐含碳排放的研究工作鲜有开展，与产业链上游的互动不够。

"十四五"期间，这一现象有望得到改善，住房和城乡建设部在《"十四五"建筑业发展规划》中要求开始推行工程总承包模式和建筑师负责制。在民用建筑工程项目中逐步实行建筑师负责制，在统筹协调设计阶段各专业和环节基础上，推行建筑师负责工程建设全过程管理和服务。这些举措的目的是要强化设计引领作用，更好发挥建筑师对建筑品质的源头管控作用。同时，加快完善工程总承包相关的招标投标、工程计价、合同管理等制度规定，

落实工程总承包单位工程设计、施工主体责任。在工程总承包项目中推进全过程BIM技术应用，促进技术与管理、设计与施工深度融合。

### 4. 发展低碳节能建筑

低碳节能建筑是实现建筑运行期碳减排的重要载体，通过建筑企业如勘察设计单位的低碳设计和总承包企业的精益施工，以及探索建筑工程总承包模式，可以确保进一步提高新建建筑节能水平。鼓励有条件的地区全面实施更高水平的绿色建筑标准，倒逼建筑企业提高自身低碳业务水准。同时，加强监督检查，确保强制性节能标准得到严格执行，加大对新建建筑节能标准执行的专项检查力度，坚持要把节能效果作为建筑验收最重要的指标之一。建立建筑节能材料、建筑节能技术国家标准，加强对建筑节能材料和技术相关标准的研究，对主流技术和重点技术制定统一的能效标准，支持集成设备和技术的研发、应用和推广。大力发展超低能耗建筑，超低能耗建筑以大幅度降低建筑能耗为目标，是实现建筑领域碳达峰和碳中和的重要措施。可结合城市气候特征与建筑特点，推进超低能耗建筑的示范实践。将超低能耗建筑推广纳入各级政府建筑节能工作的考核评价体系，引导在绿色生态城区、低碳实践区等绿色发展重点区域土地出让阶段明确超低能耗建筑应用要求。

## 4.2.2　推进绿色低碳建造方式

绿色低碳建造方式，是以建造过程降低碳排放为目标，以绿色建造贯穿全过程，融合智能建造和建筑工业化手段的新型建造方式。城乡建设领域碳达峰实施方案对"推进绿色低碳建造"主要从以下方面提出了要求：大力发展装配式建筑，到2030年装配式建筑占当年城镇新建建筑的比例达到40%。推广智能建造，到2030年培育100个智能建造产业基地。加强施工现场建筑垃圾管控，到2030年新建建筑施工现场建筑垃圾排放量不高于$300t/万m^2$。积极推广节能型施工设备，监控重点设备耗能，对多台同类设备实施群控管理。优先选用获得绿色建材认证标识的建材产品，建立政府工程采购绿色建材机制。建筑领域贯彻执行"双碳"战略，势必对建造全过程提出新的转型要求。以绿色建造、智慧建造为核心手段，大力发展装配式建筑及建筑工业化。

### 1. 大力推广绿色建造

在建造过程中，坚持策划、设计、施工、交付全过程一体化协同，推广系统化集成设计、精益化生产施工、一体化装修的方式，加强新技术推广应用，整体提升建造方式工业化水平。有效采用BIM、物联网、大数据、云计算、移动通信、区块链、人工智能、机器人等相关技术，整体提升建造手段信息化水平。充分考虑施工临时设施与永久性设施的结合利用，实现"永临"结合，减少重复建设。采用适用的安装工法，制定合理的安装工序，推广材料工厂化加工，实现精准下料、精细管理，降低建筑材料损耗率，加强施工设备的进场、安装、使用、维护保养、拆除及退场管理，减少过程中资源消耗。倒逼材料生产行业提高工艺，采用利废材料等减少建材生产碳排放。选择大型运输工具、减少运输中转次数、要求物流运输工具电气化等减少建材运输碳排放。建筑企业可从以下减碳路径考虑实施。

精益化施工，通过严格的施工策划和组织、快速施工安排，全过程咨询管理，减少材料浪费，提高施工效率，从而实现减碳；节约化施工，现场永临结合、选用高效装备和电气化装备、雨水利用和水重复利用，通过节材、节能、节水实现低碳施工；循环化施工，借助循环经济理念，在工地通过管理与工艺，建材余料、模架余料循环利用，实现建筑垃圾源头减量与资源化利用。通过以上途径，大大减少施工过程的碳排放。

### 2. 大力推广智能建造与建筑工业化协同

我国建筑企业为顺应转型要求，"十三五"期间已经逐步开展了智能建造的工程实践，如工地基本实现实名制的门禁和自动测温系统，"十四五"以来，随着现代信息技术、数字技术和智能技术在建筑企业的广泛应用，越来越多的施工企业在建造过程中通过BIM平台实现精准放线，控制进度，并发挥BIM+的功能，有效确保工期、安全、质量、人员、资金等各项指标的顺利进行。同时，还结合5G、互联网、云计算、AI、XR、建筑机器人等技术，自主开发应用智慧建造监控和管理平台，极大地提高了现场管理水准。

鼓励集约化、工业化的建造方式，从建筑材料生产、施工建造、运营维护全生命周期推动建筑业全产业链绿色低碳发展，大力发展装配式建筑。装配式建筑具有构件模块化、生产工厂化和装配标准化等优势，可以大幅降低建筑能源损耗、节约施工工序、提高组件回收利用率，助力实现建筑业绿色低碳发展和碳达峰、碳中和目标。

鼓励绿色化、智能化的施工技术，从工程建设的前期策划到设计、材料生产、施工建造、交付维护等环节，加入"碳减排""净零碳"的考量，加大绿色建材和数字技术应用，运用智能化手段模拟建筑各个环节的能源损耗和适配方案，用系统和能源的匹配达到最优方式，适配最佳的施工技术和最短的施工时间，从而减少施工过程中的碳排放。

通过精细化、专业化的管理手段，达成新技术研发应用与建造方式工业化水平的"双向促进"，智能化数字技术与建造手段信息化水平"双向提升"，设计、生产、施工深度协同与建造管理集约化水平"双向优化"，构建绿色建造产业链与整体提升建造过程产业化水平"双向发展"，保障"双碳"目标与"高质量"共同发展。

### 3. 提高建筑垃圾减量化排放和资源化利用

建筑垃圾的减量化排放，狭义上讲属于绿色建造的一部分，本书专门强调，主要原因为：（1）建筑垃圾的减量化排放和资源化利用方面，我国传统建筑企业普遍认识不足，要求不高；（2）我国建筑施工中单位竣工面积的垃圾排放强度和发达国家有一定差距，减排空间较大；（3）拆除阶段的部分碳排放和建筑垃圾的再利用关联紧密，过去我们重视不够。

建造和拆除过程中，对于建筑垃圾的减量排放和资源化利用，同样可减少建筑全寿命期的碳排放。一方面，因为现场建筑垃圾排放减少，其场地内收集外运造成的建造阶段碳排放也随之减少，另一方面建筑垃圾尽量做到场地内和场地外的再利用和再生利用，通过节约建材而减少碳排放。

"十三五"以来，国家开始重视对建筑垃圾的减排和再利用。通过科技部开展了国家重点研发计划"施工现场固废减排、回收与循环利用技术研究与示范"课题，形成固废分类与量化技术研究、固废源头减量化技术研究、固废收集技术研究与设备研发、固废资源化技术研究与设备研发四个方面的科研，并在多个示范工程中得到验证，目前已经实现了建筑垃圾固废减排率70%的目标。

通过支持绿色建材产品推广应用和建筑垃圾减量化等举措，降低建筑业资源消耗、实现新旧动能转换。选择低碳材料与设备，如高密度木材、软木地板和羊毛隔热材料可以用来代替钢、混凝土和泡沫隔热材料，以及鼓励开发低碳建材，使得该材料既能够发挥降低建筑运行阶段的能耗的作用，促进建材生产工艺改善，降低建材生产过程能耗；选择当地来源的高回收成分的饰面可以进一步减少建筑的碳足迹。

### 4.2.3 加强碳排放全过程管控

建材生产及运输是建筑全过程碳排放的重要来源，未来需要将产业链上游来自建材生产运输的"隐含碳"纳入其核算体系，现阶段研发生产低碳型建材，会带来一定的成本增加，企业动力不足，通过其下游采购商即建筑企业可以倒逼其主动减少建材碳足迹以迎合市场，立足生存之本。

#### 1. 全过程碳足迹管理

建材生产碳足迹，要包含建材生产过程中从原材料开采、生产、运输，建材生产加工一直到回收处理全寿命期的碳排放。当前，国际通用的碳足迹标签评价标准主要有PAS 2050：2008《商品和服务在生命周期内的温室气体排放评价规范》和ISO 14067-2018《温室气体 产品碳足迹 量化要求和指南》。我国现阶段建材领域对于碳足迹披露主要是通过各种建材的EPD（环境影响声明）报告的碳数据进行，EPD中对于建材碳排放的计算方法和PAS 2050、ISO 14067基本一致，都是采用了ISO 14040标准中规定的LCA（基于全寿命期）分析方法学。国内的一些大型钢铁、有色金属、玻璃制品等企业会定期发布其主要产品的EPD报告。建筑企业可建立自身的低碳建材产品入库标准，设立低碳采购体系，将EPD报告中碳排放强度低的建材优先纳入采购范围。例如法国万喜不仅建立了企业建材碳排放数据库，还开发了建材LCA全寿命期环境影响评估工具$CO_2NCERNED$，并通过集团大会层面，研究制定了降低施工所用建材隐含碳的行动方案。

### 2. 降低建材运输碳排放

建材运输过程产生的碳排放虽然在国民经济统计的边界归于交通运输部门，但按照
LCA方法学，其可作为范围三中的上游排放而记为建筑的隐含碳。根据《中国建筑业统计
年鉴2020》的数据分析，2019年，全国建材运输碳排放达到0.2亿t$CO_2$，而同年施工碳排
放合计1.1亿t$CO_2$，也就是说当年运输建材的碳排放量是全国所有在施工地产生碳排放的近
20%，这一数量不可小视。

近20年，随着我国高速公路建设的飞速发展和汽运物流体系的健全，建筑材料的运输
多从铁路货运转为公路汽运，增加了不少碳排放。表4-3列出了我国主要的建材运输形式和
其碳排放因子。

**主要建材运输方式的碳排放因子 [ kgCO₂/ ( t · km ) ]**　　　　　表 4-3

| 运输方式 | 碳排放因子 |
|---|---|
| 公路运输 | |
| 轻型汽油货车运输（载重2t） | 0.334 |
| 轻型柴油货车运输（载重2t） | 0.286 |
| 轻型纯电动厢式货车运输（载重1.5t） | 0.159* |
| 中型汽油货车运输（载重8t） | 0.115 |
| 中型柴油货车运输（载重8t） | 0.179 |
| 重型汽油货车运输（载重10t） | 0.104 |
| 重型柴油货车运输（载重10t） | 0.162 |
| 重型纯电动货车运输（载重13t） | 0.089** |
| 重型汽油货车运输（载重18t） | 0.104 |
| 重型柴油货车运输（载重18t） | 0.129 |
| 重型柴油货车运输（载重30t） | 0.078 |
| 重型柴油货车运输（载重46t） | 0.057 |
| 铁路运输 | |
| 电力机车运输 | 0.010 |
| 内燃机车运输 | 0.011 |
| 铁路运输-中国市场平均 | 0.010 |

续表

| 运输方式 | 碳排放因子 |
|---|---|
| 水路运输 | |
| 液货船运输（载重2000t） | 0.019 |
| 干散货船运输(载重2500t) | 0.015 |
| 集装箱船运输（载重200TEU） | 0.012 |

注：主要数据引自《建筑碳排放计算标准》GB/T 51366的"附录E 建材运输碳排放因子"；其中：*轻型纯电动厢式货车数据来自北京福田轻型卡车，载重1.5t，满载时百公里耗电41kWh，碳排放因子为国家发展改革委更新发布的最新数值0.5810tCO₂/MWh；**重型纯电动货车数据来自深圳比亚迪重卡，载重13t，满载时百公里耗电200 kWh，碳排放因子为国家发展改革委更新发布的最新数值0.5810tCO₂/MWh。

表4-3清晰显示，铁路运输的单位运量碳排放强度是重型货车的约1/10，是轻型货车的近1/30。可见，建材运输，采用大运载量的铁路和水运，将比目前常见的公路运输减少大量碳排放。传统的汽油和柴油货车，如果改为电动货车，在建材运输过程中，单位运载量同样可以降低约一半的碳排放。

### 3. 自主研发低碳建筑材料

建筑企业减少建材隐含碳排放，一个最直接的途径是企业亲自主导或参与研发应用低碳类建筑材料，特别是水泥、混凝土等使用量大且排放因子较大的主材。

我国建材行业碳排放强度一直处于高位，例如钢铁行业我国生产1t钢材排放的CO₂在2t以上，国际钢协统计的全球平均水平为1.89t，而部分发达国家采用的电炉工艺仅为0.4～0.8tCO₂/吨钢材。再如水泥制品，我国生产吨水泥、吨水泥熟料CO₂排放量分别约为616.6kg、865.8kg，而欧洲水泥企业在1990年生产吨水泥熟料的碳排放已为782kg，预计2030年降低到472kg。近期，前瞻碳中和战略研究院在其《碳中和背景下低碳科技关键技术发展与机遇》研究报告中，将钢铁生产低碳技术（如再生钢材加工技术、无化石钢铁技术等）和低碳水泥生产技术（如无碳/低碳添加剂技术、低碳混凝土技术等）列为未来经济社会发展中的重点低碳科技关键技术。我国不少大型建筑企业如中建集团、远大筑工等都有自己的建材生产厂、装配式建筑构件生产基地，如果企业能够加大自主研发并推广应用低碳建材的力度，将为减少主要建材的碳足迹发挥一定作用。

## 4.2.4 新建建筑节能降耗

建筑节能领域主要应用被动式设计，利用建筑周边环境以及建筑本体布局和构造等，减少场地热岛效应，提高建筑的隔热保温性和气密性，充分利用自然手段满足使用者对室内湿热环境、光环境、通风和空气品质的需求。此外通过主动式技术优化减少运行期的能耗，通过选型、优化组合、智能控制等手段提高建筑设备的节能效率，减少运行期的碳排放。

通过立项策划和前期设计，最大限度地综合利用分布式能源供给手段。掌握多能互补技术，发挥"能源互联网+"理念，从建筑运营角度出发，通过天然气热电冷三联供、分布式可再生能源和能源智能微网等方式，实现多能协同供应和能源综合梯级利用。因地制宜利用可再生能源，提高建筑电气化率和用能设备能效，推广BIPV和光储直柔等新型技术，通过创新性设计，降低建筑全生命期的碳排放。支持光伏建筑发展，通过BIPV和光储直柔等系统，将建筑物的屋顶、墙面安装光伏组件，实现建筑外围护与光伏的一体化，结合太阳能发电的储能、直流用电和柔性用电综合系统，最大限度利用分布式太阳能。结合建筑和场地，对风能和生物质能进行开发利用，建筑及其场地内利用风能和生物质能进行发电。在施工过程中，可采用太阳能、空气能等技术用于生活热水、照明、取暖等，积极探索将太阳能光伏、太阳能光热、空气源热泵、地源热泵等可再生能源应用到建设项目中，以减少由于传统能源消耗产生的大量碳排放。

建筑用能全面电气化是降低建筑直接碳排放的关键，重点是处理好建筑供暖、炊事、生活热水和特殊建筑蒸汽用能的全面电气化问题。而随着电气化率的提升以及用电量的自然增长，建筑总体用电量将显著增加。

未来，建筑将是一个集发电、用电、储电于一体的新型能源综合体，其不仅要满足绿色低碳的用能额需求，还要满足电力系统灵活电力平衡的需求。大型建筑从上至下的使用面积，从屋顶、外立面甚至到地下空间都将成为宝贵的资源，通过更科学和系统的设计开发，不断提高利用效率和扩展应用场景，提供新的价值体验和服务。

构建消费端的建筑多能互补清洁能源体系，一是在既有建筑中，大力推动可再生资源替代一次能源供热技术研究，推动绿色技术替代一次能源供热的技术路线、实施路径与具体落地举措，以及开展在替代一次能源供热方面的低碳绿色前沿技术和新产业布局、差异化发展的产业政策措施，如热泵供热、百兆瓦级跨季节储能、大型光热供能、城市热源厂零碳供热等。二是在新建建筑中大力推动供暖电力化和低碳化，建筑用能全面电气化，综合通过多种热泵、太阳能、工业余热方式供热，如集中的中水水源、中深层地源、浅层地源，分散的空气源、热联产余热、垃圾焚烧余热、工业余热等新型热泵技术，利用热源温差实现节能目标。大力发展综合能源在园区中的应用，建议在未来存量项目提质改造和增量项目用能优化工作中，要更大力度推动太阳能、生物质能、地热能等清洁能源开发利用，要加快制定节能改造及用能优化技术标准及评价体系。考虑到大面积推广使用清洁能源将受到区域人口、工业规模限制，大量清洁能源需要进行储能、调峰及调配，建议以大型园区、社区为载体，鼓励代建代管代营一体化的承接模式，探索完善区域分布式清洁能源投建管相关立法和管理模式。

### 4.2.5  既有建筑低碳改造

建筑企业参与城市更新和既有建筑改造中的低碳实践。面向城市大规模建设转为存量提质改造和增量结构调整并重发展的新阶段，减少大拆大建、延长建筑寿命就是最好的减碳方式。转变建筑行业大拆大建发展模式，合理控制城乡建设的总量规模，提高建筑质量，延长建筑寿命，推动既有建筑能效提升，推动对建筑的外门窗、外保温以及暖通机电系统进行全方位更高能效的改造提升。通过高标准要求控制设计和施工细节，规避常见的质量通病，采用高质量的部品部件，减少建设项目维修返工的频率，继而延长建筑物的使用寿命，避免频繁的拆除，做到最有效的节能。

除了前文总结的5类减碳路径，建筑企业还可通过低碳建筑、低碳办公、低碳行为等方式来实现企业的"碳达峰"目标。低碳建筑如主动对企业总部和分部所管理的办公建筑、商务建筑和宿舍建筑等进行节能改造以减少其运营碳排放；低碳办公如采购节能办公设备、小排量或电动型后勤车辆、节约办公用品等；低碳行为主要包括引导员工的建筑节能意识、倡导公交出行、低碳生活等。

# 4.3 减碳关键支撑

推动建筑企业高质量发展，在关注规模适度增长同时，更加注重在企业碳减排领域的战略引领和企业发展质量提升，各建筑企业应从发展目标、技术路线、政策机制、任务分解、组织管理等方面，明确建筑领域实现碳达峰的路线图，形成顶层的规划设计，从业绩考核、业务创新、人才培养、资源保障、发展激励等方面出台具体支持政策，通过改革创新，激发建筑企业碳减排内生发展动力。

### 4.3.1  政策机制

发挥政策引导的补短板作用，鼓励建筑企业补齐发展短板，积极培育建筑企业碳减排领域的战略性新兴产业。引导建筑企业在发展结构上，从增量扩张为主转向可持续低碳发展并举，着力补齐发展短板，加快结构调整，不断提升可持续发展能力。建筑企业"双碳"之路的方向来自于国家层面的规划引导，而动力则来自于行业中各个层级的政策赋能。

### 1. 打造减碳示范标杆

要发挥重点企业的示范带动作用，盯牢项目，加强对接，抓住有利时机，扎实做好工作，确保企业碳减排工作取得实效，要持续推出一批管理标杆单位，评估企业碳减排示范项目实施效果，表彰激励先进。由点及面，把解决试点中的问题与攻克面上共性难题结合起来，努力实现重点突破与整体创新，从而为更大范围的改革实践提供可复制、可推广的示范和标杆，例如，低碳数据中心、钢结构住宅、光储直柔建筑、新型储能、新能源供暖、城市生态修复、废弃物资源循环利用、BIM正向设计、智能建造、数字化交付等技术，具有行业引领性、创新性，能形成亮点突出、可复制、可推广的示范项目。前期重点是夯基垒台、立柱架梁；中期重点在全面推进、积厚成势，对各建筑企业中表现优异的创新技术，加强系统集成、协同高效，扶持其在同类企业中逐步扩大应用范围；后期要大胆探索，积极作为，发挥好试点的示范、突破、带动作用，持续推动改善，形成提升的长效机制，促进提升建筑业发展。

### 2. 完善低碳产业链生态体系

以提升产业降碳能力和核心竞争力为目标，重点对产业链的构成和产业融合载体分布情况进行梳理，引导创新资源向产业链上下游集聚。对于企业碳减排产业链缺失领域，围绕产业链实际需求部署创新补链，建设全行业共享、共用的新型研发机构、高水平研究主体等创新载体。既要补齐产业短板，对碳减排产业的规模性、结构性、自主性、盈利性等方面进行全面诊断和调整，构建新型产业分工体系，扩大关键环节的产能供应，也要适度超前，对碳减排产业上下游的关键核心技术、前沿技术、颠覆性技术、现代工程技术等前瞻性研究进行攻关，推动产业链条向前端移动，以创新优势引导碳减排产业资源集聚，打造国产化自主可控体系，形成产业合作新格局，精准服务各建筑企业的创新发展。

### 3. 推动低碳科技创新

不断优化和完善建筑行业科技创新环境，创造良好的碳减排技术、装备、产品等方面的科技创新生态。要不断激发创新意识、弘扬创新精神、培育创新文化，积极营造勇于探索、鼓励创新、宽容失败的文化氛围。聚焦应用研究和产业化导向，建立"市场为导向、论贡献评奖"的新机制，以项目带动科技，以科技促进发展，逐渐改变书面成果的老标准，树立产品效益的新标杆。大力实施创新驱动发展战略，深刻把握科技创新的趋势和规律，聚焦科技体制机制改革、科技成果转化、人才引领等关键问题，推出一系列具有创新性、突破性的政策措施，切实优化创新创业生态。

## 4.3.2　建筑技术

建筑领域绿色低碳技术种类较多，早期绿色低碳技术涵盖在建筑节能领域，在绝大多数施工项目广泛应用。目前绿色低碳技术以整体实现为主，对专项技术或特定场景的研究深度不够。

### 1. 加速绿色低碳新型建材研发和利用

加强低碳技术研发，推进建筑材料行业低碳技术的推广应用。探索建筑材料行业低碳排放的新途径，优化工艺技术，研发新型胶凝材料技术、低碳混凝土技术、吸碳技术以及低碳水泥等低碳建材新产品。发挥建筑材料行业消纳废弃物的优势，进一步提升工业副产品在建筑材料领域的循环利用率和利废技术水平，替代和节约资源，降低温室气体过程排放。着力推广窑炉协同处置生活垃圾、污泥、危险废物等技术，大幅度提高燃料替代率。

### 2. 提高绿色施工管理技术水平

全面提升施工过程的绿色管控意识，加强绿色施工技术，如：加强项目绿色施工管理评价，加强施工现场信息化管理水平；科学合理地管控建筑垃圾的产生、分类、排放、就地处理等流程；大力推广施工现场新能源供电系统、新能源设备、新型绿色建材的使用；加强施工现场材料、能源损耗的监控，减少施工过程中碳排放。

### 3. 加大可再生能源及智慧供热关键技术研发应用

加大可再生能源发电技术的应用规模，加快智慧供热成套技术研发应用。推动新一代信息技术、人工智能技术与先进的供热技术深度融合，研发成套的智慧供热关键技术，建立供热管控一体化智慧服务平台，推动贯穿于供热设备制造、供热系统规划设计、供热系统建造、人才培养、供热运行维护、供热服务全寿命的各个环节及相应系统的优化集成，实现分时、分温、分区供热与合理用热。

## 4.3.3 信息技术

以数字化、网络化、智能化技术为核心要素、以开放平台为基础支撑、以数据驱动为发展范式的建筑产业互联网，大力发展建筑企业管理数字化、运营智能化、研发高性能智慧化设备产品，推动建筑业迈向体系重构、动力变革、范式迁移的新阶段。

### 1. 管理数字化

企业管理数字化涵盖财务一体化、人力资源、党建与舆情、科技及知识、监督、合规、办公管理和员工服务、信息化等管理领域的数字化；生产过程数字化涵盖投资开发、规划设计、工厂生产、施工、运维等环节的数字化；项目管理数字化涵盖工程建设项目的投标管理、合同管理、人材机管理、资金管理、成本管理、进度管理、技术质量安全管理、财务管理数字化。

### 2. 运营智能化

从建筑设计到维护再到废物管理，将建筑的数据和过程集中在一个单一的来源中，使企业能够比以往任何时候都更有效地减少碳足迹。通过硬件（传感器）和软件（人工智能、数据处理）的混合，智能建筑不仅能够简化日常操作，还可以自动化许多流程。例如，数据驱动维护可以自动提醒相关责任人及时检查并适当分配任务，而数字系统可以跟踪收集数据并生成维护活动轨迹及成本报告，从高层管理人员到建筑管理人员和技术人员，都有能力以低碳的方式运营设施，如商业建筑中的酒店、商业综合体、办公楼，公共建筑的场馆、机场、高铁站、医院，工厂等均可使用节能或可再生能源的暖通空调和照明系统。

### 3. 研发高性能智慧化设备产品

研发高效建筑设备，推广LED智慧照明控制系统、复合能源供能系统与柔性用电技术，降低新型空调机组成本，提升设备系统智能水平，建筑制冷总体能效水平提高25%发展末端设备调控装置，推动基于人行为的运行控制技术和产品的研发，发展基于BIM、物联网、大数据等技术的智慧运维控制系统，推广运行调试技术。促进5G、Wi-Fi定位、图像识别等技术与建筑调控系统的融合，研发新型供需匹配系统，推动供需智能调节系统投入使用，推广低成本、低能耗建筑设备，提升建筑自控系统调控能力。持续推进家居智慧化控制，强化低碳导向市场活力并进一步普及绿色生活方式，以充分利用社会、经济和技术发展成果。农村地区开展智慧乡村示范建设，形成智慧乡村服务平台，实现美丽乡村信息数字化，打造"农村＋农业"低碳生活休闲区。针对进入市场的新型用能设备应及时制定对应的强制性能效标准，并将其中用能较高的设备加入能效标识实施产品。建立零碳社区、产能社区建设试点，循序渐进、以点带面实现节能降碳向产能汇碳的跨越转变。

## 4.3.4　碳排放数据

### 1. 建立建筑企业碳排放盘查、核查和披露机制

对标国际通用的温室气体核查与报告控制标准，加快民用建筑碳排放的规范体系建立，逐步编制建筑碳排放的核算标准、碳排放强度控制标准、减碳技术引导标准和监测审核标准等，实现对建筑企业碳排放的实时状况追踪。探索放开碳排放的第三方核查机构的市场管理机制，让有资质和技术实力的企业，特别是具备全过程、全产业链服务能力的企业发挥市场化优势，提供"减碳和低碳"发展规划与技术咨询服务。通过减排量的设计与咨询、核查与核证、经核实的减排额度签发，履行企业的社会责任。政府管理部门也可给予相关企业认证并健全相关的激励措施。

### 2. 建立碳排放权交易市场机制

我国的碳配额碳交易市场，目前主要关注于发电、钢铁、水泥等高排放高污染型的生产制造企业，建筑企业尚未纳入配额与交易体系。尽快制定建筑领域碳排放计量及碳交易管理办法、实施细则，各省根据当地经济水平、产业结构、能源结构等实际因素出台具体分配细

则，在《建筑碳排放计算标准》GB/T 51366规定下，明确建筑碳排放边界线划分、建筑碳排放组成内容、建筑碳排放基准线及具体交易规则。与此同时，明确管辖区内建筑整体碳排放限额、参与减排的建筑物的碳排放权及减排目标、相互调剂排放量等关键指标。建立试点先行先试，筛选典型建筑开展碳排放计量与交易，由点及面，逐步形成以碳交易市场机制为抓手、以成本效益最优的方式实现建筑碳减排任务。

### 4.3.5　金融支持

#### 1. 创新绿色投融资市场机制

完善绿色金融评价机制，建立健全绿色金融标准体系。大力发展绿色贷款、绿色股权、绿色债券、绿色保险、绿色基金等金融工具，设立碳减排支持工具，引导金融机构为绿色低碳项目提供长期限、低成本资金，鼓励开发性政策性金融机构按照市场化法治化原则为碳达峰行动提供长期稳定融资支持。拓展绿色债券市场的深度和广度，支持符合条件的绿色企业上市融资、挂牌融资和再融资。研究设立国家低碳转型基金，支持传统产业和资源富集地区绿色转型。鼓励社会资本以市场化方式设立绿色低碳产业投资基金。

#### 2. 扩大金融支持建筑企业减排项目范围

目前碳减排支持工具直接支持的主要集中于绿色建材领域，对于建筑行业企业的支持力度有限。建议引导金融机构为绿色低碳项目提供长期限、低成本资金，拓宽绿色债券融资渠道，加大绿色、低碳建筑投入。一是引导银行等金融机构有序推进绿色低碳金融产品和服务开发，为建筑企业的绿色低碳项目提供长期限、低成本资金。鼓励开发性政策性金融机构按照市场化法治化原则为实现碳达峰、碳中和提供长期稳定融资支持。支持符合条件的企业上市融资和再融资用于绿色低碳项目建设运营，扩大绿色债券规模。二是完善建筑企业、项目的绿色金融评价机制，建立健全建筑企业、项目的绿色金融标准体系。大力发展绿色贷款、绿色股权、绿色债券、绿色保险、绿色基金等金融工具，拓展绿色债券市场的深度和广度，支持符合条件的绿色建筑企业上市融资、挂牌融资和再融资，支持建筑产业绿色转型。鼓励社会资本以市场化方式设立绿色低碳产业投资基金。

### 4.3.6　人才支持

建筑企业应结合项目特点，发挥产学研一体化机制的优势，主动培育：绿色建造人才，加强现场节能、节材、节水管理，减少建筑垃圾排放；智慧建造人才，利用智慧工地平台等手段监测和减少工地施工碳排放；建筑工业化人才，形成装配式建筑轻量化设计团队和现场装配化施工产业工人队伍；低碳建材研发人才，开发应用可再生建材、可循环利用建材；碳排放核算人才，为企业建立准确的排放台账，根据施工进度检查排放情况，制定施工阶段减碳实施方案等。

### 4.3.7　绿色供应链

打造资源配置能力、协同能力及服务支撑能力，加快低碳产业供应链整合能力，加快培育低碳产业要素市场，打通从前端投资、设计、建设到最后运营的各个环节，实现供需匹配，推进供给侧结构性改革；推动产业组织创新、协调技术创新和管理模式的创新，形成产业供应链互联网体系，拓宽产业边界，促进产业融合，推动创造新价值，整合各类资源，提高协同效率和全要素生产率。

供应链协同的广度和深度大幅拓展，由产业内走向产业间、由区域内走向跨区域、由国内走向国际。在全球范围内进行资源配置，整合资源、优化流程、促进企业、产业和地区协同，推动要素自由流动的规模、质量和效率，加强关键物流节点布局和物流资源掌控，实施供应链一体化管理，建立全球化的供应链体系，积极形成了全球性资源和生产要素的配置功能和在全球重要的生产要素上更加显著的定价权，实现资源的全球化配置，与全球利益各方构建协作共赢的战略合作关系。

第 5 章

# 建筑企业碳达峰
# 碳中和总体策略

　　建筑企业作为全方面践行绿色发展理念的实施主体，对建筑行业"双碳"目标实现起着重要的作用。推动实现建筑领域"双碳"目标，既是建筑企业重要的责任和使命，也是重大机遇。建筑企业需要准确把握建筑行业发展趋势，从目标规划、战略构建、技术支撑、计划实施、组织模式、工作机制等方面系统谋划、精心部署。

# 5.1 目标规划

　　推进"双碳"工作，企业需要抓住实现"双碳"目标的关键领域和短板，制定中长期"双碳"发展目标和规划，通过改革和创新来推进转型升级、提质增效，在激烈的市场竞争中有效破解困局、应对变局、开拓新局，坚定不移走出绿色低碳的高质量发展道路，为实现建筑行业"双碳"战略目标勇当先锋、多做贡献。

## 5.1.1 制定中长期碳减排目标

　　2021年12月30日，国资委发布《关于推进中央企业高质量发展做好碳达峰碳中和工作的指导意见》，意见从万元产值二氧化碳排放下降幅度、可再生能源发电装机比重、全面绿色低碳转型、绿色低碳循环发展的产业体系和清洁低碳安全高效的能源体系全面建立等方面，分别提出了中央企业在2025年、2030年、2060年的阶段目标，为建筑企业中长期"双碳"发展目标制定提供了参考。

　　建筑企业可根据业务特色和发展模式，模拟达峰碳排放量，评估碳达峰时间，制定碳达峰碳中和规划和行动方案，确保到2030年达峰并实现稳中有降的中期目标。建立完善碳排放统计核算体系，以及碳排放管控制度，形成绿色低碳发展模式，推动产业链协同减碳，构建良性的低碳生态圈，推动企业全面低碳转型。以到2060年确保实现并争取提前实现碳中和为长期目标，全面建立绿色低碳产业体系，在低碳新材料、新技术、新产业、新商业模式等方面上取得重要突破，形成绿色低碳核心竞争优势，以及优势显著的低碳产品与能力，为建筑行业实现碳中和目标作出重大贡献。

## 5.1.2 编制中长期"双碳"发展规划

　　以实现降碳减排为主线，以全面绿色转型为目标，制定中长期规划，构建有利于促进碳达峰碳中和的业务结构和产业布局，坚持因地制宜、因类而异，推进建筑企业各经营业务版块建立既符合自身实际又满足总体要求的减排路径和任务体系，推动全面绿色转型，支撑"双碳"目标的实现。如地产开发方面，实施绿色低碳地产开发，加快推动工程项目规划、建设、运营和维护全过程绿色低碳转型；勘察设计方面，提高绿色低碳设计水平，开展全过程节能降碳服务，推行绿色勘察设计产品；工程建造方面，推进绿色建造、智慧建造和工业化建造融合发展，加大绿色低碳科技创新，提高全产业链的低碳贡献，全面提高资源利用效率，充分发挥减少资源消耗和降碳的协同作用，实现建设领域资源循环利用。

紧跟国家绿色发展战略，贯彻落实脱碳革命，将新能源、高端建筑智能装备、建筑垃圾循环利用等作为新产业方向。抢抓建筑业碳排放计算强制要求的新机遇，全面开展建筑业碳排放监测、统计、核查体系建设，开拓建筑碳核算新业务。深入发掘互联网+、虚拟电厂、产业平台化发展、零碳智慧产业园等新业态，推动互联网、大数据、人工智能、5G等新兴技术与绿色低碳产业深度融合。可采取"创投+孵化"商业模式和市场化运作模式，通过并购重组、自主研发等方式占领技术和人才制高点，积极开拓市场，建立比较优势，从根本上变革传统生产关系，最终形成成熟的商业模式，以超前眼光、战略思维抢占行业未来风口，推动战略性新兴产业融合化、集群化、生态化发展，开辟高质量发展新蓝海。

# 5.2 战略构建

推动建筑企业低碳转型发展是系统性工程，需坚持系统观念，加强顶层设计和战略策划，可从"碳节约""碳链条""碳产业"和"碳品牌"四个方面，构建"双碳"发展战略，统筹推进"双碳"目标实施和实现。

## 5.2.1 实施"碳节约"策略

厉行"节流"与"开源"。开展绿色低碳设计方法和解决方案，从源头上减少原材料或初级产品的碳排放。实行生产建设全过程节约减碳，降低资源和材料使用量，降低加工厂生产过程以及现场施工过程的材料消耗及能源消耗量，优先选择可再利用或再生材料。提高设备能效，开展能源替代及循环经济行动，加大光伏、风电、生物燃料等可再生能源替代传统能源力度，推动终端用能电气化。

对于新建办公建筑，采用更严格的建筑节能标准，有条件的企业采用近零能耗、零能耗建筑标准，采用被动式设计，最大化降低建筑供冷供暖需求，提高供暖供冷系统能效，同时使用屋顶光伏等可再生能源，抵消部分建筑碳排放。此外，对于既有办公建筑，从建筑外围护结构热工性能提升、能源系统能效提升改造、可再生能源利用等方面，加快推动建筑企业既有办公建筑低碳化改造。

倡导绿色生活办公方式。加强智慧化运营管理，减少办公场所的照明、空调等用电。鼓励员工践行绿色工作方式，采用线上会议，实现办公远程协同，极大降低组织会议的沟通成本同时降低碳排放。鼓励员工低碳通勤，使用新能源汽车。深化数字化转型，运用信息手段，促进无纸化办公，减少企业自身运营的碳排放。

建设数字化碳管理平台，把各类表计设备、减排举措信息等接入智能物联平台，准确、实时地完成各类能源设备的碳排放数据的采集、统计和分析，形成清晰透明的"碳账本"，实现碳管理的系统化、可视化及常态化。

## 5.2.2 实施"碳链条"策略

建筑领域碳排放分布在产业链的各个环节，尤其上游的建材生产和下游的建筑运营。要撬动更大的碳减排，需要充分利用全产业链条优势，以碳减排为核心，推进建筑建设流程的分散性模式向全产业链低碳模式转化，同时，积极带动分供商共同实施碳减排行动，实现企业产业链、技术链、资金链、人才链之间的一体化协同。构建与外部能源企业、供应链伙伴、绿色金融机构的合作网络，通过搭建投资平台、产业平台、技术平台，积极构建企业"双碳"产业生态圈，以此为抓手，借助政策支持，推动建筑企业绿色转型和业务发展。

结合国际发展趋势、行业发展特点，进一步整合系统内外资源，不断拓展产业链和提升价值链，推动新兴技术与建筑行业的跨界融合发展。积极对接地方城乡建设需求，推动工程建造从建筑向社区、园区、城区拓展，打造绿色低碳的差异化竞争优势。对于综合性建筑企业，可将投融资、规划设计、施工建造、运营维护按上下游产业链条纵向拉通，提供合理可行的"一揽子"城乡"双碳"建设运营方案。如图5-1所示。

积极组织和参与行业"双碳"发展联盟，推动形成开放式的产业集群，形成利益共同体。加强与供应链上下游的互联网企业、大专院校、科研机构、金融机构、材料设备制造商合作，参与建立跨行业跨领域的绿色低碳协作平台，与建筑企业既有业务和技术能力实现高效协同，以更加开放的心态和颠覆式的资源整合方式，构建极具吸引力的产业生态圈。

推动建立跨行业跨领域的"双碳"目标协作机制，整合国内或国际优势资源，组建或

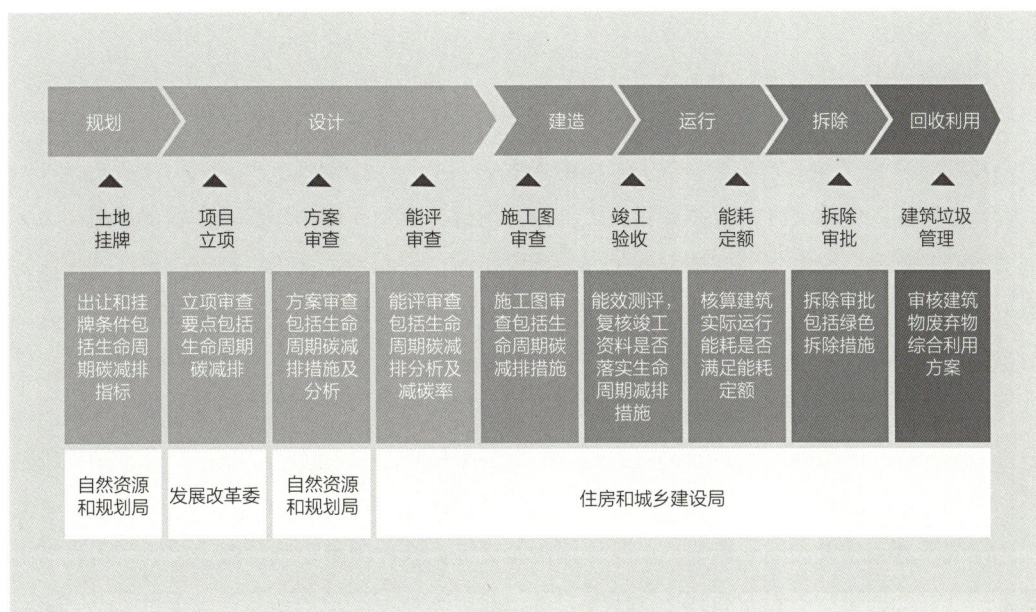

图5-1 工程项目建设"一揽子"解决方案

参与"双碳"行动共同体,共同开创低碳新时代。充分借用互联网行业数字化企业优势,赋能建筑企业数字化战略行动,打造企业数字化能力,形成绿色低碳产业链和供应链,培育数字化、绿色化融合发展新业态新模式。

### 5.2.3 实施"碳产业"策略

碳达峰碳中和蕴含着巨大的市场容量,将催生许多新产业、新业态、新模式,企业要抓住机遇,积极探索"碳产业",创造新的经济增长点。在碳产业布局上,如城市分布式能源、新型建筑节能材料、建筑垃圾资源化利用等领域,可明确主攻方向,布局成型。如新能源充电桩、抽水蓄能等领域,注重向优势单位合作,依托试点项目打造商业模式。如氢能、新型储能、区域能源等领域,要做好市场调研和分析,结合自身的资源禀赋,研判发展重点,探索产业布局,以确保创新业务实现高速增长,形成第二增长曲线。

探索碳金融,可参与建筑行业碳交易相关配套规则制定和机制运行。同时要利用好金融工具,健全建筑企业绿色金融体系,充分运用绿色贷款、绿色债券、绿色保险及碳交易等多种绿色金融政策,降低节能减排成本,实现投入和效益的正向循环。拓展碳盘查、碳资产托管、碳金融、碳咨询等业务。建立低碳企业库、低碳项目库、低碳人才库和政策工具库等专题数据库,加强企业碳排放统计监测及服务能力,提升碳排放管理水平。

### 5.2.4　实施"碳品牌"策略

将减碳目标与企业发展战略目标深度契合，纳入企业发展全局，将低碳价值观与行动转化为核心竞争力。通过建立约束性目标和量化分解指标，确保建筑企业实现"双碳"目标；通过构建市场、标准、技术、产业及产品体系，系统性保障目标指标体系的实现；通过建立能力体系，提升企业能力，促使具体工作和要求完成。

根据国内外建筑企业绿色低碳行动的实践经验，企业可根据自身发展情况，从以下方面对企业进行规范引导，如，企业研发与创新能力，企业在科学与技术新产品（服务）、新技术、新材料、新工艺等方面的研发投入力度；绿色产业链管理工作开展情况，绿色产业链管理制度是否完整；绿色技术和产品原始研发创新推进情况；绿色工法编制情况，施工生产效率促进情况，生态友好性是否得以有效维护；在引领行业绿色发展方面开展的绿色标准制定情况；打造绿色建筑、健康建筑产品的情况；第三方质量、环境、职业健康安全管理体系认证通过情况等。通过积极规范引导推进高质量绿色低碳发展，促进行业绿色低碳水平持续提升。

开展低碳宣传，谋划品牌建设。正面制造热点，提升建筑企业公众影响力，用好企业内外部资源，通过打造零（负）碳建筑、社区、园区等方式提升品牌形象。积极主承办和参加"双碳"、数字经济相关国际国内赛事、论坛、峰会等，扭转建筑业碳排放大户的形象，使建筑企业成为"双碳"行动中的一面旗帜。

# 5.3 技术支撑

企业的低碳建造技术水平会对碳排放产生直接影响，先进低碳技术的使用，能够帮助企业克服低碳技术的市场壁垒，为企业的低碳化经营提供技术保障。在"双碳"战略目标下，建筑企业首先应加大科技创新力度，推进"双碳"技术、产品、模式、管理和业态体系化创新，实现科技赋能产业发展。积极部署绿色环保、节能减排、资源循环、安全韧性等关键核心技术研究，尤其要在新型建造方式、清洁能源、零碳建筑、零碳园区、低碳新材料、建筑电气化、碳排放计量监测等方向重点发力。

### 5.3.1　研发精准高效的碳计量监测技术

碳数据是衡量企业是否实现"双碳"目标的关键依据，建筑企业的碳排放除建筑运营的碳排放外，还包括建造阶段的碳排放。建造过程中由于参与方较多，包括总承包、设计、专业分包等多家企业，其碳监测和核算体系高度复杂，目前仍无法实现精确监测和计算。如租赁或外包的燃油机械设备，总承包单位很难统计出准确的活动水平。急需开发快捷有效的碳计量器具，可直接精确计量现场的机械设备的碳排放量。

企业可积极运用物联网技术进行碳排放量数据采集、获取和监测，提高数据覆盖度，增强模型分析能力，提高碳排放分析处理结果的准确性和可信度。如建立覆盖各业务的碳排放数字化监控管理平台，实现碳排放数据的完全透明化，有效识别节能环节，减少节能降碳成本，同时，与国内外同行比较碳排放情况，为评估未来的排放状况设定基线，规划降低碳排放的目标，为企业决策起到协助作用，对外展示企业形象。

建筑行业碳排放测算常选用排放因子法，排放因子的确定直接决定了碳排放量计算结果的准确度。企业应积极参与建立碳排放因子的数据取用原则和核算方法，包括能源、材料、运输和产业部门的碳排放因子。探索与制造端共同起完善建材的碳足迹追溯，打通并共享上下游的碳数据。针对装配式部品部件，相关企业需密切跟踪控股的构件工厂碳排放相关数据，建立预制构件碳排放数据库，建立预制构件的碳标签制度。

## 5.3.2　加速低碳建材与新能源研发应用

建筑企业可根据自身的业务内容，提前布局"双碳"重大关键技术研发，围绕清洁能源开发、低碳零碳负碳建筑材料、二氧化碳捕集利用与封存等具有前瞻性、战略性重大前沿技术开展科研攻关，深入开展光储直柔、建筑电气化、智能物联网等关键技术攻关、示范和产业化应用。

鼓励加强产业共性基础技术研究，着力开展绿色低碳新技术、新材料、新装备攻关。围绕新型胶凝材料技术、低碳混凝土技术、低碳水泥、碳纤维、装饰保温结构一体化围护结构等新型材料与技术体系进行研发应用。碳捕集与碳贮存及利用等碳汇技术方面，围绕高性能碳汇水泥、负碳混凝土、固碳建筑构件等，探索碳汇技术及产品开发应用，增加生物碳汇，实现围护结构减碳技术的突破。同时大力推进BIPV相关技术的研发，逐一突破技术大规模发展过程中的问题，包括防火耐火性能、垂直于表面的发电性能、耐久性能等。推进光储直柔技术的研发，形成直流电供配电系统及相关产品、直流柔性光伏充电桩成套设备相关产品以及建筑"光储直柔"改造专项解决方案相关产品。

能源是"双碳"行动的焦点，绿色能源将成为建筑业各大集团新的市场创新竞争力，能源领域实现净零排放关键技术见图5-2。建筑企业可推进高效率太阳能电池、可再生能源制氢、可控核聚变、零碳工业流程再造等低碳前沿技术攻关，在先进适用技术研发和推广方面尽快取得突破。同时可加强外部技术引进，定期更新国内外低碳、智能化技术产业化清单，

| 低碳发电 | 电力基础设施 | 交通运输用电 |
|---|---|---|
| 水力发电 | 灵活的高压或交流电传输 | 电动列车 |
| 核能 | 超高电压传输 | 电动轻型道路车辆 |
| 地热 | | 电动重型道路车辆 |
| 太阳能光伏 | 快速频率响应 | 电动船 |
| 太阳能热力 | | 电动飞机 |
| 风能 | 快速充电 | **工业用电** |
| | | 原生铝电气化 |
| 煤电结合 CCUS | 动态充电 | 初级炼钢电气化 |
| 海洋能源 | 智能充电 | 化学品电气化 |
| 大型热泵 | | 水泥电气化 |
| | 需求充电 | **建筑物用电** |
| 生物质结合 CCUS | | 电力烹饪 |
| | | 热泵 |
| 天然气结合 CCUS | 机械储存 | 蒸发冷却 |
| | | 固态冷却 |
| 氢能涡轮机 | 电池储存 | **燃料转化用电** |
| | | 电解水制氢 |

图5-2 能源领域实现净零排放关键技术

通过外部并购、成果引进、合作研发的方式，积极引进前沿成熟技术，快速实现降碳技术应用成果。

### 5.3.3 强化绿色低碳建造技术研发应用

低碳建造技术方面，企业可围绕城乡建设绿色低碳转型目标，以脱碳减排和节能增效为重点，大力推进低碳零碳技术研发与示范应用，如图5-3所示。企业的低碳设计水平、低碳建造技术等均会对碳排放产生直接影响。低碳设计会对整个工程的碳排放造成决定性影响；低碳建造技术一方面可减少施工过程碳排放，另一方面可降低建材消耗量，减少建材隐含碳排放。企业可开展绿色策划、绿色设计、绿色施工和绿色运维研究，以及数字设计、智能生产、智能施工和智慧工地研究，研发工地机械设备智能化、自动化升级以及建筑机器人等集成应用，赋能建筑全生命期碳中和。

建筑工业化方面，推动建立以标准部品为基础的专业化、规模化、信息化建造体系，推动智能建造和建筑工业化的协同发展。主要围绕绿色低碳新型装配式结构体系、工业化智能加工生产技术、设计—深化一体化施工技术、装配式高效智能绿色施工技术、装配式智能化

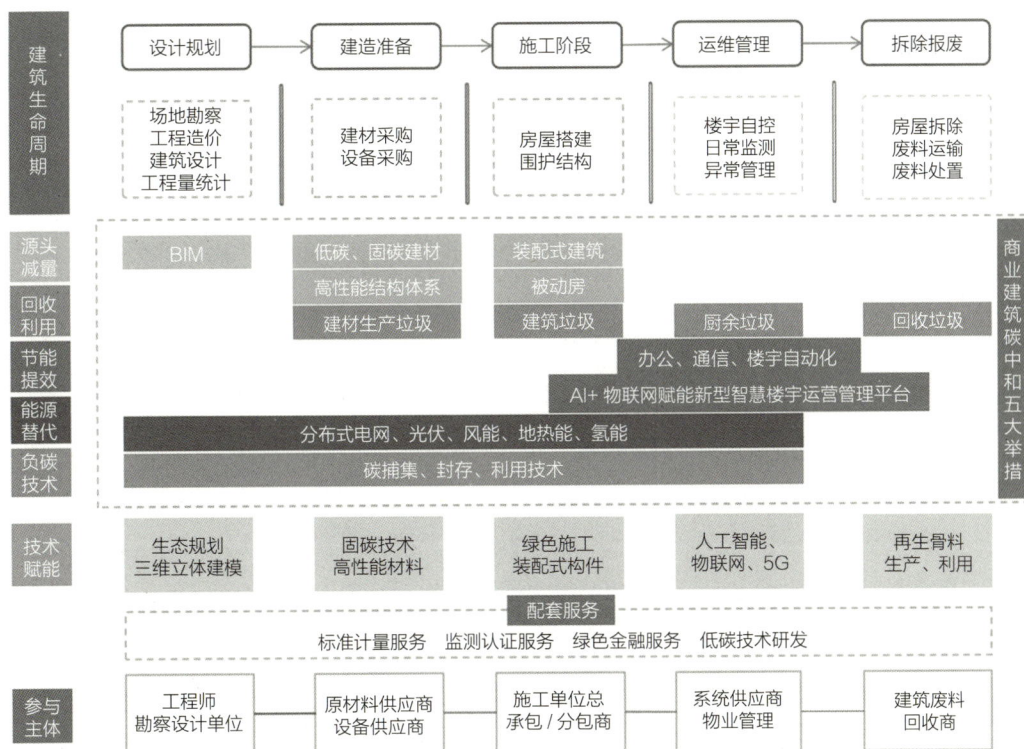

图5-3　低碳建造技术赋能建筑碳中和

检测技术等展开，最大限度减少建造过程碳排放。

　　智能建造产品研发方面，推动人机协调、自然交互、自主学习等建筑机器人的批量应用，构建先进的智能建造标准体系，如基于BIM的智慧工地策划系统、智能测量机器人、智能钢筋绑扎机器人、钢筋下料焊接机器人、布料机器人、智能塔式起重机、墙板安装机器人等，使其逐渐替代人工辅助现场施工、策划、管理，实现精准布料，减少材料的浪费和损耗。

## 5.3.4　开发数字孪生应用技术产品

　　开发专业化数字孪生产品，如输配电智能化运行系统、城市、园区、企业、家庭用电智能化管控，数字化储能系统，智慧城市数据底板等，助力客户实时监测设备能耗和作业碳排放管理。

　　积极发展建筑端"虚拟电厂"，用数字化技术赋能输配电智能化运行。未来建筑应主动适应电力革命，充分利用建筑屋面立面，实现建筑光伏一体化，光储直柔将是建筑中发展零碳能源的重要技术，届时建筑将不仅是能源的消费者，还将采用"需求侧响应"的用电模式，实现发电自用、储能调节、低耗用电三位一体的新职能。大规模发展光伏建筑一体化，需要数字化技术实现输配电网络的智能运维、状态监测、故障诊断等，将大数据、物联网、人工智能、边缘计算等技术与城市能源管理深度融合，实现横向"水、电、气、热、冷"多能互补控制，纵向"源-网-荷-储-人"高效协同，打造城市CIM智慧能源模块。

开发数字化储能系统促进储能系统技术与信息技术的深度融合，实现储能系统的数字化和软件定义化，进而与云计算和大数据等数字技术紧密融合，实现储能系统的互联网化管控，提高储能系统运维的自动化程度和储能资源的利用效率，充分发挥储能系统在能源互联网中的多元化作用。

### 5.3.5　协同共建低碳技术创新平台

企业可积极承建或参与节能降碳和新能源技术产品研发国家重点实验室、国家技术创新中心、重大科技创新平台建设，对外开放和共享创新资源。加大跨行业跨领域的集成创新，整合专业企业、高校、科研院所、产业园区等力量，加强与能源、材料、IT、金融等跨领域创新合作。通过多学科综合研究、产学研协同攻关及示范的有效结合，统筹消化吸收和再创新工作，避免单位之间各自为战、重复研发，推动形成技术、行业、领域、区域以及国际多维度的创新战略支撑体系。建立市场化运行、风险共担、知识产权共享的绿色低碳技术创新联合体，共建绿色低碳产业技术协同创新平台及重点实验室，面向"双碳"新赛道，部署重大科技攻关，形成推进创新的强大合力。

# 5.4 计划实施

建筑企业要坚持远近结合有序开展减碳工作，明确不同阶段的具体目标、重点任务。短期要尽快解决企业一些重点领域高能耗、高排放的突出问题，有效控制总量，逐步降低增量。中长期要推动企业实现理念变革、组织管理变革、发展方式变革，建立一套长效机制，走出一条绿色低碳发展的新路。总体划分为三个阶段："双碳"体系基础建设阶段、精细化"双碳"管理与战略升级阶段和循环经济和绿色增长战略阶段，积极稳妥推进碳达峰碳中和工作，为国家"双碳"目标实现贡献力量。

## 5.4.1 "双碳"体系基础建设阶段

"双碳"体系基础建设阶段是抢抓"双碳"机遇的关键期,该阶段的主要工作是抓基础,建体系,强能力,完成"双碳"体系搭建,实现"双碳"工作系统、协调、有序推进。

成立"双碳"机构、完善"双碳"体制机制。建立企业碳排放组织管理机构,组建企业"双碳"系列研究机构,形成上下贯通的组织管理体系;发布减碳行动计划,制定碳排放总目标与指标,对不同业务目标进行拆分,明确重点任务和保障机制;开展碳排放核算,摸清碳排放边界与家底;进行机构完善优化,制定企业标准,发布碳减排指南。

搭建"双碳"管理平台,健全保障管理机制。建设企业碳排放综合管理平台,标准化碳计算工具,建立碳排放计算、管理及评价方法;建设企业绿色建材碳排放数据库,合作研发建筑材料全生命期的环境影响评价模型,建立碳排放合格材料清单等;开展绿色办公行动,实施办公环境节能改造等;从战略到执行,开展数字化转型,推动企业新旧动能转换;建立健全监督考核管理机制,定期对碳减排绩效相关表现进行监督考核,确保"双碳"表现符合企业预期。

开展"双碳"技术研发与创新,打造绿色低碳示范项目。聚焦降低环境影响技术研发,碳足迹评估等方面进行碳减排技术与方案研发,如积极研发碳减排相关产品,打造包括零碳建筑、零碳社区等城市碳减排解决方案;推动绿色低碳建造,改进施工工艺,转变建造方式,实行绿色采购,节能降耗,使用可再生能源,减少建造活动碳排放;从城区、社区、建筑、基础设施层面打造"双碳"示范项目。

## 5.4.2 "双碳"管理精细化与战略升级阶段

"双碳"管理精细化与战略升级阶段是"双碳"工作推进的创新攻坚核心阶段,主要围绕构建形成完整的低碳产业链,新材料、新技术、新产业、新商业模式取得实质性突破,规模化推进"双碳"业务发展,形成新产业、新业态。

强化"双碳"关键核心技术研发,实现跨界融合。围绕零碳建筑、低碳管理、智能建筑和智慧城市技术等研发,形成关键核心技术;推进新型建材(如用于提高混凝土结构耐久性的韧性涂层等)、低碳乃至碳中和建材(如碳中和混凝土等)研发,形成低碳材料支撑;推进碳中和智慧社区、碳中和智慧城市以及碳中和片区、园区、社区整体解决方案;实施数字化转型,通过数字化改造,创新生产体系,实现生产方式升级;借助绿色债券获取低成本资金用于绿色项目建设、业务投资和技术研发的模式,形成"双碳"跨界融合发展新模式。

带动上下游供应链绿色减碳。建筑企业在价值链上的碳排放责任主要包括建材等物资采购、分包外包、设施设备购置、废弃物处理、员工差旅通勤、售出产品的运输和配送、租赁资产等相关的碳排放。如实施低碳采购、就近采购，不但可以减少建筑的隐含碳排放，还可减少建材运输距离，减少运输环节碳排放。建筑企业可通过绿色设计、绿色建造、绿色采购和使用可再生能源、节能改造和生态服务，采用"双碳"管理实现碳减排。对供应链开展包括使用环保高效的设备和管理技术、扩大环保建设和工程清单、评估材料的环保性、建立和运行完整的环境健康安全体系监控，逐步影响企业产业链上下游的碳排放。

### 5.4.3　循环经济和绿色增长战略阶段

循环经济和绿色增长战略阶段是企业实现运营边界内碳中和关键阶段，该阶段主要通过前期一系列"双碳"策略实施，带动产业链上游企业实现碳中和，进一步推进构建全球性的绿色供应链；推进与国内外优势资源形成良好合作模式，进行"双碳"技术、标准、产业输出。

# 5.5 组织模式

建筑企业实现"双碳"目标需要全面落实减碳举措，同时也要调整升级组织架构、企业治理、运营管理、绩效考评等企业运行要素以支撑"双碳"工作的开展。企业必须以"双碳"作为出发点和归宿点，进行企业机构改革。各专业部门在合理分工的基础上，需加强协作与配合，保证各项专业管理的顺利开展，达到组织的整体目标。

### 5.5.1　成立碳达峰领导小组

建筑企业可成立各级碳领导小组及专业委员会，碳领导小组可由各级单位领导班子及相关部门分管领导组成，单位负责人任组长，碳领导小组全面统筹各单位的碳管理工作，与各部门形成一体化工作方法。专业委员会由领导班子、分管领导、各部门负责人、技术专家、碳管理专员等组成，负责"双碳"相关制度、策略的商讨、评价，并开展各业务板块碳盘查及低碳技术体系梳理，业务板块碳限额管理，统筹推动业务板块决策，制定高碳业务板块退出机制等。通过领导层的重视和层层落实，以及科学的组织、讨论和决策，从而更有力地推动企业自上到下各级单位的"双碳"目标实现。

## 5.5.2　组建"双碳"管理部门

在现有组织机构体系下，协调组织或引进碳排放管理专业人员，组建"双碳"管理部门，其他职能部门设置碳管理专职人员，形成从总公司、各级分支机构、到项目部层面的碳排放专职化管理，全面开展碳管理工作，负责碳排放目标计划、过程实施管控、定期考核与奖惩，以及碳排放数据收集、整理、分析等系列工作，并协助"双碳"委员会开展各业务板块碳盘查、低碳体系梳理、碳限额管理等工作。通过系统性专职化的管理，从而确保企业的碳管理工作有条不紊地开展。明确职能部门（企划、财务、研发、市场、生产管理、文化宣传等部门）的"双碳"职责，以系统性的可持续理念取代传统部门独立的工作方法，并充分考虑各部门之间、各系统之间的协同作用，共同达成企业"双碳"目标。

## 5.5.3　构建研发网络体系

成立企业"双碳"系列研究机构体系，可参考图5-4。尽快配备配齐资源，统筹推进"双碳"机制研究和实践应用。对于产业共性技术的基础研究，在统一的基础研究平台上由科技管理部门牵头组织，做到集聚力量、系

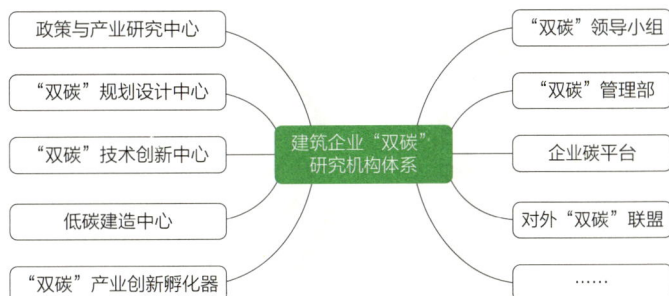

图5-4　建筑企业"双碳"研究机构体系架构设想

统集成。联合高等院校、科研院所以及其他外部机构共同组建政策研究、产业研究、技术研究、建材研究、绿色金融研究、跨界集成研究等分布式研究机构、分布式创新孵化器以及产业技术创新联盟和共性技术研发平台。

## 5.5.4　创新项目管理模式

"管理减碳"正在成为建筑企业实现低碳发展的一种低成本有效路径，尤其对于工程总承包和全过程咨询模式，其可对项目全过程的碳减排进行统筹管理，对施工现场提出低碳化施工要求。高效的施工管理可大大减少施工环节材料的浪费、提高施工效率，进而减少施工碳排放。建筑企业以EPC、PDC、SPV等项目管理模式为基础，可探索适应"双碳"要求的新型项目管理组织模式，满足不同项目类型的管理需求，提升组织作战能力，各尽其能，物尽其用。一方面项目管理多元化，设计人员、项目经理、总工等需要适应新时代的变化，具

有跨界能力。另一方面项目管理专业化，大型项目部核心构成或将会发生重大变化，项目班子组成人员可拓展项目设计总监、低碳总监、信息化总监、总调度等岗位，形成多元化跨界能力。

### 5.5.5 共建共享"双碳"共同体

牵头或参与组建建筑行业"双碳"产业联盟，制定"双碳"共同行动，发起"双碳"倡议，发布"双碳"白皮书，引导行业实现低碳转型。与全球建筑行业、上下游分供商企业、高校及科研机构等，共同推进"双碳"产学研用协同创新，开展建筑"双碳"前沿性研究、服务国家战略、专业人才培养、产业转型升级，联合共建创新合作平台及跨领域跨行业交流机制，共建"双碳"产业生态圈。持续推进"双碳"生态圈深度合作，打造全球顶级人才集聚高地和产业创新集群，构建协同共建、利益共享、合作共赢的"双碳"共同体，推动建筑领域"双碳"共生新格局，为实现国家"双碳"战略贡献力量。

# 5.6 工作机制

践行建筑领域"双碳"战略目标工作是一项长期性工作，建筑企业需要通过建立健全工作机制，形成更加精准务实的改革举措，做好与原有生产经营组织管理体系的融合衔接，做到相互协调、相互促进，保障建筑企业发展迈上新台阶。

### 5.6.1 建立健全顶层机制

加强顶层设计，建立建筑企业"双碳"重大事项决策机制，开展"双碳"重大事项决策，建立"双碳"专题议事制度，成立企业"双碳"工作委员会，加强系统研究谋划、精心策划部署，充分调动各级组织力量，推动形成工作合力。强化责任落实，建立建筑企业"双碳"工作责任制，全面厘清"双碳"工作责任边界，构建目标明确、职责清晰、衔接有序的责任体系，压实主体责任，推动企业责任部门切实履行"双碳"职责。加强统筹协调，统筹内部资源优势，设立"双碳"发展基金，建立灵活自主的"双碳"人才流动机制。发挥"双碳"工作委员会统筹优势，建立"双碳"协调推进工作机制，实现多层级、多部门联席协作推进"双碳"工作。

## 5.6.2　加快构建激励机制

设立低碳科技奖励专项资金，将碳绩效指标纳入企业科技创新奖励体系，实行"双碳"科技创新先进集体、科技功臣等荣誉制度，建立碳减排正向激励的科技创新机制。创新"双碳"科技成果转化激励机制：一是积极营造科技成果转化应用的环境。坚持科技引领，完善成果转化体系，加大资源、人才投入力度，搭建科技创新平台。二是完善科技成果转化体制机制。建立科技创新的合作体系和长效机制，完善科研成果评价与考核体系，激励企业内科研机构人员进行科技成果转化的积极性，激发创新活力。

健全"双碳"人才激励机制，鼓励"双碳"科技人员走向工程项目一线，根据工程实际需求寻找和选择科研课题，运用市场机制对项目和科研人员进行筛选，使务实、踏实、想干事、能干事的科技人才脱颖而出，形成创新源泉充分涌流、高质量成果竞相迸发的良好局面。要培育一大批行业"双碳"领军人才，设立的各类科技创新平台，要始终围绕高端人才及其团队开展工作，让广大科研工作者加快成长，让更多的行业领军人才脱颖而出，成为战略科学家乃至院士。推行绿色低碳行为激励机制，构建建筑企业职工碳账户体系，联合行业龙头企业、金融机构等，设立建筑企业低碳行为引导基金，探索建筑企业碳积分激励制度，建立建筑企业碳普惠机制。

## 5.6.3　建立长效动力机制

建立"双碳"重点推进机制，编制重点任务清单及应用示范推荐目录，加大重点领域碳排放管控，开展"双碳"示范模范企业评比等活动，推动重点领域"双碳"示范形成实效，实现产值持续上升、碳排放强度持续下降。健全科技引领机制，构建从内部到外部的"双碳"研发协作体系，争创国家级、省部级"双碳"科技创新平台。设立"双碳"科技创新专项，以重大科技项目为牵引，促进"双碳"科技成果转化应用。健全人才推动机制，实施"双碳"顶尖人才"头雁计划"，建立灵活的"双碳"人才引进机制，开展"双碳工程师"评选、"双碳创新竞赛"等活动，加大内部"双碳"人才培养、交流力度，激发"双碳"人才活力。建立宣传引导机制，加强"双碳"专题宣传，制定"双碳"宣传工作方案，形成立体化"双碳"宣传态势。开设"双碳"云课堂，打造多维度"双碳"知识体系、开放性学习平台，满足企业内外不同群体教育需求。

## 5.6.4　健全监督考核机制

加强碳数据监管，利用碳管理平台建设契机，建立碳排放数据统计监测工作机制。强化数据质量管理领导责任和关键岗位职责，建立碳盘查机制，完善碳排放数据质量管控体系。强化碳考核评估，将碳绩效指标纳入建筑企业综合考核指标体系，建立"双碳"动态评估机制和重大情况报告制度，开展碳绩效评比及领跑者行动，建立碳绩效导向的经营考核机制。建立碳准入机制，制定业务产品碳绩效分级清单，将高碳业务产品纳入"双碳"管理部监管，实行碳绩效末位淘汰退出制度。制定高碳业务产品限制性准入清单、低碳业务产品推荐性清单，建立业务产品准入源头管控机制。

第 6 章

# 建筑企业碳达峰
# 碳中和实施路径

在"双碳"战略目标下，国家相关政策中对于城乡建设领域提出了新的要求，建筑行业要摆脱粗放型发展模式，应坚持绿色发展，推进建筑产业现代化，实现行业的绿色、高质量发展。对于建筑行业中相关企业来说，需要正视挑战，准确把握建筑行业发展趋势，以推动行业绿色化发展为责任担当，精心部署自身"双碳"工作，努力成为建筑领域"双碳"工作的主要推动者和重要参与方。

# 6.1 总体实施路线

联合国全球契约组织发布的《企业碳中和路线图》（表6-1）中给出了各行业碳中和路线图的建议，关于各行业通用行动、工业制造业的短期、中期和长期的举措对于建筑行业也有一定的参考意义。

各行业碳中和路线图建议                                     表 6-1

| 行业 | 短期 | 中期 | 长期 |
|---|---|---|---|
| 各行业通用行动 | 完成碳盘查并设定碳中和目标<br>详细设计的碳中和路线图<br>倡导节能行为，减少不必要的差旅或纸质材料的使用<br>利用能源管理系统和照明改造系统，对建筑进行节能升级 | 通过部署场内光伏系统或直购绿电等方式，采用可再生能源设计和选择新建筑时采用绿色建筑标准<br>制定培训和激励计划，推动供应链和下游物流节能减碳 | 制定供应链碳绩效评估标准并应用于各业务部门<br>针对下游物流制定并实施新的评估标准，重点关注碳表现 |
| 工业制造业 | 对售出产品的碳排放进行生命周期评估<br>应用系统化方法从废弃物中回收能源 | 识别并应用新的工艺和流程管理工具，提高制造流程效率 | 显著提升电动汽车、电池等低碳产品和可再生能源产品的份额 |
| 建筑业 | 在建筑工程中增加预制材料的使用<br>甄别效率改进项目并应用于施工现场<br>加强内部绿色建筑设计能力，或借力外部合作伙伴 | | 显著提升可再生能源相关项目的占比，包括可再生能源工厂或相关建筑及基础设施 |

建筑企业开展"双碳"工作的路线一般包括三步，首先开展碳基线的盘查，界定组织边界，明确温室气体的种类，梳理相关活动并评估活动层面的排放量，核算温室气体的排放量，其次设定减排目标，包括目标的类型、范围和时间线，在此基础上设计减排措施，对标行业特点制定中短长期行动方案并实施。

## 6.1.1　开展碳盘查

开展碳盘查、编制温室气体排放清单可增进建筑企业对温室气体排放情况的了解，也是披露碳排放相关信息的基础工作，对建筑企业来说具有重要的商业意义。我国陆续发布了24个行业企业温室气体排放核算方法与报告指南，其中主要为电力、钢铁、水泥等生产类重点排放企业，与建筑相关的仅仅涉及了《公共建筑运营单位（企业）温室气体排放核算方法和报告指南（试行）》。参考国际标准，对于企业的碳排放计算方法，由世界资源研究所（WRI）和世界可持续发展工商理事会（WBCSD）主导的温室气体核算体系（GHG Protocol）是目前相对公认的标杆，温室气体核算体系包括《温室气体核算体系：企业核算与报告标准（修订版）》与《温室气体核算体系：企业供应链（范围三）核算与报告标准》，碳排放划分为三个范围，范围一和范围二相对比较明确，范围三是其他间接温室气体排放，覆盖广泛的活动类型，也被认为是价值链上的碳排放，也是争议最广泛的一类，企业可以自主决定是否纳入的活动，如表6-2所示。

**温室气体核算体系各类排放范围及涵盖的企业活动**　　　　　　　　　　表 6-2

| 排放范围 | 定义 | 温室气体核算体系定义活动 | 可选披露范围 |
|---|---|---|---|
| 范围一 | 温室气体直接排放——企业燃烧燃料直接产生的温室气体排放 | 自有锅炉　　自有车辆<br>自有熔炉　　化工生产 | 必选 |
| 范围二 | 温室气体间接排放——由其他企业生产并由核算企业购入的电力、热力和制冷所产生的温室气体排放 | 外购电力　　外购热力<br>外购蒸汽　　外购冷气 | 必选 |
| 范围三 | 其他间接排放——除范围一和范围二，由企业运作造成的间接排放，包括上下游排放 | 外购商品和服务<br>资本货物<br>燃料和能源相关活动<br>上游运输和分销<br>运营中产生的废弃物<br>差旅<br>员工通勤<br>上游租赁资产<br>下游运输和分销<br>售出商品加工<br>售出商品使用<br>售出商品报废处理<br>下游租赁资产<br>特许经营<br>投资 | 可选 |

注：引自《温室气体核算体系：企业核算和报告标准》（GHG Protocol）。

温室气体的排放标准（ISO 14064）作为碳排放认证的国际标准，将碳源也划分为三个领域，分别为直接温室气体排放，能源间接温室气体排放和其他间接温室气体排放。直接温室气体排放包括组织所拥有或控制的温室气体源排放的温室气体，能源间接温室气体排放包括组织所消耗的输入电力、热及蒸汽所产生的温室气体排放，其他间接温室气体排放为由企业活动产生的温室气体排放，来自其他组织所拥有或控制的温室气体排放，三者大体分别类似于范围一、范围二和范围三。

关于碳盘查的组织边界，一般有两种方式，一种是股权比例法，一种是控制权法，建筑企业可选择一种界定业务活动和运营的组织边界的方法，以合并报告碳排放量。采用股权比例法，建筑企业可以根据在业务中的股权比例核算温室气体排放量，能反映公司的经济利益，即企业对业务的风险与回报享有的权限。采用控制权法，建筑企业可以对其控制的业务范围内的全部温室气体排放量进行核算，对其享有权益但不持有控制权的业务产生的温室气体排放不核算，控制权可以从财务或运营角度界定。

建筑企业还需明确覆盖的温室气体的种类，《京都议定书》中规定控制的温室气体有六类，即二氧化碳、甲烷、氧化亚氮、氢氟碳化物、全氟化碳和六氟化硫。对于建筑企业来说，最常见的是二氧化碳，空调运行及更换制冷剂时可能会有氢氟碳化物的溢出，施工过程中部分施工机械的使用会产生多种有害气体，也包括甲烷和二氧化碳等温室气体，但其特点是品种多、成分复杂、随机释放，对这部分温室气体核算目前还存在一定的难度。

关于碳排放的计算，最普遍的是采用碳排放因子法计算，基于具体设施或工艺流程可采用物料平衡法计算。对于建筑企业来说，最常见的是采用排放因子法，对于部分部品部件企业，基于其生产工艺流程，部分需采用物料平衡法。

## 6.1.2  制定碳目标

科学碳目标倡议（SBTi，Science Based Targets initiative，以下简称"科学碳目标"），是一项全球倡议，由世界资源研究所（WRI）、世界自然基金会（WWF）、全球环境信息研究中心（CDP）以及联合国全球契约项目（UNGC）共同发起，旨在帮助企业设定符合《巴黎协定》中控制全球温升幅度小于2℃的目标相一致的科学碳目标。这份倡议为企业设立科学碳目标（SBT）提供了清晰的框架，并可以对过程中各个步骤、工具，以及针对不同行业的相关资源提供详细指导。建筑企业在设定碳目标时可以参考该倡议提供的设定方法学。

相比于其他大体量或发达经济体，我国企业在科学碳目标设定方法上仍有较大差距，参与该项计划的企业数量仍相对较少，已参与的企业在CDP上的披露数据质量相对较低。具体见表6-3。

部分经济体参与 SBTi 的企业数量 [①]　　　　表 6-3

| 国家（地区） | 新加入的企业数量（家） | | | | | | | 总数（家） |
|---|---|---|---|---|---|---|---|---|
| | 2015 年 | 2016 年 | 2017 年 | 2018 年 | 2019 年 | 2020 年 | 2021 年 | |
| 中国（大陆） | 0 | 0 | 0 | 0 | 1 | 12 | 30 | 43 |
| 中国（香港） | 0 | 0 | 1 | 0 | 3 | 3 | 9 | 16 |
| 中国（台湾） | 0 | 1 | 1 | 0 | 3 | 3 | 17 | 25 |
| 美国 | 1 | 5 | 3 | 20 | 40 | 76 | 181 | 326 |
| 德国 | 0 | 0 | 3 | 1 | 10 | 26 | 54 | 94 |
| 日本 | 0 | 1 | 9 | 17 | 22 | 32 | 86 | 167 |
| 英国 | 0 | 4 | 6 | 6 | 24 | 63 | 247 | 350 |
| 印度 | 0 | 0 | 0 | 6 | 14 | 23 | 19 | 62 |

科学地设定碳目标目前主要有三种公开可用的方法，绝对排放量收缩、行业减排法和经济强度收缩，如表6-4所示。

设定碳目标方法　　　　表 6-4

| 方法种类 | 企业输入 | 方法输出 |
|---|---|---|
| 绝对排放量收缩 | 基准年、目标年、基准年排放量，按范围分解 | 与基准年相比，截至目标年的绝对温室气体减排总量 |
| 行业减排法 | 基准年、目标年、按范围分解的基准年排放量、基准年的活动水平（如建筑楼面面积，出行距离等）、预计至目标年活动的变化 | 与企业产量相关的减排量（如tCO$_2$e/MWh） |
| 单位增加值温室气体排放量 | 基准、目标年、按范围分解的基准年排放量、基准年的增加值预计至目标年增加值的变化 | 与企业财务业绩相关的减排量（即tCO$_2$e/增加值） |

建筑企业在设定碳目标后，应与企业各个层面密切合作并进行宣传，调动各个部门或分子企业积极参与目标的实现之中，并定期跟踪碳目标的实现情况。

### 6.1.3　落实碳减排措施

从建筑企业的角度，实现碳减排，首先从内部运营入手，实施优化运营能效，倡导绿色工作方式，增加在运营中可再生能源应用等措施，减少自身可控制的范围一和范围二的碳排

①　数据来自SBTi官方网站数据库。

放，在此基础上提倡价值链上的合作，包括如设计绿色建筑、超低能耗建筑等，助力供应链脱碳。

对于某一个建筑来说，低碳建筑的路径主要包含四个方面，低碳设计、绿色施工、低碳运行以及资源化拆除。建筑行业内的各个企业可根据自身参与的阶段和内容制定相应的具体减排措施，减少建筑的碳排放（表6-5）。

建筑全生命周期减碳策略　　　　　　　　　　　　　　　　表 6-5

| | | |
|---|---|---|
| 建筑全生命周期减碳策略 | 减碳设计 | 优化城市空间规划与城市设计<br>推行零碳建筑设计，充分利用自然采光与通风<br>发展低碳结构体系，减少建材消耗<br>优化建筑机电系统配置，提高能源利用效率<br>延长建筑设计使用年限 |
| | 绿色施工 | 智能建造、建筑工业化、绿色施工三者协同<br>混凝土生产低碳化<br>装配式构件生产低碳化<br>施工机械电气化 |
| | 低碳运行 | 建筑电气化<br>建筑光伏一体化<br>建筑运行调适技术<br>能源监测与智慧管理<br>建筑绿色更新<br>零碳供暖技术 |
| | 资源化拆除 | 建筑垃圾分类与回收<br>建筑垃圾资源化利用 |

以下针对建筑行业内各类企业的碳排放进行定性的分析，并给出相应的实现建筑行业碳达峰碳中和的实施举措与路径建议，供各类建筑企业参考。

# 6.2 房地产企业

## 6.2.1 碳排放特点

房地产企业的碳排放类主要为办公运营的碳排放，范围一的碳排放主要包括如自有汽车的碳排放、食堂燃料碳排放、采暖用化石燃料碳排放等；范围二的排放如办公楼的运行电力、采暖用的热力等。对于范围三的碳排放，因房地产企业涵盖了投融资、规划设计、采购生产、施工建造和运营管理多个环节，碳排放远远超过范围一和范围二的总和，所以房地产企业具有可以全过程系统化实施减碳举措的优势，应统筹考虑建筑全寿命周期的碳排放。

随着国家对碳排放的关注越来越重，企业对碳披露的重要性也应引起足够的重视。目前我国对公司ESG信息披露的监管文件仍处于以资源披露为主的阶段，并没有对格式规范、指标体系、操作步骤等具体内容做详细可参考的披露标准说明，因而企业之间披露形式多样，缺少量化、信息结构化难度大，也可能导致企业之间数据的可比性仅具有参考意义。以非常重视企业生产经营活动对环境的影响并持续加大环境投入的华润置地为例，在信息披露方面表现优异。根据华润置地2021可持续发展报告，其2021年环境绩效如表6-6所示，在碳排放的披露仅包含二氧化碳排放量和万元营业收入二氧化碳排放量。

华润置地 2021 年环境绩效[①]                表 6-6

| 范畴 | 指标 | 2021 年表现 |
|---|---|---|
| 环境投入 | 环保总投入 | 1292.07万元 |
| | 节能减排技术改造投入 | 919.64万元 |
| 绿色建筑 | 绿色建筑认证总面积 | 944.06万m² |
| 节能减排 | 综合能源消耗量 | 11.96万tce |
| | 万元营业收入综合能源消耗量 | 0.0065tce |
| | 二氧化碳排放量 | 798230.38t |
| | 万元营业收入二氧化碳排放量 | 0.0434t |

根据所披露的信息，2017~2020年华润置地的碳排放量和碳排放强度均呈现上升趋势，2021年企业碳排放量继续增长，而单位营业收入的碳排放量呈现明显下降，据此推断华润置地在2021年采取了多项措施降低碳排放。根据社会责任报告，华润置地的能源使用包含电力、天然气、汽油、柴油、热力以及其他能源，主要用能为外购电力，通过制定节能目标、加强能源统计、建立能源管理监控平台、实施节能项目以及使用清洁能源五大手段，切实减少能源消耗和碳排放（图6-1）。

各类金融等机构对于房地产企业在绿色发展方面的表现也极为关注。《2022中国绿色低碳地产指数TOP30报告》对绿色建筑、超低能耗建筑、装配式建筑和全装修成品房从新开工和竣工两个维度分别进行统计和分析，同时还引入了能源消耗、建材消耗、施工建设、办公等所产生的碳排放，污染气体排放，水资源消耗和排放，固体废弃物排放以及环境信息披露等指标，较为系统全面地分析评价房企绿色低碳发展水平，也可用于参考。

① 数据来自华润置地2021年可持续发展报告。

图6-1　华润置地2017～2021年碳排放情况
根据华润置地企业责任报告自绘

## 6.2.2　实施策略

　　除了优化内部运营，提高运营能效外，在建筑业价值链上，房地产企业需要充分发挥链长的作用，从投融资、规划设计、采购生产、施工建造和运营管理等多个环节全方面把控建筑碳排放，实现建筑行业整体碳减排。

### 1. 不断推出高品质产品，积极创造绿色低碳场景

　　随着土拍模式的转变，高标准住宅、非公模式合作拿地将成为常态，房地产企业在开发过程中需要秉承全流程绿色低碳开发的理念，确定土地出让环节碳约束性指标，绿色低碳策划先行，实施限额设计，提高能源利用效率，最大程度采用可再生能源，使用绿色建材，低碳建造，低碳运营，实现地产全流程绿色开发（图6-2），通过打造低碳高标准标杆示范项目与推进成熟技术体系规模化，来促进地产开发业务绿色转型。成本领先、技术领先、重视绿色发展的房地产企业将开拓出新的投资蓝海，需积极实践促进降本增效，形成成熟的低碳地产开发模式。

　　随着地产开发周期放缓，消费回归理性，房地产竞争也从规模竞争向产品力竞争方向转变，绿色、健康和智慧，逐渐成为房地产行业产品力打造的共识。

　　房地产企业要践行"双碳"战略，坚定绿色健康理念，积极创造绿色低碳高品质建筑的应用场景，如绿色低碳社区、低碳写字楼、低碳商业设施等，可直接影响到生活、生产方式的绿色转变，不仅可以充分体现社会价值，还可兑现建筑品质提升带来的客户价值，明显提升客户感知度。主动承担超低能耗建筑等低碳建筑技术的试点应用，以实践者身份促进相关技术增量成本的有效降低，通过不断的迭代优化，实现降本增效，并充分做好价值挖掘，将超低能耗建筑等先进的低碳建筑技术体系转译为可感知、可量化的客户语言，促进销售，提升溢价，实现良性循环。通过不断打造绿色低碳高品质建筑应用场景，在项目中的不断实

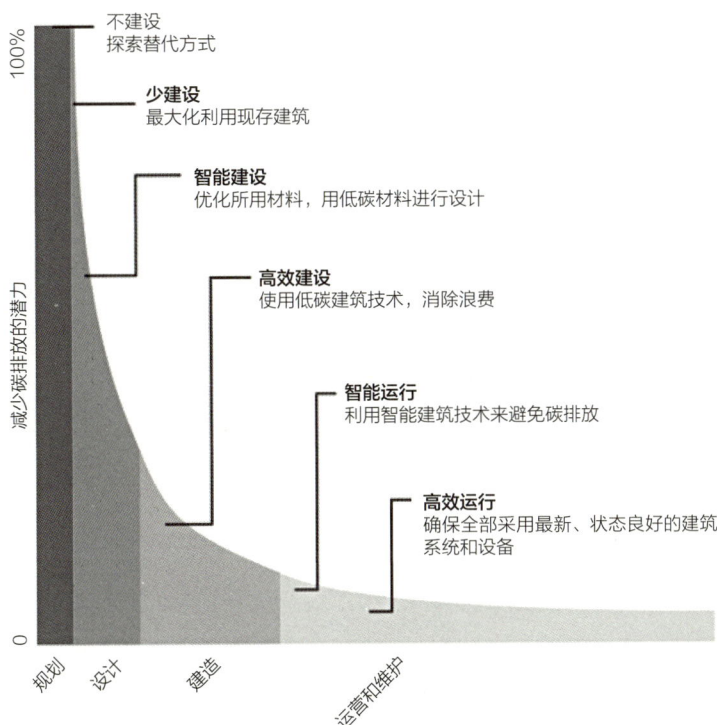

图6-2　全过程碳减排潜力[①]

践，在投资、策划、设计、建造、销售及运营端，形成成熟的房地产低碳开发模式，平衡好绿色低碳边际成本，在实现建筑常规价值基础上，产生绿色差异化产品价值，满足用户美好生活需求，实现建筑项目全生命期的碳减排，进而推进房地产开发业务全面绿色转型。同时还应推动低碳健康相关的政策研究、金融服务、数据公开、标准制定、认证认可、技术创新、项目实践、生态培育等系列工作，实现低碳发展目标，引领地产行业共同进步，助力"健康中国2030"及"双碳"等国家战略目标的实现。

### 2. 积极承担产业链链长责任，带动上下游共同节能降碳

统计局数据显示，近年房地产行业本身及其上下游产业链占比GDP超30%，通常，一家房地产企业的供应商有上万甚至超过2万家，相关企业主要从事包括钢铁、水泥、玻璃、幕墙、隔声保温材料、饰面材料、门窗及吊顶等生产业务，其中钢铁、水泥、铝合金、玻璃等重点排放企业有超过25%的销售量来自房地产行业。因此，房地产企业未来不仅本身要减排，更需挖掘整个供应链的节能减碳潜力，带动上下游节能减排，共同实现"双碳"目标。结合房地产行业产业链长、涉及行业多、碳排放量大的特点，建议率先引导绿色供应链管理

---

① 该图来自戴德梁行《迈向碳中和推动中国房地产可持续发展》研究报告。

水平高的企业继续探索创新，充分发挥"绿色采购力量"的作用，深度挖掘整个供应链的节能减碳潜力，助力国家"双碳"目标的实现。

房地产企业作为项目开发建设的龙头和主导企业，是全产业链关联度最高的一环，对低碳目标可起到直接牵引作用，因此房地产企业应发挥龙头优势，整合资源建立产业链标准，推动行业向工业化升级，积极推动碳限额投资开发，主动担负建筑业产业化责任，主导建立全产业链标准，推动设计、生产、施工、采购、物流等环节整合，形成全产业链协同的经营模式，实现规模化效益。同时，推广装配式建筑、装配式装修，研究及应用新型工业化技术及产品，制定并推广企业标准，充分整合设计、施工、材料、设备等行业上下游资源，建立符合国情的国产技术产品成熟生态链，打造低碳建筑绿色供应链，推动行业健康发展，促进低碳建筑从试点示范向规模化应用发展。

### 3. 善用绿色金融，打造低碳开发新模式

金融是房地产企业安全发展的生命线，在融资"三条红线"的限制下，多元化融资成为房地产业务板块破局的关键。利用绿色金融可打造开发新模式，通过ESG投资、绿色债券（碳中和债券）、绿色贷款、绿色保险等模式，可以进一步拓宽融资渠道，绿色金融在融资成本上具备低利率优势，促进业务绿色低碳良性循环。通过绿色金融的资金引入，增强土地招拍挂竞争力，加大绿色低碳项目的持续开发力度，依托项目实践建立成本优势和技术优势，进一步增强企业在绿色金融领域的信用评级，形成绿色低碳的房地产开发模式，促进房地产实现绿色低碳发展良性循环。

未来房地产建筑业纳入碳排放配额管理市场后，依托绿色发展持续积累的优势，通过产品的绿色低碳获得减排量，积累碳排放数据，出售减排量实现碳交易，持续提升房地产业务规模效益。

### 4. 提升绿色低碳运营能力，增强品牌价值

房地产企业拥有业态多元、产业多样的城市运营产业群，如中海地产作为国内最大单一业权写字楼发展与运营商，持有运营64栋甲级写字楼，运营总建筑面积389万$m^2$，在多地投资运营环宇城等18家综合性购物中心及15家星级酒店。房地产企业可通过对持有的物业实施节能增效改造翻新，开展智能运行与高效运行，提高运营管控效能，减少碳排放，规避气候风险增强资产韧性的同时，可以实现资产保值增值。

建筑全生命周期碳排放中建筑运行阶段占比最高，地产存量时代的碳中和重在运营，需要采用多重手段完成物业管理的"零碳转型"。戴德梁行在《迈向碳中和推动中国房地产可持续发展报告》中提出，物业管理的零碳转型从能源选择、系统效率、需求管理多角度着手优化，融合数字建筑和新能源技术红利（图6-3），主动经营建筑能源系统，加速用能电气化、用能绿色化、运营智能化。商业项目的物业管理应不断进行科技研发与创新，不断应用新技术、新模式，寻找绿色低碳运营的最佳方案，打造具有持续生命力的商业模式；对于存

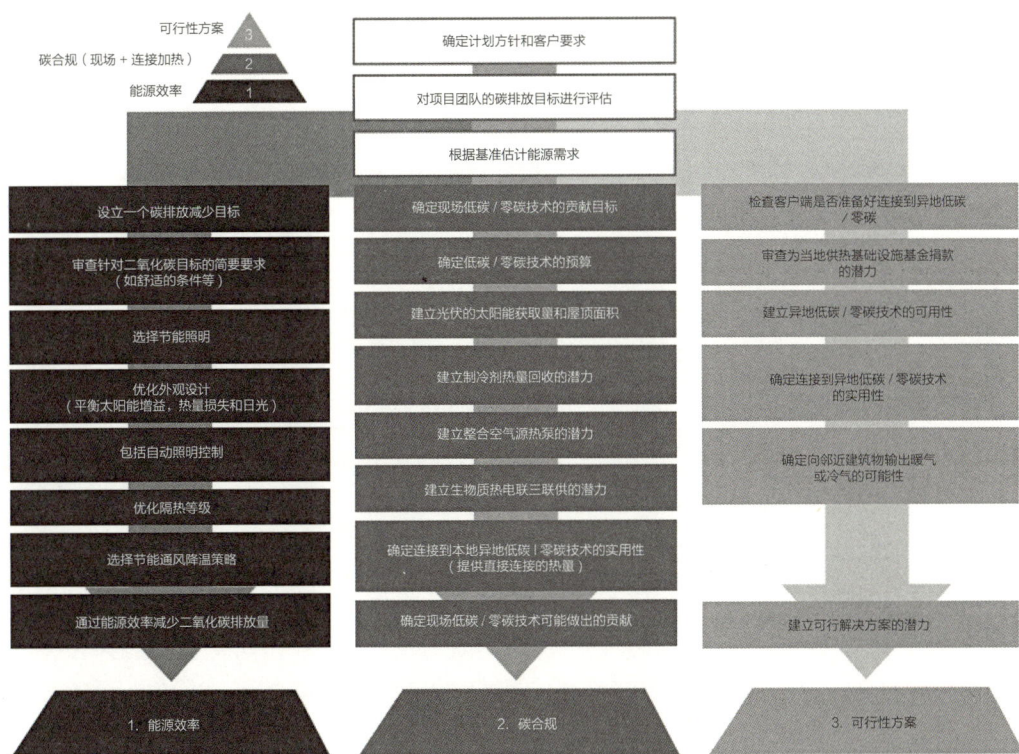

图6-3　碳中和运营流程示意图[①]

量巨大的居住区物业管理，应开展绿色低碳运营管控模式，探索社区碳汇碳交易路径，创造物业服务新增长点。

# 6.3 勘察设计企业

## 6.3.1 碳排放特点

勘察设计企业的碳排放主要为办公运营产生的碳排放，范围一的碳排放主要包括如自有汽车的碳排放、食堂燃料碳排放、采暖用化石燃料碳排放等；范围二的排放如办公楼的运行

---

① 该图来自戴德梁行《迈向碳中和推动中国房地产可持续发展》研究报告。

电力、采暖用的热力等。范围三的排放种类多、量小且难以计量，如商务差旅员工通勤等。总体来说，勘察设计板块本身的碳排放主要为办公楼建筑常规运行的碳排放，总体休量不大。然而勘察设计企业决定了其设计的建筑作品全寿命期的碳排放大小，特别是建筑材料的碳排放以及建筑运行过程中的碳排放量的大小，因此勘察设计企业本身碳排小，但在建筑全寿命周期减碳方面可发挥的作用很大。

## 6.3.2　实施策略

实现建筑行业的整体减碳，处于上游的勘察设计行业影响也极为显著。城乡建设的绿色转型，从根本源头上需要加强顶层规划与设计引领，规划设计行业在整个城乡建设转型过程中起到了顶层设计与龙头引领作用，需要适应角色转变所匹配的能力需求，实现源头减碳。

### 1. 适应角色转变，打造城乡"双碳"规划策划能力

低碳生态城市规划是一项综合性的系统工程，与传统的城市规划具有本质的区别，需对原有的规划方法和模式进行不断创新。在生态文明建设的基本路线和框架下，通过研究相关低碳技术适宜性，解析生态保护（生态安全格局，绿地系统、水系统、土壤系统、物理环境）与低碳发展（空间、绿色基础设施、市政、产业、能源、交通、建筑）各要素的关联特征、系统关系、技术难点及在规划层面的控制机理，将城市资源流连接形成一个完整的循环体系。勘察设计单位亟须大力增强城市绿色低碳策划规划能力。

2018年1月2日，中共中央、国务院印发《关于实施乡村振兴战略的意见》，意见要求"推进乡村绿色发展，打造人与自然和谐共生发展新格局"。2021年中央一号文件对新发展阶段优先发展农业农村、全面推进乡村振兴作出总体部署，为做好当前和今后一个时期"三农"工作指明了方向。面对"双碳"战略目标和2035中国建设现代化国家战略目标任务，推动乡村绿色振兴，促进人与自然和谐共生就成为历史的必然，绿色振兴是乡村振兴必然必由之路。截至2021年中国有四万多个乡镇行政单位，绿色乡村建设存在极大的统筹规划与设计需求，勘察设计企业可适当增强城乡规划设计细分领域业务能力，增强绿色乡村统筹设计能力，匹配乡村振兴背景下的绿色乡村规划设计需求。以绿色发展为导向实施"乡村振兴"战略的突破重点，就在于强化空间优化，坚持规划先行的理念。"双碳"目标下乡村的绿色低碳发展，未来需要规划设计人员不仅具备空间规划能力，还需要跨界掌握绿色产业策划、绿色生态规划等综合能力，转变角色与思想，探索乡村崛起的可持续发展规划路径。

### 2. 注重源头减碳，发挥绿色低碳设计引领作用

在过往项目设计过程中，勘察设计企业考虑建筑碳排放并进行专项设计的屈指可数，尤其是在机场、体育场、商业综合体等高耗能、高排放强度的大型公共建筑设计中。目前勘察设计企业的发展仍过度依赖于过往积累的规模优势与经验优势，缺乏长期可持续发展动力，

引领源头减碳的力度不足，设计策略亟待革新。密切关注建造方式革新，通过创新性设计实现全生命期减碳。

勘察设计单位应注重源头减碳，以设计为龙头，以最终绿色低碳产品为导向，建立有碳排放的天花板限制的系统设计新理念，形成以低碳目标为导向的设计方法，从强度、空间和时间三个维度来考虑碳排，放积极发挥绿色低碳设计引领作用，实现源头端融合低碳理念。

应基于全生命期碳足迹，强化低碳设计理念，注重源头减碳，通过精细化建筑设计，构建负碳、零碳、低碳的不同目标值建立多尺度、多类型设计技术，引导建筑低碳用能行为，实现高品质绿色低碳产品。密切关注与设计业务相关的新型材料、建造方式革新，通过创新设计，降低建筑行业全生命期的资源和能源消耗，实现全产业链减碳。

在建筑结构设计选型中，积极选用低碳结构体系，不断进行设计优化。选用装配式混凝土结构、装配式钢结构等，与钢铁、水泥等建材企业协同联动，低碳化利用建材，减少现场作业、减少环境污染、减少能源消耗。提高高强混凝土、高强度钢等高性能材料及低碳替代材料采用率，减少材料用量，消减加工及运输需求，降低能耗，减少建筑重量，实现材料的高效使用。对建筑材料的使用理念，从用"好材料"，到"用好"材料，延长建筑使用寿命，从而降低碳排放。

在建筑材料选用中，采用各类绿色低碳建材，并深度参与到重要低碳建材的研发。减少水泥钢筋、玻璃等高碳建材的使用，鼓励多用各种低碳建材及部品，例如保温装饰一体化外墙板、玄武岩纤维板新型环保建材（图6-4）。同时积极利用低碳替代材料，使用更易于低

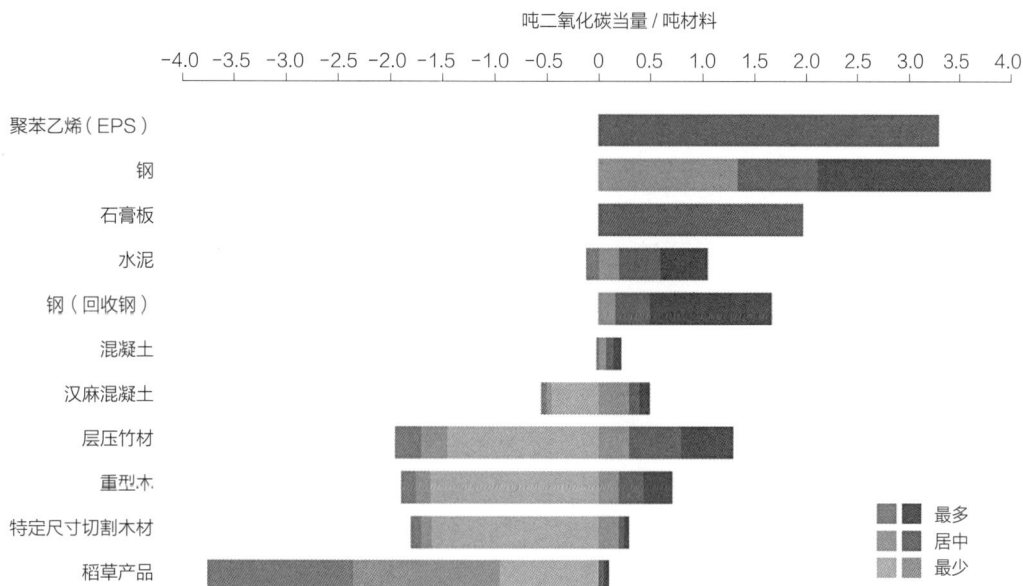

图6-4　建筑材料的二氧化碳当量排放和存储容器[1]

----

[1]　该图来自中国建筑材料科学研究总院研究报告《"双碳目标"下水泥行业低碳、零碳发展》。

碳加工和循环利用的材料，如装配式混凝土铺路板等，减少碳足迹。低碳建筑对于建材工业提出的新需求包括：轻质、高强、高韧、高性能、高效能利用、免维护，勘察设计企业可通过对低碳建材减碳效果、成本优化的研究，与关键建材企业联手，构建低碳建材绿色供应链，与建材工业协同发展，共同降碳降成本。

### 3. 着眼建造全过程，促进产业链协同

勘察设计单位应以绿色低碳产品为导向，构建全过程协同设计新方法，通过提供可行的规划设计方案，提升绿色发展质量和效益。

编制一体化绿色建造协同流程，以咨询、策划、设计的前端服务带动全产业链的"新型建造"。突破传统勘察设计方法，建立协同设计新方法，采用与工程立项和施工全过程协同的一体化设计，采用正向整合设计优化方法，落实绿色低碳建筑技术策略。结合建筑全寿命期的经济效益分析，采用性能化设计，利用数字化性能模拟设计方法，制定建筑全过程各阶段的减碳指标体系，建立可量化可视化的数字化协同设计平台。以全生命周期的碳排放限额为目标；采用有利于精益化建造全过程的投资和碳排放限额设计。

设计单位可探索和实践以低碳为导向的绿色低碳"建筑师负责制下"全过程咨询服务模式（图6-5）。全过程工程咨询不是将投资可研、建筑策划、报建报批、招标代理、造价咨询各个环节简单叠加，而是要坚持一体化思维，深化各环节之间的融合。以产品交付标准为主导，在项目前期策划期间，参与项目方案编制与可研报告，从功能角度切入项目决策过程；在项目设计阶段则发挥设计特长，进行限额设计以及可施工性研究，将投资目标控制、施工技术、采购管理延伸到设计阶段，充分考虑功能、施工、采购等细节，达成功能性、美观性、经济性的目标统一。

建筑师负责制与全过程工程咨询是相辅相成、同步推进的。建筑师负责制可以认为是全过程工程咨询在建筑工程领域的实现形式，同时全过程工程咨询也需要建筑师角色转换，从

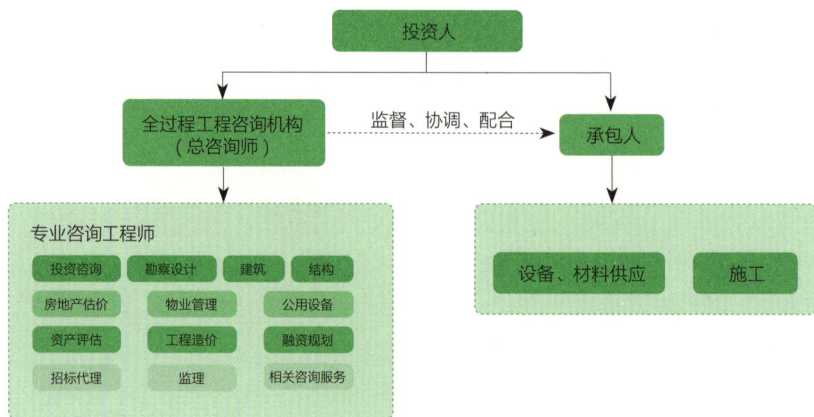

图6-5  全过程咨询服务模式

"画图匠"向工程顾问转变，为业主提供包括建筑策划、招标投标、造价控制、项目管理等在内的全过程服务。建筑师负责制能够以建筑设计主体为核心，打通工程建设活动的各个环节，有效发挥建筑设计主体的统筹管理作用。

勘察设计企业也可积极探索和实践设计牵头的新型工程总承包模式，加快工程建设组织模式的完善和升级，大力推行工程总承包，发挥设计主导作用，用改变模式来解决体制上存在的问题。充分发挥设计行业的资源整合属性，实现建筑产业全链条和全寿命期统筹视角下的碳减排，从源头对全寿命期碳排放情况作预估，并对全过程的碳足迹进行量化核证并动态跟踪控制，验证技术减碳潜力，推动低碳技术产品的产业化应用。

### 4. 拓展勘察设计能力，加强跨界资源整合

高品质绿色建筑、超低能耗建筑、零碳建筑/社区等绿色低碳产品是时下建筑发展的方向，顺应这一趋势，勘察设计企业需要积极采用绿色低碳新技术、新材料、新产品，形成一体化设计能力，并拓展绿色低碳/碳中和城区、零碳智慧工业园区等领域，形成具有竞争力的规划及设计能力。未来的建筑市场属于存量市场。在新建小区、城市更新和存量住房改造提升等设计领域，加大既有建筑节能改造力度，提高既有建筑绿色化水平。绿色社区业务将成为未来城市居住区设计的重要趋势和方向。

"无废城市"是以创新、协调、绿色、开放、共享的新发展理念为引领，通过推动形成绿色发展方式和生活方式，持续推进固体废物源头减量和资源化利用，最大限度减少填埋量，将固体废物环境影响降至最低的城市发展模式，也是一种先进的城市管理理念。"无废城市"将成为未来城市整体层面深化固体废物综合管理改革的有力抓手，也是提升生态文明、建设美丽中国的重要举措。未来"无废城市"将作为城市建设常态化工作要求，城市层面的顶层设计可作为一个重要拓展业务领域。

作为城市的基础单元，园区是极为重要的人口和产业聚集区，集聚起了产业、功能、创新、人力等各类资源要素，实现园区的零碳升级决定了"双碳"战略落地实践的成效和速度。零碳智慧园区建设目前已经积累了大量低碳发展经验和做法，涌现出一批绿色发展的新理念、新模式，推动实现了生产要素科学配置和产业链供应链的高效协同。该领域业务的拓展，除了具备低碳规划与设计统筹能力外，还需不断加强数字化能力的提升，助力零碳智慧园区实现从数据简单汇聚到深度赋能智慧应用的跨越。

总的来说，勘察设计企业需要紧紧抓住双碳机遇，不断扩展设计能力，研发输出从微观层面的单体建筑到中观层面的园区、城区及宏观层面的城市、城市群，从建筑扩展到基础设施、工厂园区的绿色低碳产品，充分发挥勘察设计先导作用，带动产业链下游的发展。

# 6.4 施工企业

## 6.4.1 碳排放特点

施工总承包企业是业主或工程总承包企业将全部施工任务发包给具有施工总承包资质的建筑企业，由施工总承包资质的企业按照合同约定向建设单位负责，承包完成施工任务。施工总承包企业可以将专业工程再分包给其他施工单位，但是需要对分包单位的施工质量向业主或工程总承包单位负责。施工阶段碳排放量小（图6-6），但是施工阶段时间长、强度大，并且包含了建材采购环节，对于建材的选择具有决定权，因此，施工阶段影响了产业链上游建材环节的碳排放水平，施工总承包企业碳减排至关重要。

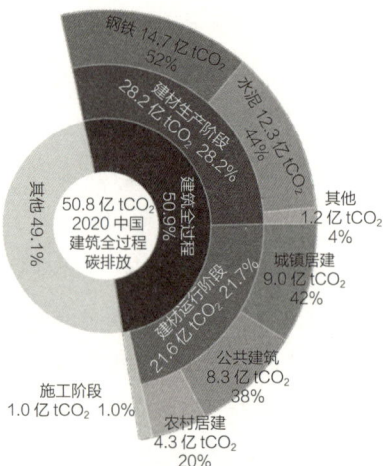

图6-6 2020年中国建筑全过程能耗与碳排放总量及占比情况[①]

## 6.4.2 实施策略

通过施工方式及组织方式的变革，增强对施工阶段碳排放的控制是可以实现的，同时，高质量的建筑建造可以延长建筑使用生命，这也是一种更大程度上的减碳。

### 1. 全面采用绿色建造方式降低建造全过程碳排放

"双碳"背景下，施工企业应该加快转变新型建造方式，深入推进节能减排，实现项目建设全过程减碳目标。具体见图6-7。

通过采用以绿色化、工业化、信息化、集约化、产业化为主要特征的新型建造方式，推动绿色建造、智慧建造以及建筑工业化"三造融合"实现建造过程节能减排。通过对绿色新技术、新材料、新工艺以及碳减排技术和创新体系的运用实现绿色建造，通过对BIM、物联网、人工智能、云计算等技术的应用实现智慧建造，通过装配式技术、建筑集成技术、装配式装修等方式实现工业化建造。各项新型建造技术的整合应用，能够显著提高建造过程资源利用效率，减少对生态环境的影响，实现节能降碳、绿色环保，是施工企业实现可持续发展的必然选择。

---

① 该数据来自中国建筑节能协会《中国建筑能耗与碳排放研究报告（2022）》。

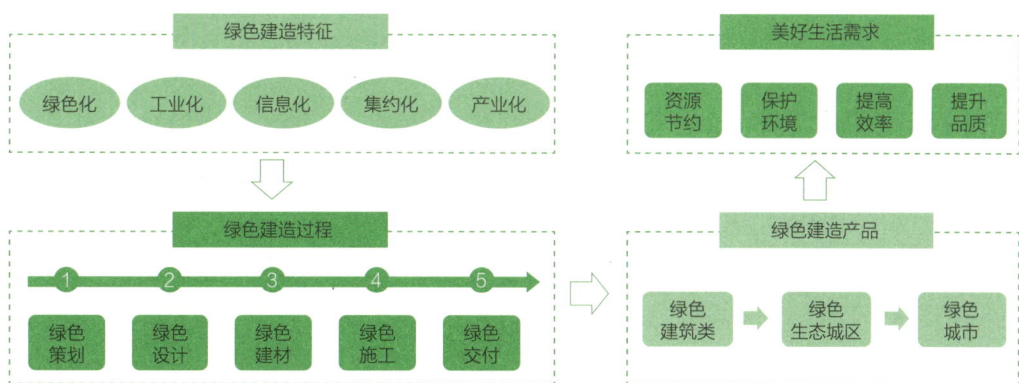

图6-7　绿色建造概念逻辑图

　　以节能降碳为目标，加强绿色低碳技术创新和集成，针对不同阶段分别采取减排措施，科学管理，提高综合建造能力，匹配低碳建筑新需求，降低建造过程中的碳排放强度，创建绿色建造示范工程，有效降低建造过程中各类资源消耗。

　　提高新型清洁能源使用率，使用光电、风电等清洁能源替代项目现场化石能源消耗，如在BIPV技术体系下将出现光伏方阵与建筑的结合或集成应用，并不断地进行相应的建造技术研究与能力提升。提升传统能源的利用效率，研究和引入改善建筑工地燃料使用的措施，例如生物柴油燃料和燃料添加剂等，多措并举改善工地燃料使用。开发设置监测工地碳排放的信息化平台（图6-8），通过大数据、物联网等技术对房屋建筑设备、建材、环境、能耗

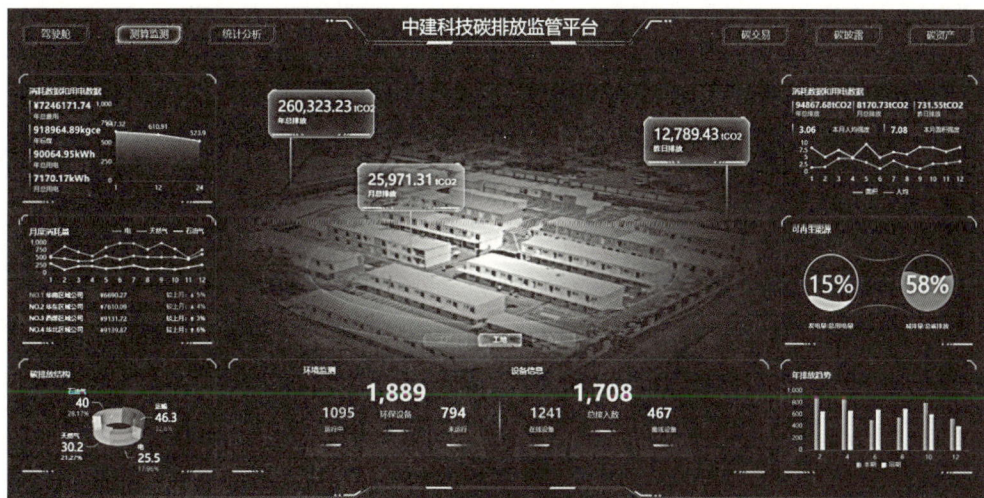

图6-8　中建科技工地碳排放监管平台①

① 该图来自中建科技集团有限公司。

数据采集分析，如安装能耗、水耗等计量表，研发测量和汇总工地二氧化碳排放数据的监测系统，实现碳排放全方位实时监控，推进施工总承包企业碳排放管理标准化、智能化，助力企业绿色低碳发展。

持续扩大绿色采购，减少水泥、钢筋、玻璃、石膏等高碳建材使用，开发和使用碳循环混凝土等新型环保建材，减少产业链上下游碳排放。采用装配式钢结构等建筑结构类型，采用工厂加工、现场组装的方式，有利于加强建筑材料循环利用，促进建筑垃圾减量化。

### 2. 探索碳约束下的创新组织管理模式

针对超低能耗建筑、智慧建筑/社区、碳中和社区/园区、城区、老旧小区绿色改造等绿色低碳新型业务，施工总承包企业需要适应"双碳"的要求，根据项目情况不断调整对项目的组织与管理方式，以EPC、PMC、SPV等项目管理模式为基础，不断探索碳目标约束下的创新型项目组织管理模式。

施工企业应将增量资源向"双碳"领域集中，重点投入到装配式建筑、超低能耗建筑等建筑低碳技术的研发和规模化应用中，并且应实现装配式技术与其他新型建造技术的融合使用。如通过装配式+BIM，实现装配式建筑建得又好、又快、又省，降低单位产值的碳排放强度；通过装配式+EPC，实现对装配式建筑设计、生产、装配全过程的采购、成本、进度、合同、物料、质量和安全的信息化管理，最终实现项目资源全过程的有效配置；通过装配式+超低能耗，实现被动优先的减碳效果。

施工企业还可借助信息化协同管理平台，促使传统相对独立的策划阶段、设计阶段、实施阶段和运行阶段融合，在一个集成化的管理工作模式下开展工作。在管理工作理念、工作组织以及工作方法上来进行全面的集成，并且促使行业形成标准化的管理模式，来实现建筑工程项目的统一化全生命期管理。以EPC、PDC、SPV等项目管理模式为基础，不断探索创新适应"双碳"要求的新型项目管理组织模式，满足不同项目类型的管理需求，实现各部门迅速反应、各司所责。发挥创新型项目管理模式优势，提升组织作战能力，各尽其能，物尽其用。

为了有效开展建筑工程项目的全生命期管理模式，施工企业需要充分保证多方联合的参与管理模式来加以保障，新型业务项目建设需要适应新组织管理模式的变化，项目设计人员、项目经理、总工等核心管理人员要具有跨界能力，大型项目部核心构成根据需要增加项目设计总监、低碳总监、信息化总监、总调度等人员配置，各专业多方协同工作，科学统筹，共同构建低碳建造新模式。

### 3. 促进全产业链绿色低碳一体化协同

建筑业"双碳"目标的实现是一项系统工程，应从项目建设全产业链、全过程出发，主动出击，联动设计补强短链，从项目策划设计到拆除的全生命期视角，采取碳减排策略，构建设计、建造等建设过程一体化、网络化的协同管理机制，带动建筑设计、生产加工、材料选用、施工建造、运营维护各阶段，全面落实碳排放控制指标要求，实现项目建设全产业链、全过程、各参与方之间的交互协同，促使节约减碳综合效益达到最优。

加强项目建设各专业、各环节之间的协同。优化设计，注重施工现场道路、消防系统、给水排水系统等永临结合技术的使用，充分考虑各系统的耐久性以及交付后的运营效果等，实现全过程一体化绿色低碳设计建造，形成具有碳竞争力的集约式工程建造能力。建立涵盖建筑全生产要素碳排放足迹，通过设计手段让建筑材料、部品构件、装备设施、装饰材料等碳排放清晰可见，通过建筑选材，约束上游建材企业，建立建材碳排放标签，施工阶段，由施工总承包企业监测建造全过程的碳排放足迹，在产品交付的终端实现碳的全流程管控。

推进工程总承包管理模式，实现设计和施工的有机融合。施工总承包企业应充分重视项目建设过程中设计的先导作用，通过变革传统施工主导模式来解决体制上存在的问题，探索和推进工程总承包管理模式。探索和实践以低碳为导向的"建筑师负责制全过程工程咨询服务模式"，坚持一体化思维，深化各环节之间的融合。通过工程总承包和全过程工程咨询组织模式，有效打通工程建设活动的各个环节，避免"碎片化"分工管理造成的建设资源浪费与主体责任划分不清。在相关产业链资源的有效整合下，两种业务模式的应用能够合理缩短建设工期、减少资源消耗、有效控制碳排放，有利于促进企业全面统筹项目建设，实现快速节能减碳。

联动数字化管理，通过平台建设实现信息共享、系统管理。构建基于BIM的工程建造全过程碳排放协同管理平台，一方面促进项目建设碳排放信息在规划、设计、建造和运行全过程充分共享、高效传递，促使项目全生命期信息得到有效的管理；另一方面，项目建设的所有参与方通过管理平台协同工作，更有效地实现碳排放精细化管理，促进碳排放在项目建设全生命期内全方位的可预测、可控制（图6-9）。

图6-9　基于BIM的工程建造全过程、全产业链信息化管理

# 6.5 基础设施建设与投资企业

## 6.5.1 碳排放特点

基础设施建设与投资企业（简称"基建企业"）作为基础设施建设活动的实施主体，以铁路、公路、机场、港口、水利设施等传统基础设施建设活动为主。传统基础设施建设活动中的原材料开采、制造和运输，使用大量工程机械设备进行施工，均属于碳密集型活动，普遍存在钢筋、水泥等高排放建材用比高、建造方式粗放等问题，是建筑业温室气体的重要排放活动。其中，工程机械设备使用等施工活动碳排放归于基建企业的范围一、范围二，原材料开采、制造环节归属于产业链上游活动，相关排放归于基建企业的范围三排放，从国际经验来看，基建企业碳排放核算范围通常是范围一和范围二，这部分排放主要来自工程项目的施工作业活动，产生的碳排放一般占基建企业所报告温室气体总排放量的10%~20%，范围三为产业链上下游排放，产生的碳排放一般占基建企业所报告温室气体总排放量的80%~90%。

## 6.5.2 实施策略

"双碳"目标指引下，基建企业应积极应对"双碳"挑战，加快传统基建业务低碳发展，减少业务活动产生的直接和间接碳排放，推动基础设施产业链协同降碳，减少业务活动产生的上下游排放，抢抓"双碳"战略机遇，积极拓展新型基础设施业务新赛道，扩大绿色基础设施建设项目投资，加快基础设施碳资产储备，推动企业高质量发展。

### 1. 加快传统基础设施业务低碳发展

通过提升施工作业能效，减少施工活动中的各类工程机械、施工设备的柴油、汽油燃烧排放，是最为直接、最为重要的减排途径。基建企业可采取使用省油、高效、低排放的工程机械与施工设备，减少排放；采用智能化的新一代工程机械，部署智能化、电气化施工，提升施工作业效率；制定工程机械智能化管理和机队规模优化方案，提升资产利用率等行动。此外，基建企业应推进绿色低碳建材、绿色建造的使用，提升EPC工程总承包能力。开展高贝利特水泥、硫铝酸盐水泥等低碳水泥新产品工程化应用，采用新型建造方式加快转型升级。提升工程安全耐久性，发展高性能材料和新型结构，建设高品质长寿命工程，推动基础设施建设绿色化、智能化、韧性化和长寿命发展。

### 2. 推动基础设施产业链协同降碳

从基建企业碳排放构成来看，范围三的排放是其最大排放源。因此，基建企业在降低自身碳排放的同时，还要促进供应链成员共同实现碳减排。一方面，基建企业应建立完善、高效的供应链协同降碳工作体系，协同供应链各主体碳减排管理，强化碳减排的协调和合作，统筹发展低碳供应链，打造满足"双碳"要求的绿色低碳供应链。重点在供应链整合、创新低碳管理等关键领域发挥引领作用，将绿色低碳理念贯穿于基建活动的立项策划、工程设计、建材采购与运输、施工、运营等全过程。探索构建能耗和碳排放指标管控机制，在供应商的选择和评价中增加能耗和碳排放等指标的考量，综合评价分析供应链企业绿色低碳水平，推进构建统一的碳足迹或碳标签体系，建立绿色低碳供应商采信库，推动供应链全链条绿色低碳发展。另一方面，加强和高校以及科研院所合作，开展碳中和技术开发和储备，推动低碳相关标准建设，通过一批标杆性示范项目打造，推动供应链企业本身碳中和技术应用，加快绿色供应链建设。

### 3. 拓展新型基础设施类建设新业务

"十四五"期间，国家统筹推进传统基础设施和新型基础设施建设，打造系统完备、高效实用、智能绿色、安全可靠的现代化基础设施体系，特别是在新型基础设施和新型城镇化领域，为基建企业带来极大的潜在市场机遇。"双碳"背景下，基建企业要以绿色低碳为切口，开放共享、跨界联动、绿色赋能，加快传统基础设施建设业务低碳升级。如，在现有TOD（以公共交通为导向）开发模式基础上，复合以绿色低碳为核心的LID（低冲击开发）模式，形成绿色竞争优势。在高速公路的智慧化运营基础上，赋能以沿路光伏发电，形成新的低碳产业。在市政工程基础上，加载CIM等智慧城市手段，打造智慧水务、智慧电力、智慧热力等，实现城市运营减排。在交通基础设施上，泛连智慧停车、智慧灯杆、智慧充电、光储直柔等，实现智慧减碳等。此外，基建企业应积极响应国家号召，参与到绿色基础设施建设领域，加大对城市地下综合管廊、市政工程、污染治理、公共绿地建设等方面的投资力度，提高绿色基础设施业务占比。尤其海绵城市、污水处理厂等作为典型的绿色基础设施，能够优化国土空间提升碳汇能力，可加大此业务类型的拓展力度。

### 4. 拓展绿色基础设施投资

"双碳"目标指引下，实现绿色低碳转型创新将会催生各类新技术、新业态，迎来巨大的绿色发展机遇，创造巨大的绿色投资市场，根据相关分析，碳中和将带来巨大的

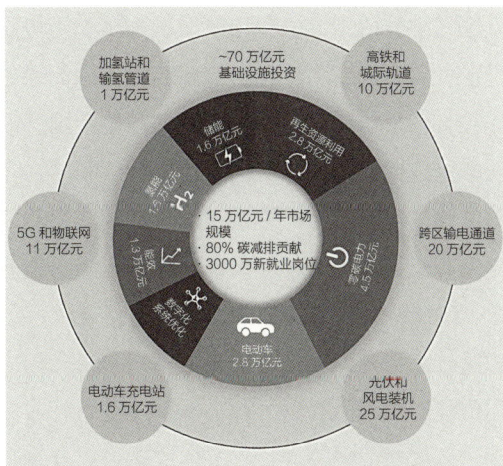

图6-10　中国零碳转型七大投资领域带来巨大市场规模和效益[1]

① 该图来自落基山研究所研究报告《零碳中国·绿色投资——以实现碳中和为目标的投资机遇》。

绿色投资（图6-10），催生出再生资源利用、能效、终端消费电气化、零碳发电、储能、氢能、数字化七大最具潜力的零碳投资领域，基建企业对于投资板块要选择合适的领域进行重点投入。如在能源供给端，技术变革带来市场份额的变化，可围绕此进行重点细分领域的投资；数字化浪潮下，下游应用端新的商业模式可能是下一个投资主题，可进行智慧能源服务等方面的投入。此外，由于绿色基础设施类项目具有公益性明显、资金需求大等特征，长期以来主要依赖公共财政投入，在财政去杠杆不断深化、政府严控债务规模的背景下，国家出台一系列政策举措支持绿色基础设施建设项目投资，《中共中央 国务院关于完整准确全面贯彻新发展理念做好碳达峰碳中和工作的意见》强调支持符合条件的企业上市融资和再融资用于绿色低碳项目建设运营，扩大绿色债券规模等，为绿色低碳业务资金流入提供了政策保障。

基建企业应积极把握绿色投资机遇，运用绿色金融体系，积极尝试绿色信贷、绿色债券以及绿色保险等模式，丰富融资渠道，探索ESG投资，塑造企业绿色信用，在风险可控前提下更好地获取绿色金融支持，通过绿色金融手段将更多资金引导流向企业的新兴绿色产业，有力支持企业各项业务的绿色升级。积极对接金融行业监管部门，加强与金融机构合作，形成可复制推广的绿色金融应用模式。积极借助资本市场力量，通过绿色信贷、绿色债券等方式，为企业实施的基础设施项目的投资、建设、运营等活动提供期限匹配、成本较低的资金支持，形成契合企业实际的一套绿色金融应用模式，引导更多资金流向新赛道，高质量推进重点绿色低碳项目建设。

### 5. 开发管理基础设施类碳资产

当前我国绿色金融体系建设正不断完善，国家将围绕实现碳达峰、碳中和战略目标，设立碳减排支持工具，利用碳市场与碳交易机制，引导商业银行按照市场化原则加大对碳减排投融资活动的支持，撬动更多金融资源向绿色低碳产业倾斜。随着全国碳排放交易机制不断完善，未来将逐步扩大碳市场的覆盖范围，纳入更多的高排放行业，基建企业应提前做好行动举措准备。根据我国碳排放权分配制度，参与碳交易的主体，根据一系列基于产品或行业排放强度的绩效标准基线，以确定其获得的免费配额数量，碳排放相对较高的主体，则需要支付其应当承担的环境成本。早期投资于碳减排技术的主体，可以卖出多余的碳配额，或出售CCER，获得相关激励。基建企业应深入生态、环境、交通、智慧、电力基础设施领域，通过碳盘查和碳核查机制，挖掘识别企业相应的减排机会，整合内外资源，统筹推进的一系列节能降碳措施，提升城市地下综合管廊、市政工程、交通工程建设等方面业务绿色低碳水平，开辟新的经济增长点，加快碳资产开发和管理，尽早形成较大规模的碳资产储备，同时密切关注碳交易市场，通过金融工具的合理运用，逐步做好随时进入碳交易市场的准备，助于未来成为行业领域碳排放交易中的领先者。

# 6.6 建筑部品部件生产企业

## 6.6.1 碳排放特点

建筑部品化作为未来建筑行业和建筑材料发展的方向，是建筑工业化的重要手段，在建筑领域碳减排中发挥着重大作用。建筑中的部品部件大体可以分为结构部品部件、外围护部品部件、内装部品部件、厨卫部品部件、设备部品部件、智能化及相关配套部品部件，由于厨卫、设备等部品部件相对已经成熟，与建筑行业联系不大，因此在此着重讨论建筑结构和外围护部品部件生产企业（简称"建筑部品部件企业"）。加快绿色低碳建筑部品部件的研发和推广是行业实现降碳减排的重要途径，国务院发布《2030年前碳达峰行动方案》中提出，加强新型胶凝材料、低碳混凝土、木竹建材等低碳建材产品研发应用，为建筑部品部件企业开展低碳建材研发指明方向。部品部件工厂在产业链中具有承上启下的重要作用，结构和外围护部品部件的生产也是装配式建筑产业链的核心环节，主要为预制构件厂和门窗厂。

以预制构件生产企业为例，当前的预制构件厂多由建筑企业投资和运营，在预制构件的生产过程中，除了常规的电力等能源消耗外，还需要蒸汽进行养护，目前蒸汽主要通过市政热力或自备天然气锅炉实现，会产生大量的碳排放。作为预制构件生产企业，其范围一的碳排放，主要包括蒸汽养护需要的天然气、自有车辆燃油等的碳排放，范围二的碳排放主要包括电气和市政热力的碳排放，预制构件厂可影响的范围三，除了自身运营如职工通勤等，还有上游的建筑材料，以及下游的建筑产品，因此提高构件质量和耐久性，延长建筑使用寿命，是减少范围三碳排放的主要途径。

## 6.6.2 实施策略

"双碳"目标指引下，建筑部品部件企业应围绕"提高能源资源效率、推进能源原料替代、加大低碳部品部件研发、加强与建筑企业联动"等方面实施部署，生产端与消费端两端发力，减碳与固碳多措并举，推进企业高质量发展。

### 1. 提高能源资源利用效率

建筑部品部件企业加快推进能效提升，有利于提升企业能源资源利用效率，降低能源成本，也有利于推动重点工艺流程、生产设备更新换代，提升行业整体绿色低碳发展水平。

以预制构件厂为例，目前我国装配式建筑行业的发展仍处于初级阶段，相比传统制造业，预制构件厂的生产管理方式大部分仍停留在建筑工地粗放式管理水平上，普遍缺乏产业化思

147

维方式，另外由于市场规模仍相对较小，构件的标准化程度不够，构件厂的技术不足导致构件的种类较少，难以满足设计的多样化需求。装配式构件厂承担着装配式建筑质量和周期的主要责任，预制构件厂亟需从传统建筑业的粗放管理方式逐步向制造业管理方式进行转变。

因此，建筑部品部件企业应梳理重点用能领域和关键环节的能源消耗情况，加强能源资源消耗定额计量，定期开展能源审计、节能诊断，摸清自身所处的水平和节能降碳空间，科学制定节能改造计划。全面开展对标行业领域重点用能领先企业，争创能效"领跑者"，探索打造超级能效工厂。要加强全链条、全维度、全过程用能管理，充分发挥数字技术对建筑部品部件生产能效提升的赋能作用，推动数字化、智能化管控技术在建筑部品部件生产中的应用，全面提升企业能效管理水平。

### 2. 加快推进低碳材料替代

从上游原材料生产过程来看，钢材、水泥等原材料生产属于典型的资源能源承载型行业，大量消耗煤炭、天然气等化石能源，燃烧过程产生大量温室气体排放。因此，建筑部品部件企业应积极运用循环利用的低碳建筑材料代替钢材、水泥、玻璃等建材，如优先选用以粉煤灰、工业废渣、尾矿渣等工业固废资源作为原料或水泥混合材开展原料替代的建材，积极应用低碳/零碳水泥、低碳混凝土及高性能钢材等建材，推广应用能够吸附二氧化碳的具有固碳能力的绿色建材，全面减少水泥、钢材等高碳原材料使用；此外，建筑部品部件企业应积极利用建筑垃圾替代自然资源，发展机制砂石、混凝土掺合料、新型墙材、低碳水泥（表6-7）等产品，推进固废资源化利用能力。如将建筑垃圾经过初步清理、分拣、破碎、筛分分级等流程后，形成一定粒径要求的建材原料，完全可以替代普通砂石料用于道路等基础设施建设。以低碳水泥为例，低钙水泥已经实现工业化生产，但缺少建筑工程应用场景。

**低钙水泥品种体系** 表6-7

| 水泥品种 | | CaO 含量（%） | 碳排放降低（%） |
|---|---|---|---|
| 通用硅酸盐水泥 | | 65 | - |
| 低钙水泥 | 低钙硅酸盐水泥 | 60 | ~6 |
| | 高贝利特水泥 | 55 | >10 |
| | 硫（铁）铝酸盐水泥 | 35 | 30~40 |
| 少熟料水泥 | | 熟料用量降低至40~60 | ~26 |

从建筑部品部件生产过程来看，建筑部品部件企业碳排放主要来源于建筑部品部件生产过程中的化石燃料及电力等能源消耗，因此，建筑部品部件企业应在源头上减排，因地制宜利用风能、太阳能等可再生能源，推行分布式清洁能源及储能一体化系统应用，加强用能供

需双向互动，统筹用好化石能源、可再生能源等不同能源品种，有序开展化石能源清洁高效利用改造。

### 3. 加大低碳部品部件研发

建筑部品部件企业应以"减污降碳协同增效"为抓手，加快实施生产设备绿色低碳改造升级，推动建筑部品部件低碳工艺技术的研发与推广。积极与高等院校、科研机构开展绿色低碳建筑部品部件相关科学研究与技术合作，加大科技创新投资力度，重点聚焦建筑部品部件节能减污降碳的重大工艺、技术、装备、产品，夯实适用性节能减排技术、新型胶凝材料技术、低碳混凝土技术（图6-11）、吸碳技术及低碳建筑部品部件制备技术等先进低碳技术的研发力度。积极应用数字化、智能化、新能源技术改造企业，引导企业全面加快推进节能降碳技术改造，加快节能减污降碳科技成果产生实效。

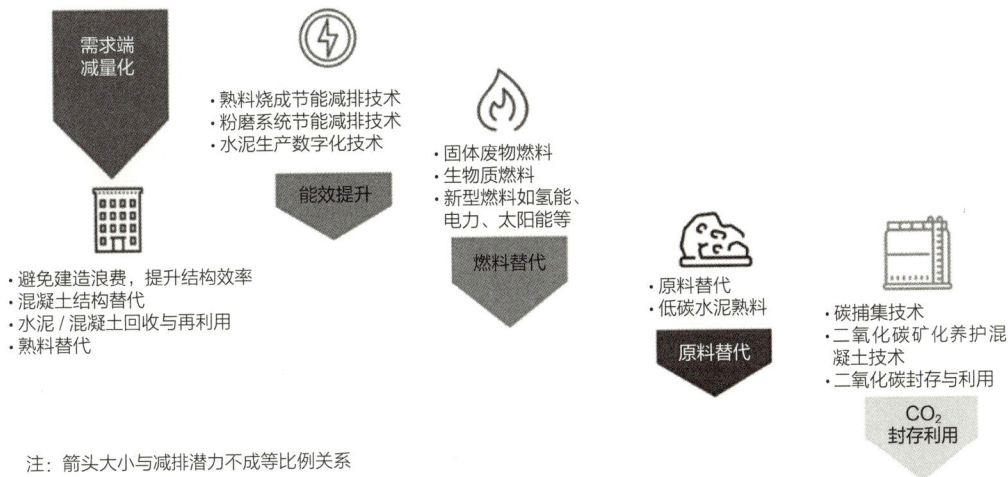

图6-11　水泥行业脱碳重要技术示意①

### 4. 加快碳捕集技术应用

建材行业碳排放量巨大，减碳空间存在"天花板"，亟须开辟新型低碳路径。发展碳捕集、利用与封存技术（CCUS）等新兴降碳技术，是包括建筑部品部件企业等在内的建材企业实现碳中和目标，制定减排路径及方案的重要措施。CCUS技术把生产过程中排放的二氧化碳进行提纯，继而投入到新的生产过程中，可以循环再利用，既可以将二氧化碳资源化，还能产生经济效益，以降低碳捕集的成本。CCUS技术已经被欧洲列入《2050欧洲低碳发展

---

① 该图来自落基山研究所报告《加速工业深度脱碳：中国水泥行业碳中和之路》。

技术路线图》，此外，CCUS技术在中国发展迅速，有希望成为我国节能减排大力扶持的措施之一。因此，建材企业应提前开展CCUS技术研究与示范应用，做好技术储备，产生规模减排效益，例如建筑部品部件企业可利用二氧化碳进行碳化混凝土、二氧化碳强化再生骨料、二氧化碳矿化低碳胶凝材料等。积极推动CCER项目开发，加快形成碳资产，为未来纳入配额管控及碳市场交易做储备。

### 5. 加强与建筑企业协同

建筑部品部件企业作为近年来快速发展的新型市场主体，从产业链视角来看，与建筑业同属一个产业链，其产业链上游主要为原材料和能源供给活动，包括建材生产企业等，下游主要为地产、基建等建设活动，包括建筑施工企业等，但受新中国建国初期计划经济体制的条块分割影响，在"双碳"目标下，实际上不利于产业链协同减碳。因此，建筑部品部件企业应加强与上游建材企业、下游建筑企业在更多领域合作与交流，可围绕低碳建筑部品部件技术研发与应用展开合作，尤其在固碳、负碳及碳捕集技术领域开展合作开发。在标准体系方面开展合作，包括技术通用核算核查评价、技术检验检测管理相关的一系列的标准。在建筑部品部件生产方面，与建筑产业链上下游联动，把握建筑部品部件生产及应用的性能需求，通过合作研发、应用示范，优化建筑部品部件生产工艺，加快新型低碳建筑部品部件的推广应用。

第 7 章

# 绿色低碳新赛道

碳达峰碳中和的实现是一项复杂的系统工程,与能源等的低碳转型紧密相关,也涉及产业结构的升级、变革。如何系统性着手,多措并举、有序推进,避免太高的转型成本,也促进优势新产业发展,是建筑企业需要重视的战略性问题。要实现碳中和一定离不开持续的科学技术以及商业模式创新,涉及广阔的领域和产业,故此需要引入创新性投入,并扩大市场准入。

大型建筑企业需要以绿色建筑为核心,引领和带动整个产业链的"脱碳创新"强链:以"绿色建筑"技术创新为核心,促进勘察设计环节低碳化、零碳化;通过建造和运营环节的技术创新和效能提升,带动整个产业链的绿色建筑技术升级;以绿色建筑的技术优势,强化对零碳材料、再生能源等供给侧的话语权,并促进建筑供应链的低碳高效;补链拓展碳排查、碳评估、环保服务咨询、脱碳管理或咨询、回收再利用等环节的创新服务能力等新领域,并进入零碳材料、再生能源等供给侧,实现组合优势。

# 7.1 新能源

到目前为止,三次重大能源变革已在人类历史上演,从前化石能源时代的远古时期,依赖人类自身体力、动物牲畜出力及柴薪化学热能利用,转变到使用化石能源的各类机械设备(如汽油机、柴油机等),再到以电能为载体的多形式能源利用的电气时代。现阶段,新型能源包括太阳能、风能、水能、核能、地热能、海洋能逐步占据了发展势头,成为人类生产、生活和发展的必然要素,并为各项活动提供重要保障与支撑。

在人类历史和发展进程中,对能源的争夺大战一直是关键话题,当代资源主动权的竞争一直影响着世界格局。以英国和美国为例,其先后抓住了前两次工业革命的机会,掌握了主导世界的话语权。如今,以光伏为代表的新能源和信息技术结合为特征的第三次工业革命,成为全球格局改变的新契机。这也是我国超越西方发达国家,占据全球领军位置的绝佳机会。

建筑作为当今社会活动的主要载体与场景,是能源需求及新能源应用的重要领域和场景之一。改善建筑的能源结构将对国家未来发展新能源事业、走可持续发展道路至关重要。本节将重点对光伏建筑、光伏公路、氢燃料、储能、光储直柔、区域能源等一系列新型建筑能源产业进行全面阐述,为优化建筑行业的新能源产业布局等提供指导作用。

### 7.1.1　建筑光伏

#### 1. 产业分析

以建筑为载体的分布式光伏可替代成为发展光电的重要场景，因为其电力产生到消费端更近，更容易解决清洁能源从源头到负荷的问题，通过在城乡建筑屋顶或立面安装分布式光伏，改善建筑用能结构是建筑实现碳达峰碳中和的重要手段。

建筑光伏主要包括BAPV和BIPV两种形式。BAPV是指光伏搭载在建筑之上，利用建筑闲置空间使用太阳能进行发电。BIPV是将光伏产品集成到建筑自身，成为建筑的组成部分，如图7-1所示，将建筑屋面墙面与光伏发电面板进行有机结合，也可将光伏板作为建筑体结构的一部分，使得与建筑形成良好匹配，节省占地空间、替代部分建材、拓宽应用场景并节约一部分投资建设成本。

2022年6月，国家发展改革委、国家能源局发布《关于促进新时代新能源高质量发展的实施方案》，鼓励光伏在建筑领域的应用，到2025年，公共机构新建建筑屋顶光伏覆盖率力争达到50%；鼓励公共机构既有建筑等安装光伏或太阳能热利用设施。2021年9月，国家能源局公布了第一批整县试点屋顶分布式光伏开发名单，进一步加速BIPV与BAPV市场的发展。

图7-1　建筑与光伏一体化[1]

---

[1] 该图来自中建绿色产业园项目。

2021年我国分布式光伏发电累计装机容量107.50GW，占光伏发电比35%，且近年来持续稳定增长。其中2021年我国新增光伏发电并网装机中，分布式光伏新增约29GW，约占全部新增光伏发电装机的53%，历史上首次突破50%，在政策推动下，分布式光伏发电的发展获得长足进步，未来整县推进等政策的落地将大大增强这一趋势。预计2025年光伏建筑市场超4236亿，预测2022～2025年光伏建筑市场空间总量2403/3161/3910/4236亿元，其中BIPV市场空间总量231/391/631/866亿元。图7-2展示了2016～2021年分布式光伏装机量的占比趋势。

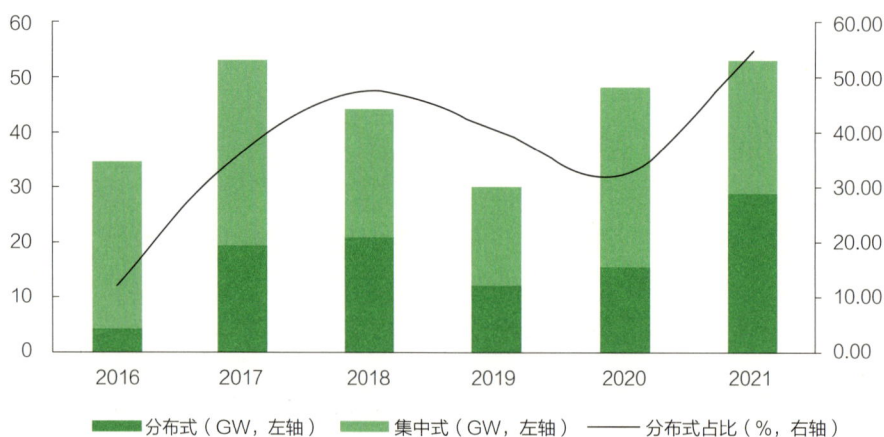

图7-2　2016～2021年分布式光伏装机占比

### 2. 发展策略

**集成研发形成建筑光伏组件相关技术。** 光伏组件朝着建材化和构件化的方向发展是未来建筑引入可再生能源电力的必然趋势。研发与建筑结合的光伏产品，可作为建筑施工的构件单品，采用适用于建筑屋面、外墙等场景的光伏组件，既满足透光性又可改善建筑用能结构等要求。

**开发独具特色的BIPV全新产品。** 应充分结合建筑企业已开发的实际项目经验，将传统光伏与建筑材料有机结合，拓宽光伏产品应用领域，兼具转化效率高、弱光效应好、无热斑效应、衰减率低、倾角依赖小等产品特点，符合现代建筑审美，集安全、实用、环保、节能、美观于一体，并提供完全自主知识产权的新产品，实现绿色建筑零能耗甚至负能耗的光伏建材市场化发展。

**逐步完善BIPV产品体系。** 加大产品研发的资金投入，加强校企及政企合作，BIPV的产品研发可逐步从光伏屋顶、幕墙、钢结构等场景拓展至如光伏停车棚、电子树、光伏护栏等分散式场景。对目标技术及产品设计采用ODM模式，为市场提供完善的成套产品。可采用

OEM模式建立供应商体系，以双组合模式保证全期光储BIPV相关组件供应，形成完善的产品产业链条。

**从单纯EPC总承包向EPC+能源投资运营商身份转变。**通过工程总承包+能源运营转变，结合绿色金融，开展建筑光伏投建运。赚取工程利润的同时，可获得长期稳定的投资回报。对于新建建筑而言，BIPV作为建筑结构的一部分，光伏企业难以通过建筑承包资质开展相关业务。因此，BIPV工程项目为专业的建筑企业带来了机遇。其中，BIPV属于EPC工程项目的一部分，增加EPC溢价同时，还可获得约10%的投资收益率（且随着BIPV系统造价逐步下降，收益率仍有继续提升的空间）。此外，在存量建筑上加装BAPV，建筑企业若作为投资商，全生命期（25年）的内部收益率为15%（按5元/W的造价以及发电70%自用+30%上网情景假设），项目的投资回收期为7~8年。

**开展资源整合建立建筑光伏产业生态圈。**作为建筑企业开展光伏产业时，需与包括建材供应商，光伏组件厂商及BIPV系统集成商（即将零散组件与建材整合为成套的产品供应商）在内的企业与单位进行合作，产业链深度融合蕴含巨大机遇。随着建筑领域碳中和的深入推进，建筑企业可以尝试与光伏龙头企业进行深度合作，获取关键资源，并作为拓展相关市场空间的重要方式之一。所获取的技术和客户资源，将有助于大型建筑企业从单一的建筑承包商向综合的碳中和系统集成商转型。

## 7.1.2　光伏公路

### 1. 产业分析

分布式光伏的应用场景之一为光伏公路，即围绕高速公路中边坡、服务区、隧道、匝道圈进行分布式光伏及储能建设，形成路面光伏、护坡光伏、服务区屋顶光伏、停车棚光伏、光伏声屏障、中央隔离栏光伏等多种应用形式，可解决高速公路系统中偏远地区电网单一的电源结构，为服务区供电电源最佳的补充方式。高速公路两侧附属用地面积较小，光伏建设项目具有单体项目容量小、自发自用率低的特点，该类项目与工厂类光伏项目相比较收益率较低，但由于高速公路距离较长，路旁光伏项目集合规模仍然可观。

2020年交通运输部印发《关于推动交通运输领域新型基础设施建设的指导意见》，明确表明鼓励在公路沿线合理布局光伏发电设施。交通运输部公布成绩单，截至2020年底，我国公路总里程已达519.81万km，高速公路里程16.10万km，全国高速公路的车道里程为72.31万km。根据相关文献测算我国高速公路所蕴含的可供开发利用的光伏发电总潜力超过1000TWh，光伏公路业务市场潜力巨大。

### 2. 发展策略

**开展光伏公路关键技术研究与应用。**开展公路服务区"光、储、充"系统技术与产品研发，进行光伏护坡、光伏声屏障、公路光伏顶棚、光伏中央隔离栏一体化技术、产品研发与应用。组织制定光伏公路能源系统建设模式与技术标准，探索建立高速公路光伏发电、储能、充电及用电设备系统的全生命期运行与管理机制，建立基于分布式光储充系统的高速公路智慧能源管理服务平台。

**开展光伏公路能源投建运试点示范。** 应依托拥有的BOT等模式运营高速公路项目，在高速公路服务区、收费站及公路沿线边坡、隧道、匝道圈等投资建设分布式光伏发电站，在服务区投资建设超快充、大功率电动汽车充电设施，并开展高速公路服务站点能源运营服务试点示范，为光伏公路业务推广奠定基础。

**开展光伏公路能源综合服务模式与市场化电力交易业务模式。** 开展"光伏+公路"投建运一体化的商业模式，优先采用公路"自发自用，余电上网"以及综合能源管理模式为高速公路提供用电服务，开展光伏公路市场化电力交易，推动光伏公路发用电产业一体化发展。此外，充分利用绿色金融，提高光伏公路项目的收益率，并通过CCER开发，积累碳资产，开展碳交易。

## 7.1.3 氢燃料

### 1. 产业分析

在"碳中和"背景下，氢能作为零碳燃料，具有储量丰富、热值高、零污染、可存储、来源广泛等优点，逐渐被人们关注。在国家层面强调自主可控、节能减排的背景下，从中央到地方出台一系列扶持氢能产业各环节政策。

2022年3月23日，国家发展改革委和国家能源局联合印发了《氢能产业发展中长期规划（2021-2035年）》，这是我国第一次将氢能发展作为未来国家能体系建设的重要任务，也是首次对氢能产业进行中长期布局与规划。规划文件中提到，计划到2025年，要基本掌握核心技术和制造工艺，部署建设加氢站的同时燃料电池车辆保有量将在5万辆左右，并初步实现10～20万t/年的可再生能源制氢量及100～200万t/年的二氧化碳减排量。为保障2030年的碳达峰目标实现，氢能产业技术创新体系、清洁能源制氢及供应体系逐步在此之后的五年内完善。到2035年，将加快提升可再生能源制氢在终端能源消费中的比例，逐步形成氢能多元应用生态，标志我国氢能产业进入到新的发展阶段。

国内氢能需求将在政策刺激下快速增长，预计到2050年，我国氢气需求量将接近6000万t，同时根据IEA预测，全球燃料电池、能源发电以及合成燃料需求占总需求的比例将从2020年合计不到0.06%提升至总需求的56.6%。

实际上，根据氢能产业联盟的估计，到2025年氢能产业产值会达到1万亿元，而到2050

年，氢能在我国终端能源体系中占比超过10%，实现二氧化碳减排约7亿t，产业链年产值达到12万亿元，成为引领经济发展的新增长极。迅速增长的需求和内部结构的变动牵引着国产氢能新材料快速发展，有望开启国产化替代进程。同时，国产化率的提高将有效降低相关新材料的价格，提升氢能应用的经济性，进一步打开市场空间，开启正向循环。图7-3、图7-4显示了近年来全球氢能产业增长态势。

图7-3　2015～2019年全球加氢站数量

图7-4　中国加氢站累计市场规模

在全球各国政府相继出台政策扶持氢能产业的背景下，政策端的利好有望带动需求量的井喷，进而推动氢能产业链（图7-5）相关企业充分受益。

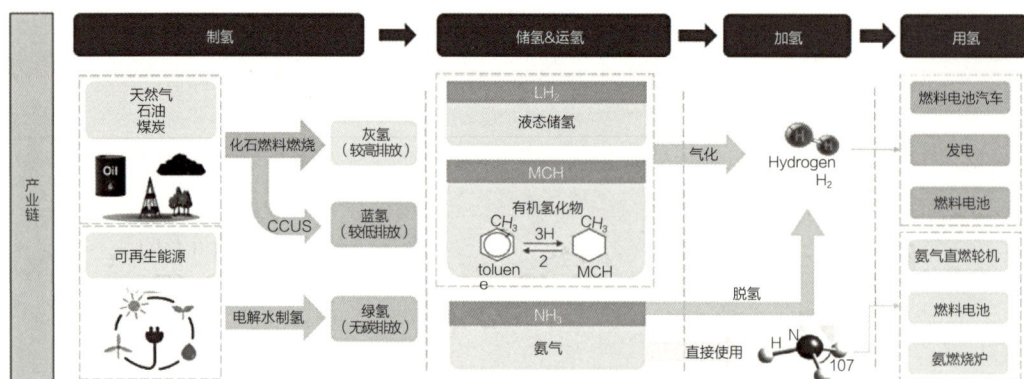

图7-5　氢能源产业链

## 2. 发展策略

**围绕建筑领域的氢燃料产业配套关键技术研发。**在现阶段，建筑企业可积极尝试并推动氢燃料产业配套关键技术在建筑领域的研发与应用，以氢燃料建筑为主，形成建筑氢燃料热电联供系统以及电池分布式能源站系统的技术体系、标准以及相关供能产品，促进建筑与氢燃料相结合的氢燃料建筑的发展，填补氢燃料在建筑领域未取得广泛应用的空白。

**研究布局加氢站。**加氢站是氢能供应的渠道，也是燃料电池汽车的动力补给点，加氢站是氢能源产业制氢环节与氢能应用的联系枢纽，是整个产业链的核心，建筑企业应提前布局加氢站投资、建设与运营。目前，我国在氢能加注已累计建成加氢站超过250座，在全球范围内比重占据约四成，达到了前所未有的新高度，加氢站数量位居世界第一。根据中国汽车工程学会编制的《节能及新能源汽车技术路线图2.0》，2025年中国加氢站保有量目标达到1000座，并在2030~2035年期间实现超过5000座。表7-1归纳总结了国内加氢站主要建设类型。

国内加氢站主要建设类型　　　　　　　　　　　　　　　　　　　表 7-1

| 加氢站类型 | 固定加氢站 | 撬装式加氢站 | 临时加氢站 |
|---|---|---|---|
| 模式概览 | 为氢燃料汽车及其他潜在客户提供加氢服务、站内配置、加氢装置、储氢瓶组、压缩装置等 | 针对特定客户定制，将重点设备进行系统集成，且投资成本低，设备安装、扩容方便 | 能满足客户前期对氢燃料车的运营测试、日常加氢操作和相应需求 |
| 日加注量 | 200~1000kg | 200~1000kg | 60~300kg |
| 占地面积 | 2000~4000m² | 800~1000m² | 400~600m² |
| 前景研判 | 提升日加氢能力、形成"制、储、运、加、用"一体化将是加氢站发展重点 | 考虑其安装便捷性，撬装式加氢站较为适合与加氢、加油站合建，短期内是加气站建设的优选方式 | 建设成本和占地面积低，但不利于安全使用、检查和操作，仅适用于内部使用 |
| 总结 | 固定加氢：加氢速度快，在氢能大幅铺开后将是主流的加氢站建设模式；<br>油氢混建：鉴于加氢站占地要求较高、审批较严等因素，油氢混建模式正在被中石化等加氢站业主所采用，将大幅节省占地面积并充分利用现有固定资产 | | |

**择机进入氢燃料电池产业领域。**用氢环节上，燃料电池是氢能利用的主要途径，燃料电池本质是水电解的"逆"装置，直接将化学能转化为电能，具有无需燃烧、功率密度高等特点。相比纯电动车型，氢燃料电池车克服了能源补充时间长、低温环境适应性差的问题，提高了营运效率。根据资料显示，按照"氢电互补、宜氢则氢、宜电则电"的原则，与纯电动车型应用场景形成互补。如果氢燃料电池在商用车领域全面推广，潜在年销量有望超过180万辆（2020年中国商用车（重卡、市政环卫车、公交车和大巴车）年销量合计180.6万辆），潜在市场空间为2160亿元/年。

**打造综合氢燃料产业园示范。**结合氢燃料的多种形式应用，着重拓宽氢燃料建筑及氢燃料产业园等应用场景，推动其规模化发展。提供以氢燃料为主导的低碳片区规划综合解决方案，打造氢燃料产业园综合示范项目。长期来看，建筑领域应结合氢燃料的多种形式应用，包括氢燃料汽车、氢燃料工业、氢储能等，围绕建筑领域的氢燃料产业发展与应用，重点把握中远期规划与布局。以区域性示范建设为着力点，与工业等部门联合推广诸如氢燃料综合产业园、氢燃料小镇等新发展模式。

## 7.1.4　储能

储能可以根据应用场景和技术形态分为不同的类型，按照应用场景及价值来看，可以分为电源侧储能、电网侧储能和用户侧储能三类。如果按照技术形态区分来看，储能技术可以分为三大类：机械储能（包括抽水蓄能、压缩空气储能、飞轮储能）、电磁储能（包括超导储能、超级电容储能）和电化学储能（包括锂电池、钠电池、铅酸电池等）。

### 1. 产业分析

储能作为确保间歇性可再生能源电力稳定运行的关键解决方案，是灵活、高效、清洁的调节能源。随着"双碳"战略的推进，可再生能源将从当前能源结构中的补充者过渡到能源主流角色，储能技术将成为未来解决新能源出力问题的利器。

抽水蓄能利用电能将水抽到高处，用电的时候再放水发电，它是目前成本最低、应用最广泛的储能方式，抽水蓄能项目投资规模大、建设周期长，在各类储能累计装机中占比80%，成为储能建设的主流，是建筑企业主要抢抓的新兴市场；电化学储能对技术要求比较高，发展规模较小。

根据CNESA（中关村储能产业技术联盟）的不完全统计，截至2020年底，全球已投运储能项目装机量为191.1GW，其中抽水蓄能的累计装机规模最大达到172.5GW，占比90.3%；电化学储能紧随其后，累计装机规模为14.2GW。在我国，抽水蓄能和电化学储能占据主导地位，二者的累计装机规模分别为31.79GW和3.27GW，合计占比接近99%，如图7-6所示。从成本、使用便利性和已使用规模综合来看，抽水蓄能和电化学储能作为主流储

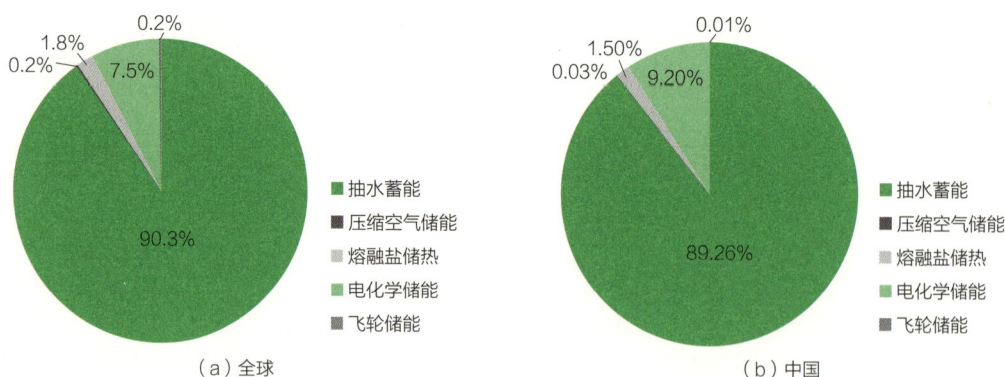

图7-6　全球和中国储能市场装机规模拆分图

能技术，未来均大有可为。

　　储能行业正式跨越历史性节点，迈向高速发展新时期。今年以来，国家以及各省级能源主管部门密集出台一系列储能利好政策，国内外大规模储能项目陆续启动，越来越多的企业投身储能，或扩产或跨界合作，储能产业呈现蓬勃发展的良好局面。《关于加快推动新型储能发展的指导意见》明确了储能产业在"十四五"时期的发展目标，确定了近期储能发展的重点任务及产业布局，对储能政策思路及市场建设给了了指导，标志着我国储能行业正式跨越历史性节点，迈向高速发展新时期。

　　政策推动下，抽水蓄能将出现跨越式发展。国家能源局于2021年9月9日正式发布《抽水蓄能中长期发展规划（2021-2035年）》，提出到2025年，抽水蓄能投产总规模较"十三五"翻一番，达到6200万kW以上；到2030年，抽水蓄能投产总规模较"十四五"再翻一番，达到1.2亿kW左右；到2035年，形成满足新能源高比例大规模发展需求的，技术先进、管理优质、国际竞争力强的抽水蓄能现代化产业，培育形成一批抽水蓄能大型骨干企业。当前已投产抽水蓄能装机规模约为3249万kW，根据规划按平均每千瓦0.5万元投资规模计算，"十四五"和"十五五"的新增年均投资规模达到200亿元和500亿元左右。图7-7显示了近年来抽水蓄能业务呈现井喷式增长。

　　政策催化叠加技术迭代，电化学储能迎来爆发期。除政策催化外，2020年底，中国电化学储能突破了1500元/kWh系统成本的关键拐点，未来成本有望进一步下行，电化学储能的大时代已然开启。根据CNESA的测算，2021～2025年，在保守场景和理想场景下，电化学储能的年均新增装机量有望达到6.4GW和10.5GW（2020年新增装机量为1.56GW），同时依旧按1500元/kWh的投资额进行测算，电化学储能所带来的年均建设空间将分别跃至96.7亿元和157.8亿元。

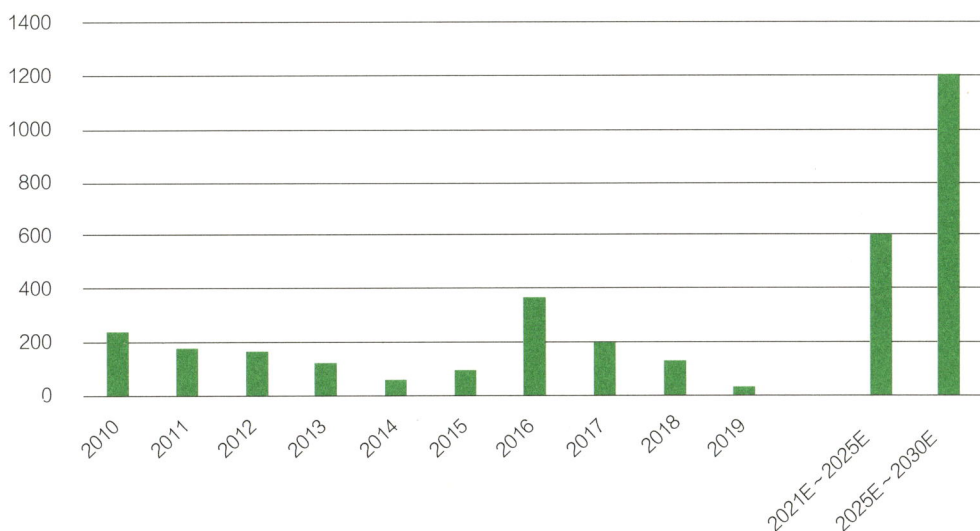

图7-7　单年新增抽水蓄能装机容量（万kW）

### 2. 发展策略

**发展抽水蓄能业务。** 抢抓市场机遇，开展抽水蓄能"投建营"一体化项目建设。通过内部培育和外部引进，加快形成市场开发、工程咨询、勘察设计、项目施工、运营等多维能力于一体的专业队伍，一批专业化管理团队；建筑企业应加快科技转型，注重创新研发投入，大力开展科技攻关，与科研院所等具有优势的科研院所在抽蓄新技术领域开展广泛的技术合作，打造抽蓄新技术的实施平台，掌握关键核心技术；加强与抽水蓄能全产业链条相关企业的合作关系，可以采用合资公司形式运作，进行投资、规划、设计、建设、运营五位一体开发，形成一站式抽水蓄能解决方案核心优势。

**适时发展建筑用电化学储能产业。** 电化学储能市场很大比例在用户侧，建筑企业应借助"双碳"，推行用户侧在本地的可再生能源消纳，形成大规模市场。一是可以采用强强联合的模式，通过和头部优势企业合作，共同进入用户侧储能。二是通过并购形式实现弯道超车，关注电池组、双向变流器（PCS）、能量管理系统（EMS）、电池管理系统（BMS）等具有核心技术的一些成长企业，采用并购形式掌握一到两个关键环节的核心技术，依龚场景优势打开市场。

**预先布局前瞻性技术。** 建筑企业应尝试促进推动用户侧电气化转型，与中科院电工所等优势的科研院所展开研发，推动储能理论和关键材料、单元、模块、系统中短板技术攻关，积极探索新材料、新方法，实现具有优势的先进储能技术储备，并在高储能密度低保温成本热化学储热技术、新概念电化学储能技术（液体电池、镁基电池等）、基于超导磁和电化学的多功能全新混合储能技术等实现重大突破。

### 7.1.5 光储直柔

#### 1. 产业分析

在"双碳"背景下，建筑端应用将主要集中在分布式储能、分布式光伏+储能、微网等配网侧和用户侧等领域。国务院印发《2030年前碳达峰行动方案》并提出"提高建筑终端电气化水平，建设集光伏发电、储能、直流配电、柔性用电于一体的'光储直柔'建筑"，在建筑端实现"需求侧响应"。全国各地已陆续出台建筑高比例铺设光伏的要求，而可再生能源的柔性供给和建筑用电的刚性需求并不匹配，导致传统建筑无法保证高比例消纳可再生能源的问题。

如图7-8所示，"光储直柔"新型建筑电力系统通过利用可再生能源代替传统煤电，并利用柔性用电技术赋予建筑大范围调节自身功率的能力，让建筑用电实时匹配光伏发电，解决光伏发电波动性大的问题，极大程度提升可再生能源消纳率，并提升建筑自身的电气效率，该技术是建筑领域在推动实现"双碳"目标背景下的重要发展路径。

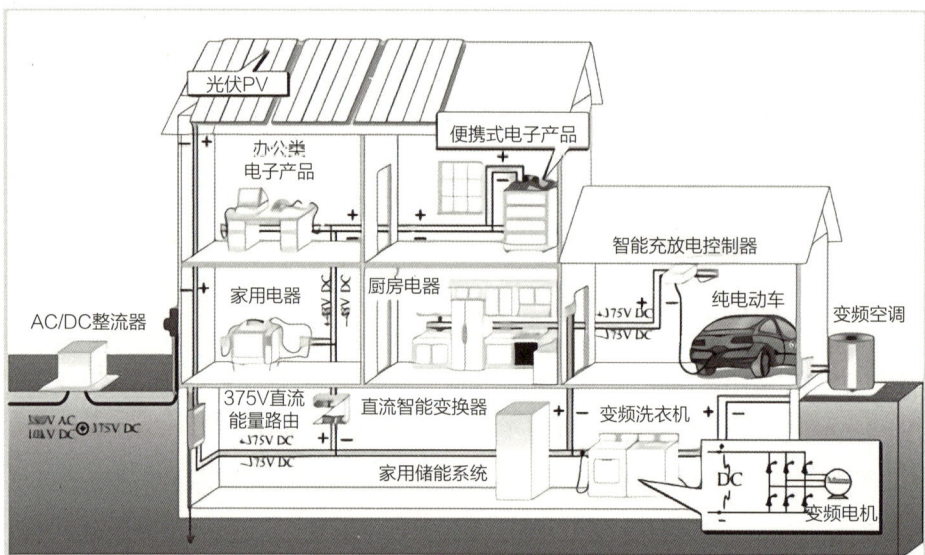

图7-8　光储直柔建筑[①]

国家大力推动能源绿色低碳转型下，"光储直柔"新型建筑电力系统呈现良好发展态势，结合国务院2021年印发的《2030年前碳达峰行动方案》，有研究报告指出"光储直柔"建筑面积预计于2035年达到20亿$m^2$，于2050年达到200亿$m^2$。因此，"光储直柔"新型建筑电力系统将成为建筑领域碳中和的主要着力点。

---

① 该图来自长城证券研究院。

采用"光储直柔"新型电力系统可以把可再生电力、充电桩直流储能、建筑直流供电、智能微电网柔性配电响应统筹联动起来，形成建筑领域的发电用电新业态，加快推进建筑行业用能结构由化石能源向清洁能源、可再生能源的转变，有效助力实现建筑碳中和目标，为建筑企业在未来创业和投资提供重要机遇。

### 2. 发展策略

**围绕直流柔性配电开展相关产业配套关键技术研发。**建筑企业应发挥自身业务优势，以实际工程项目及新型技术落地为导向，与高校及行业权威机构、重点企业联合攻关重难点。加快实现光伏组件生产降本增效，探索新型材料如碲化镉等新型光伏电池技术的应用；研发双向直流柔性充电桩，结合电动汽车储能的新模式，尽可能地规避建筑场景中大型电池储能的危险性；加快研发直流化电器设备，支持建筑内部通过直流配电网与所有电源和电器（设备）连接，减少交-直转换过程带来的能耗损失；推广建筑用能柔性调节机制，优化控制策略提升建筑"荷随源动"及调峰能力。

**构建多尺度具有柔性调节能力的能源微网新模式。**在商业模式上，建筑企业可集合自身优势为业主提供整体解决方案，如采用"工程总承包+投资运营"的方式，使建筑通过"光储直柔"新型电力系统将建筑柔性负荷、分布式能源站和直流充电设备整合为一个自发自用、余电上网的能源微网。在此基础上，进一步研究社区直流配电网的设计与优化方法，形成社区尺度全直流电柔性荷载调节系统，全面提升社区尺度分布式清洁能源消纳率，同理建筑企业通过打造园区、城区尺度的柔性控制建筑碳中和能源微网，形成基于"光储直柔"技术为核心的合同能源管理、利益分享的商业模式。

**建立"光储直柔"产业生态。**建筑企业应因地制宜，加快完善产品体系及行业规范与标准，大型建筑企业可牵头组织行业内品牌电器供应商如格力、美的、海尔等开展战略合作，以标准化的控制芯片及管理标准，推动直流电空调和直流照明行业的技术创新，打造相关产业生态圈，形成产品技术壁垒，提升业务附加值。在建筑领域全面推广研发产品，包括建筑柔性配电系统、建筑需求侧响应柔性末端设备，逐步形成全国领先的技术产品质量体系。立足实现输出产品管理、输出产品标准、输出产品品牌的"三个输出"。建立以"光储直柔"技术为核心的各项行业标准与规范，结合示范工程树立行业标杆，引领市场规模化发展。

**推广零碳建筑与社区示范。**研究"光储直柔"环境效益定量评估方法论，积极推动以"光储直柔"电力系统为核心的CCER（国家核证自愿减排量）及地方碳普惠方法学开发，并进行节能减排项目申报。以建筑企业自持（近）零碳建筑或（近）零碳社区工程开展示范应用。此外，建筑施工类企业可与行业内优质地产企业合作，为长期稳定的建筑运营场景提供成熟解决方案，通过建设直流柔性双向充电桩与自营物业实现"光储直柔"新能源汽车充电体系。在此基础上形成可复制的"光储直柔"成套技术体系并在全国范围内形成规模化推广。

## 7.1.6 区域能源

### 1. 产业分析

区域能源充分利用区域内太阳能、地热能、生物质能等可再生能源和天然气等清洁能源，以多能互补和电、热、冷、气等综合供能方式为核心，使终端能源在区域内通过配电网、热力网、燃气网互联互通，达到源－网－储－荷各个环节的系统效率和系统效益最优，为社区、园区或城区提供综合能源供应，是最接近多能流融合的业务形态。

区域能源是最典型的综合能源服务业态，可实现区域就地资源的最大限度利用，能充分发挥供冷、供热、热力电力的生产和供应之间的协同作用，经济效益明显，如图7-9所示，对于满足用户高品质的一体化能源供应需求具有优势，在我国已有10余年发展技术积累且发展不断加快。根据中国建筑节能协会区域能源专委会统计，当前全国约有近百个投资运营服务商开展此类业务，已经形成400余个各类型项目实践。区域能源符合城市高品质发展及绿色发展定位，逐渐引起政府、企业的重视，虽然处于起步阶段，但发展非常迅速。随着各省会及重点城市新城规划及大型建筑综合体的建设，区域能源成为重要的能源供应形式，已形成较为激烈的竞争格局，参与者包括电网公司、发电企业、燃气公司、节能环保公司和外等。

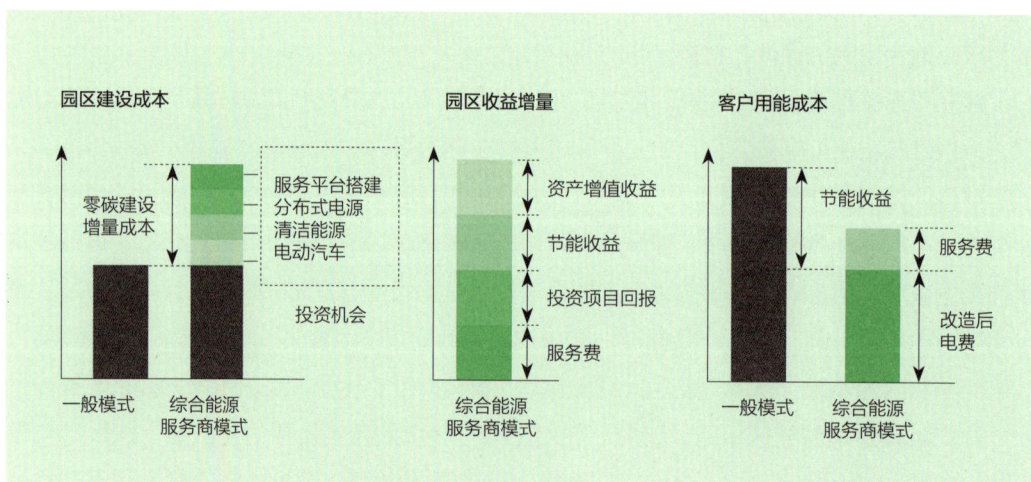

图7-9 综合能源服务商模式下的成本分析

区域能源是落实城市可持续发展最后关键环节，同时也是实现城市能源高效转换供应的最有效抓手。国内区域能源发展政策逐步明晰，目前已有很多项目获得一定的成效与社会广泛认同。业内普遍达成共识，即区域综合智慧能源项目发展已迎来战略机遇期。根据我国城区现有能源结构以及近期国家各部委出台的政策文件判断，结合中国城市化进程与绿色发展要求，区域能源市场空间将更大规模发展，预计在"十四五"期间区域综合能源市场规模将达万亿级。

### 2. 发展策略

建筑企业依托主导开发建设的城市片区，切入区域能源业务，以光伏、热泵、储能、直流电、氢能利用、大温差长输供热等技术为手段，如图7-10所示，开展面向城市片区的综合能源投资建设，提供冷、热、电、气等多样化的、定制化的综合能源服务，构建低碳、智

图7-10　区域能源业务领域

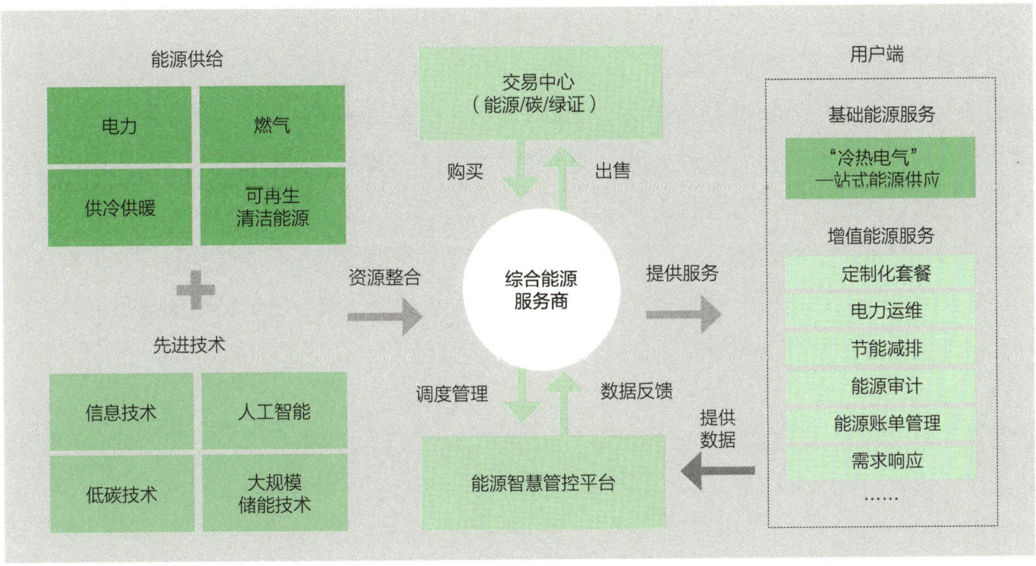

慧、高效的综合能源供应与服务体系。从能源的生产、输配、使用和储存四个方向，提供区域能源整体解决方案和全流程服务。同时在区域道路、停车场、商业综合体等应用场景，积极布局储能、充电桩或光储充一体化等能源服务项目，通过峰谷电价差和电动汽车充电盈利。图7-11展示了综合能源服务多种模式。

图7-11　综合能源服务模式

抓住低碳供暖规模化契机，开展余热供暖业务。在工业余热热源、核电站等区域，开展工业、核电余热大温差长输供热规划、投资、建设和运营。建筑企业应加强与清华大学、电力集团等优势单位开展深入合作，与当地环保、国土、交通、铁路、水利等部门共同开展以长输管线为载体和纽带，充分利用沿途的电厂余热、钢厂余热等工业余热或核电余热，利用天然气或可再生能源作为基础热源的补充与调峰的大温差长输供热工程项目。采用专项规划、投资、建设和运营业务模式，为既有城区和新建城区提供规模化清洁供暖整体解决方案。

开展虚拟电厂投建运。建筑类企业应积极开展虚拟电厂（VPP）前瞻性研究与应用，将风能、光伏、氢能、热电联产等分布式能源与储能、应急发电机和需求侧响应等相聚合，通过中央IT系统监测、预测、优化和调度发电、储电/放电及灵活消费，为电网和电力市场提供灵活性服务。充分发挥资源整合能力，抢占虚拟电厂聚合高地，突破新型通信科学技术、智能计量技术、区块链等应用瓶颈，构建储能云网平台，实现储能及新能源电站的多方参与、联合生产以及统一调度，实现资源最优调配。结合绿色金融，采用灵活多样的投建运等形式，逐步从实现区域性能源供给，成为建筑领域的发电企业，创新性构建形成长期稳定的与建筑业相关的跨界新业态。

# 7.2 智慧城市

智慧城市建设在实现城市的可持续发展和提升城市的综合竞争力等多个方面起到了非常大的作用。在提升智慧城市的治理能力、推动民生、产业发展的同时，通过以数据为核心要素、以新一代的信息技术为驱动，促进城市信息模型（CIM）、智慧市政、智慧社区等产业升级，推动各行各业绿色化转型、引领绿色生活方式变革，为"双碳"战略下的城市可持续发展开辟新的路径，继而推进经济社会的系统性变革，为生态文明建设导入强劲动力。因此，在"十四五"数字中国建设和"碳达峰碳中和"背景下，新型智慧城市的建设将为"双碳"战略的全面落地提供有力抓手。

## 7.2.1 CIM+

### 1. 产业分析

智慧城市是集产业、技术、模式、资本于一体的开放复杂系统，是通过对城市空间中的各种信息进行智能感知与处理、智慧决策与应用实现对城市的高质量管理和服务，而城市信息模型CIM（图7-12）是实现建设智慧城市的重要数字基础设施。CIM平台通过集成BIM、GIS、物联网（IoT）、大数据、云计算、智能化等先进的新一代信息技术，同步或超期形成与实体城市"孪生"的数字城市。利用CIM的可扩展性，可以接入诸多城市公共系统的信息资源，实现跨系统应用集成、跨部门信息共享，

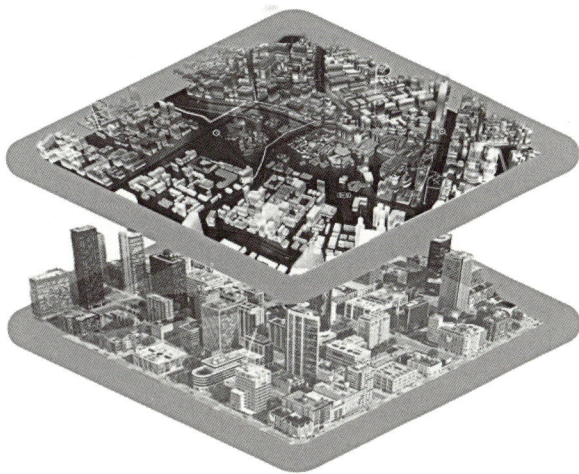

图7-12 数字孪生城市

支撑数字孪生城市和智慧城市的决策分析，提高城市的综合竞争力，CIM将成为智慧城市和数字孪生城市的核心资产之一。

为推动CIM及智慧城市建设，住房和城乡建设部、工业和信息化部和中央网信办发布《关于开展城市信息模型（CIM）基础平台建设的指导意见》，全国范围内推出了一系列促进政策，在2019年召开的全国住房和城乡建设工作会议中，提出要加快构建部、省、市三级CIM平台建设框架体系。目前，住房和城乡建设部已经启动了CIM平台建设的试点工作，首批试点城市包括南京、北京城市副中心、广州、厦门和雄安新区。对未来市场预测，按国家行政区划分，目前共有34个省级行政区、1178个地级市级市属辖区和374个县级市，均是CIM基础平台的建设范围。其中城市级CIM平台平均合同额2200万元，城区级1500万元，县/街道级500万元，按此估计，预测CIM平台存量市场654亿元。如果突破B端和C端模式，市场空间会更大。此外，经济技术开发区、科技园区等，也需要城市信息模型（CIM）平台的建设。

### 2. 发展策略

目前CIM建设仍处于前期试点阶段，属于行业蓝海。随着新型城镇化与数字中国战略结合，将出现以CIM为基础的市场格局。在国内大规模基建市场的助推下，必然会在CIM领域产生"独角兽企业"。

**积极参与CIM标准化建设。**CIM建设是一项复杂性较高、多种技术交融、多终端接入、多主体参与的长期性工作，项目落地实施必须有相应标准来规范平台建设，相关标准需尽快出台。当前CIM建设属于自下而上的探索性建设阶段，城市仍是CIM建设的主场。如何保障各城市在探索过程中走出个性的同时具有一定的共性，能够和省级、国家平台有效衔接，也需尽快制定标准规范，通过参与相关标准规范制定，提高该领域话语权，助力建筑企

业抢占市场先机。

**联合优势企业共同拓展CIM项目**。CIM是一种技术集成，而有的公司擅长"智慧"、有的公司擅长"专业"、有的公司擅长"平台开发"，各有所需，各有所长，需要多方协同才能完成。建筑企业可以利用城市建设掌握建造过程基础数据优势，积极承担牵头人角色，积极主导或参与城市顶层规划，拓展智慧交通、智慧公安、智慧物流、智慧管网、智慧能源等新型市政基础设施业务，围绕建筑全寿命周期提升智慧建造和运维水平，打造智慧社区/园区/城区等应用。围绕CIM的市场化运营，推进全行业的升级转型，组织教育、企业和科研机构等，开展特定产业链条重塑改革，建立相关的场景试点，推动建筑设计、装配式建造、城市管理、社区共同缔造、老旧小区改造、智慧交通等细分领域在CIM平台上的示范应用。

**加快整合资源形成CIM核心能力**。由于CIM数据的敏感性，而掌握CIM技术的企业又凤毛麟角，为大型建筑企业介入该领域提供了绝佳的机遇，可采取收购、兼并等方式快速具备CIM能力。利用企业在各地区的市场优势，积极参与地方数字基础设施建设工作，采取政企合作、特许经营等多种方式，与政府合作建立地区、园区的CIM平台，积累重要社会和经济效益的数字资产，实现企业由物质财富创造者拓展到数字空间及数字资产创造者及运营者的转变。

**积极开拓CIM数据资产增值**。随着CIM平台的运营，将形成大量的数据，其中部分可免费公开共享，如公共交通相关数据；部分数据可能具有一定的商业应用价值，CIM平台应保留数据共享接口。建筑企业应积极基于CIM平台运营数据提供更多增值服务，逐步形成海量数字资产，衍生各项智慧业务，以此为基础进行数据资产证券化，形成数字REITs等，拓展新业务、新业态，孵化上市公司。

## 7.2.2　智慧市政

### 1. 产业分析

智慧市政利用物联网、云计算、大数据和GIS等先进技术，对城市的燃气、电力、供排水、热力、水利、综合管廊等进行统一管控，以达到感知、集中监控、诊断分析、远程运维、在线模拟、输配管理城市基础设施及资源的目的，实现城市指挥中心的统一调度，进行城市功能的智能联动和快速响应，提高城市市政管理水平。其中数字化助力电力系统减碳潜力可达到12%~22%（图7-13）。中共中央办公厅、国务院等部门多次颁布智慧市政行业利好政策，从顶层设计、统筹协调、总体布局、信息系统互联、公共数据共享等方向助力行业健康发展。如2018年6月国务院颁布《进一步深化"互联网+政务服务"推进政务服务"一网、一门、一次"改革实施方案》，深化"互联网+市政服务"的改革。

目前中国开展智慧市政的城市约有500个，中国智慧市政的市场应用环节基本一致，由管理部门、系统集成商，服务运营商，第三方机构与应用开发商组成。智慧市政行业的市场

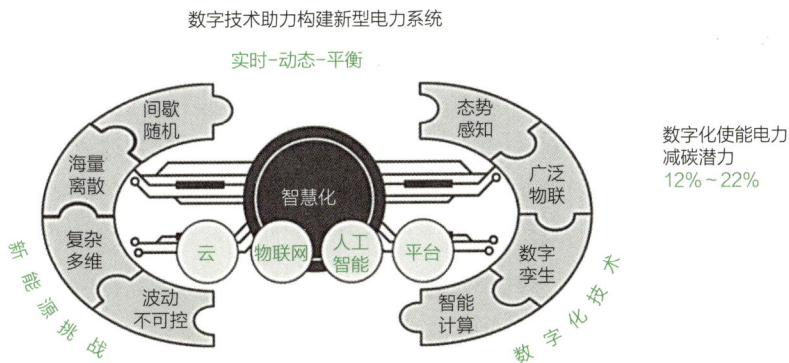

数字技术助力构建新型电力系统

实时-动态-平衡

数字化使能电力
减碳潜力
12%～22%

图7-13　数字化助力新型电力系统减碳

图7-14　中国智慧市政行业市场规模预测

规模可分为智慧能源、智慧交通、智慧环保及其他应用四部分，其中智慧能源、智慧交通及智慧环保应用市场规模较大，根据头豹研究院《2020年中国智慧市政行业概览》研究报告显示，预计2024年该领域市场规模将达到4364.2亿元（图7-14），2019～2024年复合增长率约为10.7%。

## 2. 发展策略

**整合资源，打造专业平台。**将智慧市政业务纳入建筑企业创新业务板块孵化培育，整合企业智慧市政业务资源进行汇聚重组，加快智能化等专业力量配备，配齐电子与智能化工程专业承包等相关资质资源，加大智慧创新业务资源导入，提升应用智慧信息技术解决市政领域的痛点、难点问题的能力。积极与知名科研机构及高校开展合作，打造智慧市政工程技术研究中心，加快构建和完善智慧市政产品体系，争创省部级及国家级智慧市政工程创新中心，打造具有行业影响力的智慧市政专业平台。

**利用现有市政项目，提升集成能力。** 智慧市政的本质是融合，建筑企业可以发挥系统集成优势，利用市政建设业务，在智慧市政主要业务方向上通过上下游合作、兼并收购等方式，整合国内外技术资源，实现资源优势互补，形成智慧市政综合解决方案。

**积极开拓业务合作新模式。** 智慧市政系统的建立是政府主导、企业参与的行为。企业应重点瞄准智慧城市试点地区，积极利用良好政府合作基础，发挥市场竞争相对优势，抢抓智慧市政建设先机，可采取与政府成立合资平台公司等政企合作方式，推动政府管建模式从政府主导向社会共同参与、联合建设运营的多元化模式转变，从建设转向运营，完善长效运营机制，逐步探索创新业务模式。

## 7.2.3　智慧社区

### 1. 产业分析

智慧社区作为现代社会治理和服务的一种新形态，通过集成应用物联网、云计算、移动互联网等新一代信息技术，为社区居民提供一个安全、舒适、便利的现代化、智慧化生活环境，从而形成基于信息化、智能化社会管理与服务的一种新的管理形态的社区。智慧社区是建设有效推动经济转型，促进现代服务业发展的重要手段。

在加速推进城市化建设的过程中，建设现代化、完善的智慧社区是关键。国务院办公厅印发《"十四五"城乡社区服务体系建设规划》提出，到2025年年末，社区线上线下服务机制更加融合，精准化、精细化、智能化水平持续提升。民政部正会同有关部门起草关于智慧社区建设的文件，对深化物联网、大数据、云计算和人工智能、信息技术在社区服务领域的应用，建设便民惠民的服务圈，提供线上线下相融合的社区生活服务作出部署。

与此同时，相关部门围绕如何通过网络化的形式把服务输送到社区、输送到居民身边，也有不同的规划和措施。各地积极响应国家政策，全国共15个省（区、市）的"十四五"规划纲要提及智慧社区相关内容。相关数据显示，预计2023年我国智慧社区市场整体规模将达到6433亿元。

智慧社区主要打造两类应用服务：面向业主端的社区服务平台和面向物业企业端的一体化信息数据平台，由于物业企业在社区中既承担着对外社区运维及服务的职能，同时又对企业内部项目和人员管理负有责任，是社区智慧化的主要参与者和推动者。目前头部地产、物业企业纷纷设立子公司，专注对内企业数字化转型平台和对外社区智慧化运营平台的应用部署，目前头部企业在智慧社区领域已经积累一定的业务基础。

### 2. 发展策略

**加快打造企业特色智慧社区产品。** 智慧社区的创新发展与物联网、智能硬件、大数据、云计算等一系列前沿技术紧密相关，建筑企业应聚焦前沿技术，加大科研投入，通过企业并购、技术产品转让、合作研发等形式，积极参与相关技术研发、基础平台建设、标准规范编制等工作，强化智慧社区业务能力建设，打造从硬件到软件、从服务到产品的智慧社区基础能力体系。

**拓展增值服务，加快形成新商业模式。** 随着数据生产力的开发与利用不断加快，智慧社区能够衍生出新的商业业态与服务类型。企业应抢抓机遇，加大社区商业数字化应用，建立并上线智慧社区O2O公共服务平台，在借助互联网与物联网发展的情况下，提高社区商业的电子商务形式、物流配送功能、连锁经营功能，衔接社区智能化的建设，使社区商业的服务功能在智慧社区大平台背景下能够充分展现，实时更新、趣味相间、体验丰富、方便快捷，满足社区居民物质需求的同时，加强精神文化需求建设。

**构建企业智慧社区生态。** 如图7-15所示，通过开放的方式构建企业智慧社区云生态，引入各方资源和合作伙伴，创新合作机制，建立企业智慧社区产品库和供应商名录，打造智慧社区生态圈，使其覆盖前期的社区规划设计、中期的社区开发建设，到后期的社区运维管理，使社区居民可方便快捷地享受社区各类公共服务，同时建成多元化、多层次、智能化的社区公共服务体系，让便民利民服务覆盖社区所有居民，服务便利化、精准化。

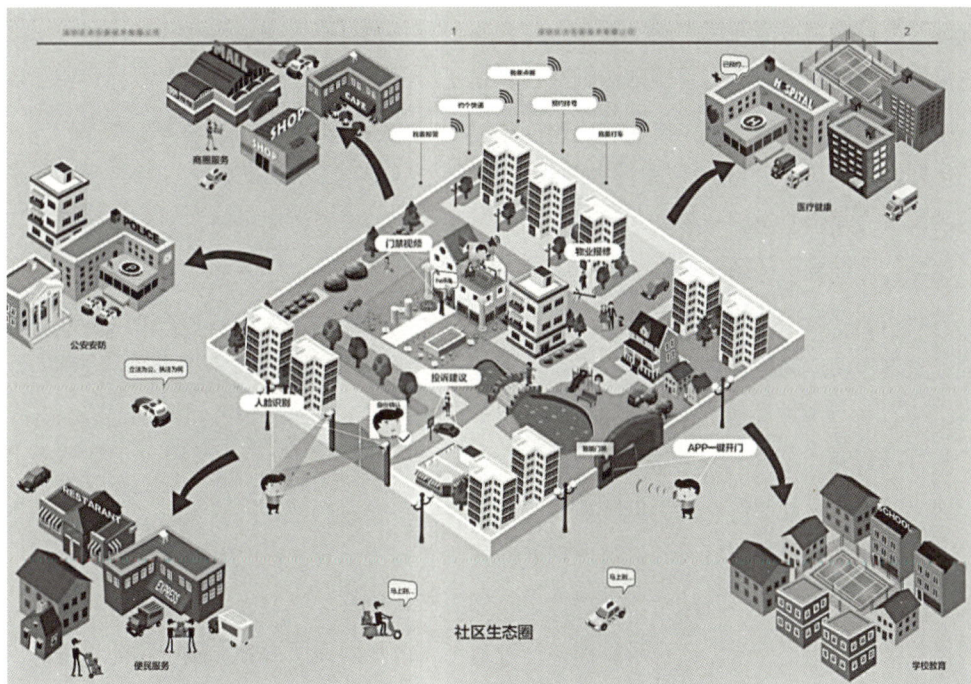

图7-15　智慧社区生态圈示意[①]

———————————

① 该图来自网链科技智慧社区平台。

# 7.3 生态环保

碳达峰目标和碳中和愿景的提出，将驱动生态环保产业面向绿色低碳循环发展全面升级，生态环保产业范畴向绿色低碳领域拓展。在"双碳"目标的驱动下，促进减污降碳协同增效，强调资源节约循环利用和生态环境保护，创造体量和质量可观的绿色资产和生态财富，带来巨大的绿色低碳投资和消费需求，为相关企业创造广阔的生态环保市场前景和商业机遇。

## 7.3.1 污水处理

### 1. 产业分析

国家高度重视污水治理，国家发展改革委等十部门联合印发《关于推进污水资源化利用的指导意见》(发改环资〔2021〕13号)，明确提出到2025年，全国污水收集效能显著提升，县城及城市污水处理能力基本满足当地经济社会发展需要，水环境敏感地区污水处理基本实现提标升级；全国地级及以上缺水城市再生水利用率达到25%以上，京津冀地区达到35%以上；污水资源化利用政策体系和市场机制基本建立。

《中华人民共和国国民经济和社会发展第十四个五年规划和2035年远景目标纲要》，提出"十四五"期间，新增和改造污水收集管网8万km，新增污水处理能力2000万t/日；推进城镇污水管网全覆盖，开展污水处理差别化精准提标，推广污泥集中焚烧无害化处理，城市污泥无害化处置率达到90%，地级及以上缺水城市污水资源化利用率超过25%。

随着我国环保产业的快速发展，污水处理市场规模将在相当长的时期内不断扩大，污水处理产业市场化服务需求将逐步突出。预计2021～2025年，污水处理市场规模逐年递增，到2025年，预计城镇和农村的污水处理规模分别达到1677亿元和524亿元。

### 2. 发展策略

**建立城镇污水处理行业绿色低碳发展模式。**全面应用污水管网提质增效、碳中和污水处理厂、污水资源化等新兴技术，打造运行能耗低、处理成本低、资源循环利用的污水处理模式，为政府提供厂网一体化的整体解决方案，解决污水处理达标难、运维成本高等问题。例如，以武汉为试点，集成创新技术，提升运维水平，以管网提质增效、碳中和污水处理厂及污水资源化等关键技术为抓手，打造华中地区首个城镇厂网一体化绿色低碳项目。

**推动污水长效、低成本处理模式。**响应国家乡村振兴战略，布局农村污水处理市场，体现装备及技术优势，应用智慧水务、耐久性处理设备等技术和产品，系统推进污水处理领域降碳增效、资源化利用，突出"投、建、运"一体化和专业实力，推动农村污水长期、稳定、低成本地处理，解决农村污水处理设施运维难、能耗高等问题。树立污水处理业务的行业影响力，拓展政府合作，聚焦地方政府客户，与政府专责管理机构、投资平台及绿色基金建立长期合作伙伴关系，抢占国内市场。

**打造"环保管家"商业模式。**以污水处理"绩效、融资、履约"三大核心诉求为基本出发点，以"EPC+"为主，施工总承包、委托运营、特许经营、固定资产投资、股权投资等多种形式为辅，积极探索EOD新模式，向园区提供监理、监测、环保设施建设运营以及污染治理等一体化环保服务和解决方案，实现产业运营与水务环保有机结合。

### 7.3.2　建筑垃圾处理

#### 1. 产业分析

我国建筑垃圾存在数量快速增长和地域分布不平衡等特点。通过建筑业房屋施工面积来分析我国建筑垃圾的数量增长和区域分布状况：从2006年至2014年，我国建筑业房屋施工面积呈指数型增长，建筑垃圾数量也很可能呈指数化快速增长趋势；2014年至2020年，我国建筑业房屋施工面积激增速度放缓明显，2014~2019年的平均复合增速为3%。按照中国环联发布的《建筑垃圾处理行业2018年度发展报告》中的测算逻辑，每10000m²建筑施工面积平均产生550t建筑垃圾，建筑施工面积对城市建筑垃圾产量的贡献率为48%。

目前，我国建筑垃圾资源化利用效率较低（图7-16）。2020年5月，《住房和城乡建设部关于推进建筑垃圾减量化的指导意见》中指出，到2025年底，各地区建筑垃圾减量化工作机制进一步完善，实现新建建筑施工现场建筑垃圾（不包括工程渣土、工程泥浆）排放量每万平方米不高于300t，装

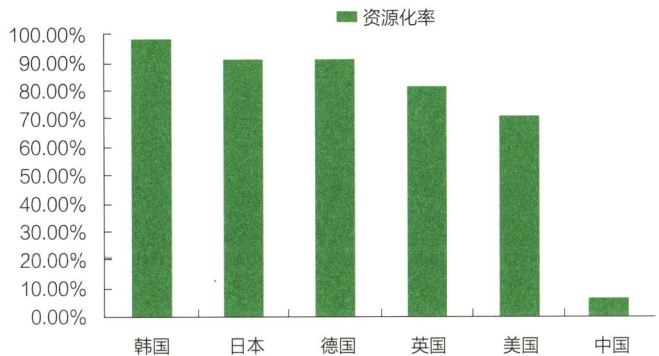

图7-16　典型国家建筑垃圾资源化率情况

配式建筑施工现场建筑垃圾（不包括工程渣土、工程泥浆）排放量每万平方米不高于200t。

另外，建筑垃圾资源化已被国家列入可享受税收优惠政策的范围，目前，很多地区都对建筑垃圾资源化给予大力度扶持，开始兴建或规划建筑垃圾资源化处理厂，积极开展建筑垃圾减量化、资源化、产业化布局，建筑垃圾处理行业的东风已至。随着再生产品的生产与应用实践逐步深入，越来越多的产品应用技术趋于成熟，为工程应用提供技术支撑。

我国建筑产业正处于快速发展时期，建筑垃圾资源化推进严重滞后，建筑垃圾综合利用已刻不容缓。国家将大力支持推进建筑垃圾资源化工作，建筑垃圾处理行业的市场空间较大，未来前景将更加可观（图7-17）。

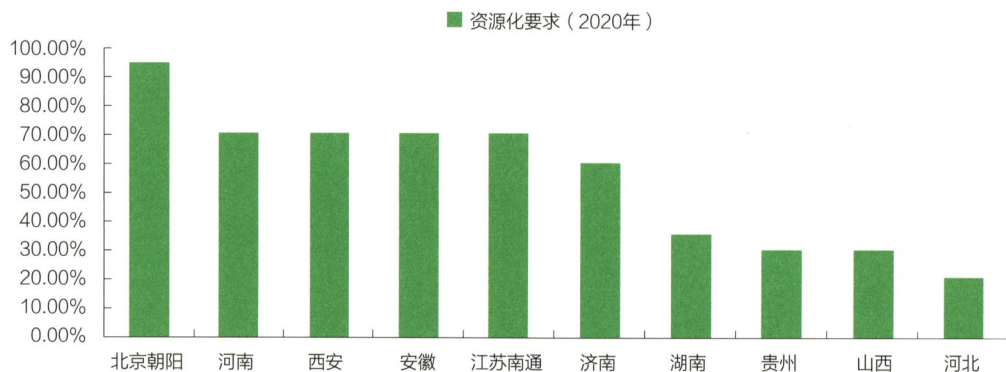

图7-17　我国部分省市2020年建筑垃圾资源化处理要求

现阶段我国建筑垃圾处理行业的收入主要来自于建筑垃圾运输收费与建筑垃圾处置收费，费用标准一般是各地方发展改革委员会出台价格指导标准，按市场情况进行浮动，不同地区的指导标准不一。以行业内普遍使用的35元/t为建筑垃圾运输及处理处置费用为计，2019年该部分行业市场空间近700亿元。根据《循环发展引领行动》，整个市场仍处于待开发状态。

### 2. 发展策略

**技术驱动建筑垃圾精细化分类，** 培育建筑垃圾分类产业链，建立统一建筑垃圾分类模式。以大数据、互联网、区块链、人工智能等数字化新技术及先进生产技术为依托，实现建筑垃圾精细化分类，完成建筑垃圾"变废为宝"第一步。积极对接当地政府，建立垃圾精准分类堆场，集中管理生产中产生的建筑垃圾。加强与外部单位或机构合作，探索社会面建筑垃圾分类运行模式，培育垃圾分类产业链。

**打造循环经济产业链，开发建筑固废循环利用场景。** 以国家大政方针为依托，以市场需求为方向，针对不同种类、不同性质建筑垃圾，开发不同应用场景，完善材料研发、设备制造与改良和市场运作三位一体的资源化场景。着力开发针对不同种类的建筑垃圾资源化技术路径，研发可应用于工程项目上的可再生产品，形成集团建筑垃圾资源化利用产品库，提高资源化利用率；同时，重点打造配套资源化技术装备，形成技术转化路径；积极开拓建筑垃圾资源化市场，打造集建筑拆除－建筑垃圾运输－建筑垃圾回收处理－再生建材生产－再生建材应用的循环经济产业链，创造建筑产业新的经济增长点。

**发展建筑垃圾处理静脉产业园，形成投－建－运一体化模式。**抢滩国家绿色低碳发展战略先机，以建筑垃圾的无害化、减量化、资源化为原则，以节能环保、降低消耗为目标，以建筑垃圾资源化处理和产业园区建造为技术优势，通过合理的空间布局和优化设计，整合能源、环保等方面企业资源，共同打造建筑垃圾静脉产业园，形成投、建、运一体化模式，加强城市建筑固废的物质循环和能量循环，形成生态型的循环机制，实现建筑垃圾"零排放"，以及各类建筑固废综合处理，资源利用最大化，土地占用最小化，污染"零排放"等，并率先形成示范，形成可推广、复制的创新型循环经济产业试点。未来推动百亿级产业规模。可采用如"政企合作BOO模式"等形式，由政府提供土地、原料和标准，环境服务公司与政府签订建筑废弃物处置服务协议的方式开展业务。

## 7.3.3 海绵城市

### 1. 产业分析

海绵城市解决的核心问题是雨水的问题，作为新一代的城市雨洪管理概念，它在适应环境的突然变化和应对大量雨水所造成的自然灾害方面具有良好的"弹性"，在我国各地区得到了积极的推广。在新形势下，海绵城市是推动绿色建筑建设，低碳城市发展形成的创新表现，是新时代特色背景下现代绿色新技术与社会、环境、人文等多种因素下的有机结合。

2022年4月18日，为落实"十四五"规划纲要有关要求，扎实推动海绵城市建设，增强城市防洪排涝能力，住房和城乡建设部印发《关于进一步明确海绵城市建设工作有关要求的通知》，指出海绵城市建设应通过综合措施，保护和利用城市自然山体、河湖湿地、耕地、林地、草地等生态空间，发挥建筑、道路、绿地、水系等对雨水的吸纳和缓释作用，提升城市蓄水、渗水和涵养水的能力，实现水的自然积存、自然渗透、自然净化，促进形成生态、安全、可持续的城市水循环系统。明确了实施路径、科学编制海绵城市建设规划等实施内容。进一步压实城市人民政府海绵城市建设主体责任，建立政府统筹、多专业融合、各部门分工协同的工作机制，形成工作合力，增强海绵城市建设的整体性和系统性，避免将海绵城市建设简单交给单一部门牵头包办。

为进一步推进海绵城市建设，财政部、住房和城乡建设部、水利部在联合印发的《关于开展"十四五"第二批系统化全域推进海绵城市建设示范工作的通知》中明确，2022年将组织第二批海绵城市建设示范竞争性选拔工作，中央财政按区域对示范城市给予定额补助。其中，入选城市最高可获补助11亿元，补助资金根据工作推进情况分3年拨付到位。

国务院办公厅印发《关于推进海绵城市建设的指导意见》，对建设情况明确了要求和时间表，将70%的降雨就地消纳和利用，到2020年，城市建成区20%以上的面积达到目标要求，到2030年，城市建成区80%以上的面积达到目标要求。我国海绵城市建设尚处于起步的阶段，未来10年将进入到一个大的建设爆发期，2021~2030年投资规模预计为7万亿元。

### 2. 发展策略

**加大研发力度，形成海绵城市系统解决方案。**通过新技术、新材料、新工艺的研究开发，不断提高建设标准，以海绵产业优化为保证，实现节能减排、提质增效的目的。总结绿色海绵城市示范区建设经验，形成解决海绵城市建设过程中存在的散点化、碎片化等问题的系统解决方案，复制推广，以点带面。结合开展城市防洪排涝设施建设、地下空间建设、老旧小区改造等，全域系统化地建设海绵城市。

**实施多种模式推进策略。**采用财政部鼓励的PPP模式，筹划新型城市化建设整体战略，系统设计城市水资源整体利用方案，打造海绵城市建设多产业融合新模式。将城市河道治理与沿途的海绵设施建设相结合，组合成按照治理后的环境效果付费的PPP项目，既治理和保护了城市水环境，又增加了以河道为主体的滞洪、消纳、净化、行洪作用，还可以通过运营雨水回用、污水处理及排水管网设施等带来稳定的现金流。采用DBFO（设计-建造-融资-运营）模式，以社会投资人的角色，负责项目的设计、投融资、建设、运营、期满移交等相关工作。还可有机结合ROT（改建-运营-移交）、BOT（建设-运营-移交）等模式，参与到海绵城市建设中。开展多模式的项目建设及运营模式，为城市建设服务，为产业带来更多的增长点。

## 7.3.4  生态修复

### 1. 产业分析

党的十九大强调了生态文明建设是中国实现可持续发展的关键目标。生态文明建设及生态修复的推进将为生态修复市场的参与者提供大量机遇。

国家发展改革委、工业和信息化部、生态环境部等七部委联合发布《绿色产业指导目录（2019年版）》将生态保护、生态修复、海绵城市、园林绿化等行业统筹纳入绿色产业范畴。另外，国务院发布《政府投资条例》（国务院令第712号），明确规定政府投资资金应当投向市场不能有效配置资源的公共基础设施、农业农村、生态环境保护、重大科技进步等公共领域的项目，以非经营性项目为主；并且政府投资项目所需资金应当按照国家有关规定确保落实到位，政府投资项目不得由施工单位垫资建设。政府不断出台相关行业政策，以发展资金支持和保障，有力促进了行业内企业的稳定发展，解决了部分现金流回款和资金压力障碍。

在生态修复领域，矿山生态环境恢复、荒漠化、石漠化和水土流失综合治理、道路边坡等基础设施修建区生态修复等行业市场发展前景广阔，未来将持续具有增量空间。生态修复市场的工程范围越来越全面，包括污染源控制、污染治理方法整合、环境改善及后续维护。因此，生态修复市场正朝着倾向于高技术要求及更高复杂度的较大型项目的方向发展。随着中国政府的角色由直接投资者向监管者转变，环境相关项目的业主预计将更趋多样化，并因此将直接增加对生态修复市场服务提供商要求。

生态修复市场增长趋势迅速，市场规模由2015年的约319亿元增至2019年的693亿元，年均复合增长率约为21.4%。预计到2023年中国生态修复市场年度规模将超1000亿元。

### 2. 发展策略

**打造生态修复核心竞争力。**围绕生态修复产业开发，在生态环保产业链上下游进行产业延伸，提高集团生态修复产业竞争力。在生态基础设施规划设计，低碳生态设施建造，生态材料、工艺、技术开发，生态环保智能装备制造，智慧低碳生态设施运维等方面进行业务布局，将生态修复产业与传统基建、新基建互联互通，促进产业转型升级，致力于成为生态修复基础设施产业综合服务商。

**打造城乡水生态修复系统集成化解决方案。**从水体生态修复、底泥生态治理以及河湖滨岸生态修复等开始，形成水生态修复全生态链的系统化的集成解决方案。以水环境、水资源、水生态协同共治为出发点，应用微生物强化处理、底泥生态清淤、底泥原位生态修复、水体生态系统构建、河湖滨水生态景观打造、水系连通、生态驳岸规划设计建造、水生态系统智能监测管控等关键技术，促进城乡水生态系统质量稳步提升，为政府提供城乡水生态系统化的集成解决方案。

**构建低碳土壤生态修复产业融合业态。**将基于土地价值提升的片区开发产业与土壤生态修复产业融合，促进土壤生态修复技术类型向绿色、可持续、低碳排方向转变，降低异位修复技术的使用率，应用纳米技术、零价铁技术、生物修复技术等其他绿色可持续修复技术，通过结合5G物联网、数据共享、大数据、云计算等跨学科、跨领域技术，实现土壤生态修复的低成本、高效率、低碳排放，提高土地利用价值，为绿色片区的开发提供基础。打造基于土地价值提升的片区开发产业+土壤生态修复产业布局融合新业态。

**探索矿山生态修复价值提升解决方案。**探索废弃矿山生态修复产业价值提升解决方案。以生态修复过程中开采的石料销售收入降低修复成本，运用城乡建设用地增减挂钩、土地复垦等政策延伸土地价值，通过矿山修复后，建设特色产业园、主题公园、农业基地等方式拓展经济效益，利用煤矸石粉碎形成的低成本混凝土替代原矿产支撑柱增加产业收入。在完成矿山生态修复的同时，带动基础设施建设并促进产业价值提升。

## 7.3.5 造林碳汇

### 1. 产业分析

森林植被通过光合作用可吸收大气中的二氧化碳，发挥巨大的碳汇功能，并具有碳汇量大、成本低、生态附加值高等特点。在我国新的气候行动目标中，2030年森林蓄积量比2005年增加量从45亿$m^3$左右提高到60亿$m^3$。"经过测算，森林蓄积量每增加1亿$m^3$，相应地可以多固定1.6亿t二氧化碳"。植树造林正是增加森林蓄积量的手段之一。

数据显示，从1973年到2018年的45年时间里，全国森林面积增长了9858.62万公顷。从1973年到2020年，47年时间里，我国的森林覆盖率从12.7%增长到23.04%，几乎增长了一倍。2010～2016年中国陆地生态系统年均吸收约11.1亿t碳，吸收了同时期人为碳排放的45%。可以说，"这是我国近40年来对恢复天然森林植被、加强人工林培育的巨大投入取得的成果。"造林碳汇项目由政府、部门、企业和林权主体合作开发，政府主要发挥牵头和引导作用，项目企业承担碳汇计量、核签、上市等工作，林权主体是收益的一方，有需求的温室气体排放企业实施购买碳汇。开展植树造林，探索林业碳汇，参与碳排放权交易，是"双碳"战略下重要的新兴业务方向。表7-2展示了某林业碳汇项目交易案例分析，表7-3展示了不同林业碳汇项目相关要求。

我国某林业碳汇 CCER 交易案例　　　　　　　　　　表 7-2

| 项目所在地 | 新疆维吾尔自治区麦盖提县 |
|---|---|
| 项目类型 | 造林碳汇 |
| 适用方法学 | AR-CM-001-V01 碳汇造林项目方法学 |
| 项目开始时间 | 2013年 |
| 造林面积和规模 | 可开发面积约18万亩 |
| 树种 | 杨树、梭梭等 |
| 预计年均碳汇量 | 初步估算理论上产生约8万t$CO_2$e/年 |
| 首次实际签发量 | 34万t$CO_2$e |
| 预计成交均价 | 20元RMB/t$CO_2$e |
| 总收益（首次签发） | 600万元 |
| 上市交易机构 | 北京绿色交易所 |

不同林业碳汇项目对比      表7-3

| 项目类型 | 启动时间 | 发起者 | 实施范围 | 实施类别 | 土地合格性要求 | 签发时长 |
|---|---|---|---|---|---|---|
| CDM | 2001 | 联合国气候变化框架公约 | 全球 | 造林再造林 | 造林：50年以来的无林地；再造林：1989年底前为无林地 | 5年左右 |
| VCS | 2006 | 国际排放交易协会、世界经济论坛及气候组织 | 全球 | 减少毁林和森林退化造林、改进森林管理、再造林和植被恢复 | 造林再造林和植被恢复：项目开始前的至少10年内是无林地（或证明土地未被破坏原有生态系统）；减少毁林和森林退化：项目开始前至少10年内符合森林的资格 | 2~5年 |
| GS | 2003 | 世界自然基金会、其他非政府国际组织 | 全球 | 造林再造林 | 项目开始前至少10年内是无林地 | 2~5年 |
| CCER | 2013 | 国家发展改革委 | 中国 | 碳汇造林、竹子造林、森林经营、竹林经营 | 碳汇造林：2005年2月16日以来的无林地；森林经营：人工中、幼龄林 | 1~3年 |
| CGCF | 2010 | 中国绿色碳汇基金会 | 中国 | 碳汇造林、竹子造林、森林经营、竹林经营 | 造林：至少自2000年1月1日以来一直是无林地，特殊情况可以放宽到2005年1月1日以前；森林经营：人工中、幼龄林 | 1~3年 |
| FFCER | 2016 | 福建省发展改革委 | 福建 | 森林经营、竹林经营、碳汇造林 | 碳汇造林：2005年2月16日以来的无林地；森林经营：人工中、幼龄林 | 1年左右 |
| PHCER | 2017 | 广东省发展改革委 | 广东 | 森林经营、森林保护 | 森林保护：林种为生态工艺林的林地；森林经营：林种为商品林的林地 | 1年左右 |
| BCER | 2014 | 北京市发展改革委 | 北京 | 碳汇造林、森林经营 | 碳汇造林：2005年2月16日以来的无林地；森林经营：2005年2月16日后无实施 |  |

### 2. 发展策略

**实现企业从林业碳汇消费者向供应者的转变。**紧跟国家林业碳汇扶持政策，主导或积极参与林业碳汇项目、森林城市建设，参与或主导建设集碳汇房、健康房和园林房于一体的立体园林住房，参与国家储备林建设工程和森林城市精准提升工程，通过多种形式增汇增绿，联合碳核查资质企业，打造多元"碳汇"产品，积极参与碳交易市场，逐步实现从林业碳汇消费者向供应者角色转变。

**打造先行示范项目和可复制的运行模式。**基于GIS、RS技术、地面样点的监测体系，成熟的林业碳汇交易路径，打造林业碳汇交易示范项目。通过广泛参与林业碳汇开发项目，盘活绿色资产，拓宽生态产品价值实现的路径，从而真正实现"绿水青山就是金山银山"。

# 7.4 绿色金融与碳交易

促进绿色低碳转型发展，达成碳达峰、碳中和的目标，需要各个方面的共同努力，绿色金融是关键环节之一。党的二十大报告提出"完善支持绿色发展的财税、金融、投资、价格政策和标准体系"，凸显了金融在推动绿色转型发展方面的重要意义。

绿色金融是指为支持环境改善、应对气候变化和资源节约高效利用的经济活动，即对环保、节能、清洁能源、绿色交通、绿色建筑等领域的项目投融资、项目运营、风险管理等提供的金融服务。碳交易作为绿色金融项下的分支，为所需要的企业提供温室气体排放权的交易机会。在绿色金融下，金融业作为主导地位，可以有效地实现引导资金流向促进环保和保护生态环境的领域；引导企业注重绿色环保、提升绿色意识；并引导投资者加强自身环保意识和关注绿色消费、绿色投资。

绿色金融当前已经广泛发展，在绿色信贷、绿色债券、碳排放权交易等领域多点开花。据人民银行统计，截至2022年2季度，人民币绿色贷款余额超19.6万亿人民币，在人民币各项贷款余额中占9.5%，绿色贷款余额同比增长40.4%。中国进出口银行、国家开发银行、农业发展银行、浦发银行等已经开始精准发力，将长期聚焦于清洁能源、能源保供等领域，并持续加大资金支持力度。绿色债券作为更加市场化的融资手段，经过过去几年市场的不断完善，绿色债券市场迎来蓬勃发展。资本市场持续助力向"双碳"目标推进，2021年绿色债券发行量激增至6021亿元，2022年绿色债券发行量已达4641亿元，存量规模也超过了1.3万亿元。绿色信贷与绿色债券的结合为各领域企业提供多元化的融资渠道，帮助绿色项目解决起步难、融资难的问题，进一步促进绿色项目的市场存量规模。

此外，全国碳市场已经成立满一周年，在过去一年的发展中，碳排放权交易市场作为实现"双碳"目标的市场化手段，通过"总量控制与交易"（Cap and Trade）的体系，构建了一个企业能通过产业升级、低碳转型，在碳市场中获得合理收益的"正向激励"市场化体系。同时，推广全国性碳排放权交易市场、发展碳期货等衍生品种可以在丰富绿色金融多样性的同时，加强绿色投资者活跃度、拓宽绿色投资者类型、引导绿色投资者资金，并通过市场化交易促进排碳定价的合理性。因此，发展绿色金融有助于满足巨大的新增绿色低碳投资需求，是我国"碳中和"目标实现的重要抓手。当前，全国碳市场首先将区域性碳市场的电力企业纳入，未来全国碳市场将会逐步将其他行业（钢铁、有色、化工、石化、建材、造纸和航空），以"成熟一个，批准发布一个"的原则逐步覆盖，市场化开放了更多领域。

## 7.4.1　绿色金融

### 1. 产业分析

碳中和的目标将带来巨大的绿色低碳投资需求，中国零碳转型重点解决方案七大投资领域市场预测如图7-18所示，大量绿色科技的创新和运用也需强有力的绿色金融来支撑。2015年以来，我国绿色金融迅速发展，2022年4月28日，银保监会指出，"要大力发展绿色金融，完善产品服务体系和组织体系，精准支持绿色发展，全力服务碳达峰、碳中和目标达成，创新产品服务，助力生态产品价值实现"。目前已有的绿色金融产品包括绿色信贷、绿色债券、绿色基金、绿色保险、绿色信托、绿色PPP等，其中绿色信贷一枝独秀，绿色债券发展最为迅速，碳金融的成效最明显。

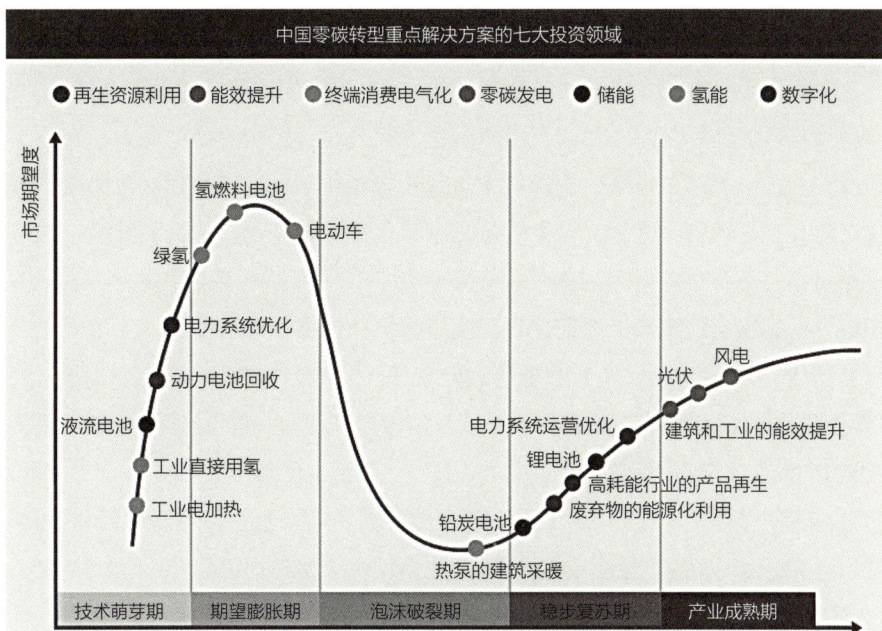

图7-18　中国零碳转型七大投资领域[①]

国家发展改革委鼓励绿色项目融资可采用专项建设基金和绿色债券相结合方式，地方政府不断推出扶持政策，从"鼓励"升级为"实质性激励"，绿色企业债券发行规模呈现快速增长势头。

2016年，中国已经成为仅次于美国的全球第二大绿色债券发行市场（图7-19）。目

---

① 该图来自物联网智库《10年前"绿色技术"的力推者遭遇惨败，为何如今"绿色双碳"投资不再是泡沫》。

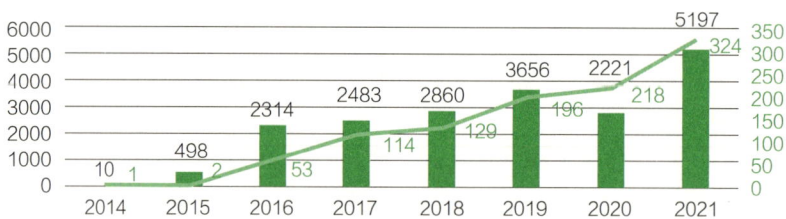

图7-19　我国绿色债券年度发行单数与总量（亿元）
来源：WIND

前，超低能耗建筑、绿色建筑、装配式建筑、建筑可再生能源应用、既有建筑节能及绿色
化改造、城镇环境基础设施、海绵城市、城市生态保护与建设，以及包含绿色咨询技术服
务等在内的绿色服务等，都已经纳入了国家发展改革委、证监会新版《绿色债券支持项目
目录》。

同时，绿色保险是绿色金融的关键组成部分，绿色保险提供风险保障，将绿色发展理念
融入保险产品与服务体系之中，目前已经有多家保险公司聚焦构建清洁低碳、安全高效的能
源体系建设，专注于制造、建筑、交通等重点行业降碳行动，通过发挥绿色保险、绿色投资
等承保端产品与投资端资金优势，全力支持国家绿色经济转型和产业链的升级，如中国太保
签发的北京首单高标准住宅绿色建筑性能责任保险，试行了"绿色建筑性能责任保险"，为
北京市绿城·沁园项目达到预期绿色建筑三星级评价标准提供保险保障。

另外，国内已发行了"绿色卫士装修污染责任险"，截至2021年6月，中国太保已为全
国3000多家企业提供环境污染风险保障，总保额超过30亿元，同时推行"安环保"模式，
将传统保险转换成"安责+环责"保障，助力企业实现绿色环保、安全生产、节能降耗。
平安产险还陆续开发了生态损害责任险、渐进污染责任险、草原生态险等险种。截至2020
年，平安产险为近4000家企业提供超200亿元的环境污染责任风险保障。

### 2. 发展策略

在绿色金融的发展中，建筑企业可建立完善的绿色金融体系，多样化采用绿色金融工
具，建立可复制可推广的绿色金融应用模式，通过绿色金融手段将更多资金引导流向建筑企
业内的新兴绿色产业，带动并实现建筑板块绿色发展，最终实现绿色转型。

积极联合有关部门，建立以体现资产价值的建筑关键性能指标量化的评定方法。我国关
于建筑性能的标准体系相对不健全，涉及的指标及专业面广，需要提炼出关键指标直观准确
地对建筑价值进行判断。提炼出影响建筑实际资产价值的主要性能指标，建立一份以市场为
导向的建筑主要指标性能量化的评定方法。一方面可以帮助我国建筑更加体现市场化需求，
另一方面能够帮助金融机构开发出更加适合建筑领域的金融产品（图7-20）。

与金融机构合作共同研发绿色金融产品。在绿色建筑的建设阶段、运营阶段和既有建

图7-20 绿色金融产品及应用领域

筑改造过程中制定多样化的产品和服务，为既有建筑的资产升值扩展融资渠道，如开发绿色建筑保险、可再生能源保险等创新型绿色保险产品，在建筑运营阶段，根据项目实际绿色性能运行效果提供相应的节能减排指标类、健康指标类的绿色保险；在既有建筑节能改造过程中，引入第三方担保机制，包括财政性担保基金，以及非担保的风控手段如保险产品等。

联合有关部门，与金融机构共同建立信息共享机制。将我国发布的绿色金融政策从指导层面到落实层面，加强金融与绿色建筑行业的结合，区分不同类型和不同阶段建筑对金融产品的适用性。如全国统一的绿色建筑项目信息平台，第三方建筑项目性能评估机构，以及基于既有建筑能耗信息采集平台，有助于金融机构更加全面深入掌握建筑的实际经营情况，成为财务报表之外的重要补充。

加大绿色专项债、企业绿色集合债等创新绿债产品发行力度。创设挂钩碳足迹的绿色债券，引导绿色投资者购买并长期持有此类产品，筹集资金支持绿色低碳产业的股权投资，支持能源及工厂绿色转型融资需求。开展私募股权投资，鼓励风投机构孵化绿色低碳科技企业，支持股权投资基金并购重组绿色项目或企业。积极加入各地方政府设立的绿色转型发展创新平台，为绿色科技企业的发展充分赋能。

### 7.4.2 碳交易

#### 1. 产业分析

环境权益金融是一种新型的绿色金融，从产权角度可分为用能权、碳排放权、排污权和水权四种，其中碳交易市场发展最为迅速，成效最显著。上海环境能源交易所和湖北碳排放权交易中心分别完成国家碳排放权交易市场交易系统和登记结算系统的建设工作后，全国碳排放权交易市场于2021年7月16日启动上线交易。随着全国碳市场的建立和逐步完善，地方碳市场所在行业及相关企业将逐步纳入全国碳市场，地方碳市场将逐步退出。

碳市场交易产品主体是现货交易，主要包括碳排放配额和CCER项目减排量。发电行业成为首个纳入全国碳市场的行业，配额规模超过40亿t/年，未来随着全国碳市场建设的逐步推进，碳交易的行业覆盖范围将持续扩大，最终实现发电、石化、化工、建材、钢铁、有色金属、造纸和国内民用航空等行业的全覆盖。

碳价格发现是碳排放权交易市场的一项重要功能，其全部作用尚未充分发挥。国家相关部门正致力于建立更加完善的碳价格发现机制。目前碳排放额以免费分配方式为主，交易方式包括协议转让、单向竞价以及其他符合规定的方式，随着全国碳市场运营的日渐成熟，未来将逐步提升配额有偿分配比例。随着中国国内碳交易市场的发展，涌现出多种碳金融创新产品。虽然北京、深圳、上海等多个地方碳市场试行了包括碳资产售出回购、碳资产质抵押贷款、碳债券、碳基金等创新型金融产品，但产品数量不多，交易规模较小，制度也仍不规范，相比欧盟更为成熟的、以衍生品交易为主的交易市场仍有丰富其多元化的发展空间。

2022年4月12日，中国证监会发布金融行业标准《碳金融产品》，在碳金融产品分类的基础上，给出了具体的碳金融产品实施要求，不仅为未来一系列碳金融领域细则的出台搭建了具有一般适用性的指导框架，也为未来在碳市场有序发展碳远期、碳掉期、碳期权、碳借贷、碳债券、碳资产证券化和碳基金等碳金融产品做好技术准备。国家发展改革委2015年上线"自愿减排交易信息平台"，在此平台上经国家发展改革委签发的自愿减排项目的减排量，即为中国核证自愿减排量CCER。纳入碳排放交易体系的企业，可在履约时用CCER项目减排量按照一定比例抵消碳排放。未被纳入碳交易市场的风电、光伏、森林碳汇等项目也可以加入自愿减排机制，进而获取国家发展改革委签发的CCER，实现通过出售CCER的方式间接参与碳交易（表7-4）。2017年3月，国家发展改革委标识CCER因交易量较小、个别项目不够规范等问题，项目备案暂停，截至目前尚未开启。

**国内碳配额与 CCER 的区别与共性**　　　　　　　　　　　　表 7-4

| 交易商品 | 配额 | CCER |
|---|---|---|
| 来源 | 政府免费发放或拍卖 | 减排项目产生 |
| 初始持有者 | 控排企业 | 非控排企业 |
| 可使用量 | 无限制 | 抵消比例限制 |
| 跨区域 | 可以（试点阶段不可以） | 可以 |
| 价格 | 市场定价 | 配额价格的50%~70% |
| 目标控排企业 | 配额有缺口控排企业 | 所有控排企业 |
| 共性 | 是资产，不是负债<br>具有存续期、跨当前时点<br>可量化、可定价、可流通、可转换、可抵押、可储存，是成熟的大宗商品 | |

碳排放权兼具商品属性和金融属性，碳交易试点伊始，基于碳排放权商品属性的金融创新随之出现，如碳抵押质押融资、碳回购融资、碳配额托管等。碳金融市场和碳交易市场是同步发展、相互依存、相互促进的，伴随碳交易市场的发展，会创造大量相关金融需求，只有碳交易市场发展充分，交易足够活跃且具备了完备的市场规范和风险管控，碳金融市场才能得到有效发展。

碳排放权作为一种特殊商品，发展潜力极大，据测算，2020年，全球碳交易规模达2290亿欧元、同比增长18%，我国碳交易市场成交额13亿人民币、同比增长33%。作为未来企业的一笔特殊资产，必须提前做好管理筹划。

当前中国还未实行强制碳税，积极应对"双碳"目标，碳税和碳交易并行实施是必然趋势。预计"十四五"期间全国性碳交易市场将逐步纳入钢铁、化工和建材等高碳排放行业，商业建筑建材供应端将率先面临减排压力，亿欧智库对建筑行业碳交易预测见图7-21。

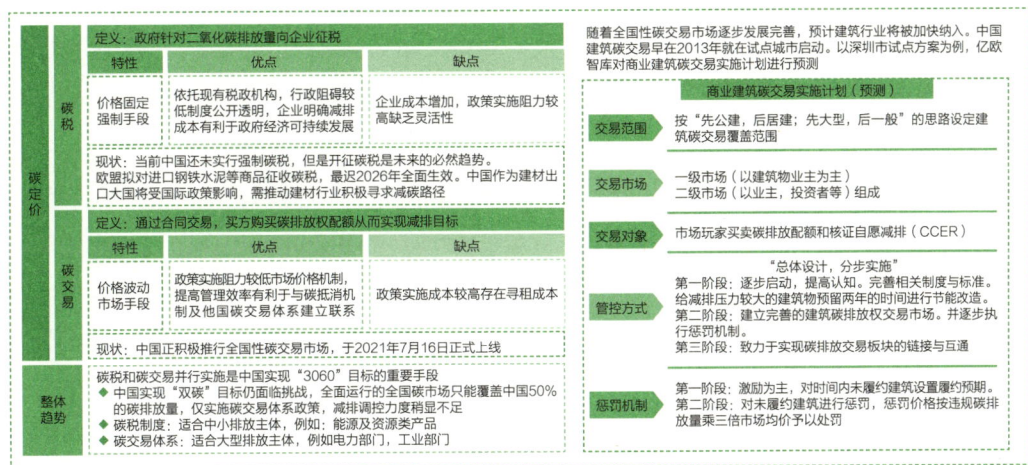

图7-21　建筑碳交易实施计划预测[①]

### 2. 发展策略

**做好进入碳交易市场基础**。建立碳排放统计、监测、核查、披露等管理制度，形成科学规范的碳排放核算体系。要做好企业碳核查和进入碳市场的准备工作，做好碳市场全要素支撑（图7-22），提前研究建筑业碳税和碳交易机制，主动争取成为建筑业碳交易试点企业，更好应对即将到来的建筑领域配额，核心是要先行一步。

**深入开展碳资产管理，进一步挖掘建筑行业减排潜力**。对于企业投资的可开发为CCER

---

① 该图来自亿欧智库报告《2021中国商业建筑碳中和实施路径研究报告》。

| 制度支撑 | • 建筑碳排放限额设计<br>• 建筑能源与碳排放限额管理制度<br>• 建筑碳交易制度 | 产业支撑 | • 绿色建材<br>• 装配式建筑产业<br>• 能源服务产业 |
|---|---|---|---|
| 技术支撑 | • 低碳设计技术<br>• 绿色施工技术<br>• 低碳运行技术<br>• 技术标准技术 | 数据支撑 | • 建筑碳达峰、碳中和监测平台<br>• 建筑能耗与碳排放数据统计平台<br>• 量化考核指标监测数据 |
| 资金支撑 | • 财税激励政策<br>• 建筑全过程的绿色金融产品<br>• 合同能源管理 | 能力支撑 | • 主管部门能力建设<br>• 第三方能力建设<br>• 培训壮大专业人才队伍<br>• 公众参与，低碳生活方式 |

图7-22　碳市场全要素支撑体系

的减排量进行捆绑，适时参与碳交易，推行建筑碳交易制度，构建建筑碳交易体系，并与绿色金融和全国统一碳市场实现联动。

**积极参与碳服务、碳金融。**与社会资本合作充分利用碳金融的融资工具筹集资金，共同投资于建筑企业上下游相关的碳市场或温室气体减排、新能源项目。设置碳金融专项投资资金，可通过体系内专业投资子公司，与地方政府、社会资本方等一同设立私募基金、产业基金等方式撬动各方资本共同推进"双碳"产品及业务。

为加快发展绿色低碳新产业，企业更需要加强全社会的动员，凝聚全体公众共识。产业的低碳转型需要全体公众的支持，同时也为社会创造了大量的就业机会，更好地促进了社会转型。大型企业更应加强宣传引导，扩大公众认知，鼓励公众参与"双碳"的进程并建言献策，在全面认识到气候变化与产业低碳转型必要性的基础上全面落实"双碳"的方针政策；鼓励公众转变固有思想与高能耗、高排放行为方式，低碳出行、绿色生活，从基础做起，实现能源与环境、经济、社会的协同发展效益最大化。实现碳中和是全人类共同付出、共同受益的壮举，是构建人类命运共同体最重要的内容之一。首先，国际上的经验为我国制定与落实有关政策提供了极具参考价值的经验与教训；其次，我国的落实"双碳"政策的情况可为其他国家提供借鉴。我们应当加强与各国的合作交流，学习已经实现碳达峰国家可取的经验、路径及措施，同时也要讲好中国故事，为中国经验"走出去"打下良好的基础，对标国际"双碳"相关产业标准与技术，跟踪了解国际"双碳"前沿研究与产业发展动向，培养具有国际化视野的复合型"双碳"领军人才。

参考
文献

[1] 何立峰. 完整准确全面贯彻新发展理念，扎实做好碳达峰碳中和工作 [N]. 人民日报，2021-10-25.

[2] 国家统计局固定资产投资统计司. 中国建筑业统计年鉴2020 [M]. 北京：中国统计出版社，2020.

[3] 毛志兵. 建筑工程新型建造方式 [M]. 北京：中国建筑工业出版社，2018.

[4] 赵峰，王要武，金玲，李晓东. 2020年建筑业发展统计分析 [J]. 建筑，2021（06）：20-25.

[5] 中国建筑节能协会. 中国建筑能耗研究报告2020 [J]. 建筑节能（中英文），2021，49（02）：1-6.

[6] 2016-2020年建筑业信息化发展纲要 [J]. 工程质量，2017，35（03）：89-92.

[7] 新中国建筑业70年发展成就回望 [J]. 建筑，2019（16）：18-21.

[8] 许明珠. 温室气体核算体系 [M]. 北京：经济科学出版社，2012.

[9] 蔡伟光. 中国建筑能耗与碳排放研究报告（2021）[R]. 2021.

[10] 中华人民共和国住房和城乡建设部. 建筑碳排放计算标准：GB/T 51366-2019 [S]. 北京：中国建筑工业出版社，2019.

[11] 龙惟定. 我国城市建筑碳达峰与碳中和路径探讨 [J]. 暖通空调，2021，51（4）：1-17.

[12] 燕艳. 浙江省建筑全生命周期能耗和$CO_2$排放评价研究 [D]. 浙江大学，2011.

[13] 住房和城乡建设部建筑市场监管司，住房和城乡建设部政策研究中心. 中国建筑业改革与发展研究报告（2020）——加快产业转型升级与强化工程质量保障 [M]. 北京：中国建筑工业出版社，2021.

[14] 中国土木工程学会总工程师工作委员会，中建工程产业技术研究院有限公司. 中国建筑业施工技术发展报告（2020）[M]. 北京：中国建筑工业出版社，2021.

[15] 清华大学建筑节能研究中心. 中国建筑节能年度发展研究报告2021 [M]. 北京：中国建筑工业出版社，2021.

[16] 中国建筑节能协会，重庆大学. 2021年中国建筑能耗与碳排放研究报告 [R]. 2021.

[17] 燃料电池系统VS储氢供氢系统：用数字说话，万字解构两者的差异 [EB/OL]. https://www.xianjichina.com/special/detail_507583.html.

[18] 中信建投证券，竺劲，刘瑞宇. 建筑行业专题研究：储能需求大幅增长，建筑行业迎重大机遇 [EB/OL]. http://www.yitb.com/article-34999.

[19] 饶淑玲，陈迎. 中国绿色金融：现状、问题与建议 [J]. 阅江学刊，2019，11（04）.

［20］周晓，冷瑜. 航运业碳减排和零碳发展面临的挑战与应对建议［J］. 上海船舶运输科学研究所学报，2021，44（04）.

［21］Zhang Z Y, Wang B. Research on the life-cycle $CO_2$ emission of China's construction sector［J］. Energy and Buildings, 2016, 112: 244-255.

［22］李丛笑，张常杰，张爱民，薛艳青. 建筑业"双碳"与绿色建造［J］. 施工企业管理，2021（12）：26-29+5.

［23］国家机关事务管理局公共机构节能管理司. 公共机构能源资源消费统计工作手册［M］. 北京：科学出版社，2016.

［24］IPCC. 2019 Refinement to the 2006 IPCC Guidelines for National Greenhouse Gas Inventory［R］. 2019.

［25］黄俊鹏，房地产建筑业碳中和指数研究报告［R］. 北京：友绿智库，2021.

［26］中国建筑材料联合会. 全力推进碳减排提前实现碳达峰——推进建筑材料行业碳达峰，碳中和行动倡议书［J］. 建筑玻璃与工业玻璃，2021.

［27］黄奇帆. 着力打造数字化赋能的智能建造产业体系［J］. 施工企业管理，2022（1）：2.

［28］严展. 房地产企业绿色治理、绿色金融发展趋势分析与展望［R］. 上海：可研智库，2021.